Zuimei
Yinjüdi
Top 50

最美隐居地TOP50

《旅游圣经》编辑部　著

图书在版编目（CIP）数据

最美隐居地TOP50 / 《旅游圣经》编辑部著. -- 北京 : 人民交通出版社股份有限公司, 2015.5
ISBN 978-7-114-11949-1

Ⅰ. ①最… Ⅱ. ①旅… Ⅲ. ①旅游指南—中国 Ⅳ. ①K928.9

中国版本图书馆CIP数据核字(2015)第003518号

内容提要

二十余位旅行达人历经多年时间遍寻中国大地上的美景，为读者奉上心血之作。资深作者以TOP50的精选形式，把他们认为最值得推荐的50个最美最有特点的隐居地倾情介绍给读者。同时，作者还提供了鲜活的私人食宿攻略及最新交通旅游图，为读者提供食宿行的方便。这是一本完善的私人旅行指南。

书　　名：最美隐居地TOP50
著 作 者：《旅游圣经》编辑部
策划编辑：毛　鹏
责任编辑：徐　菲　李秀平
出版发行：人民交通出版社股份有限公司
地　　址：（100011）北京市朝阳区安定门外外馆斜街3号
网　　址：http://www.ccpress.com.cn
经销电话：（010）59757615、59757988
总 经 销：人民交通出版社股份有限公司发行部
经　　销：各地新华书店
印　　刷：北京市凯鑫彩色印刷有限公司
开　　本：880×1230　1/32
印　　张：10.75
版　　次：2015年5月 第1版 第1次印刷
书　　号：ISBN 978-7-114-11949-1
定　　价：39.00元
审 图 号：GS（2015）431 号
（有印刷、装订质量问题的图书本公司负责调换）

本书中国国界线系按照中国地图出版社1989年出版的1：400万《中华人民共和国地形图》绘制

前言

这是一个优秀的旅游图书原创团队。《旅游圣经》团队于2005年成立，二十余位作者均为资深背包客，主要成员多为硕士以上学历。从那时起，我们分批委派作者赴全国各地踩线，从草长莺飞的江南到冰天雪地的塞北，从风光旖旎的东部海滨到充满神秘的雪域高原，短短几年间，走过了许许多多的城镇、村庄和山川，完成了对全国所有重点旅游地区的踩线，近年来又不断丰富和完善。至今已在多家出版社出版三十余本旅游图书，深受广大驴友好评。

这是一本荟萃了《旅游圣经》团队心目中最值得推荐的50个隐居地的书。我们所谓的隐居，并非如古人一样避世生活，而是在如今环境污染严重、生活节奏紧张的情况下，城市人去往山水之间的短期休憩，有优美风景也有便利生活，可称为“新隐居”。

我们对隐居地的选择标准是：三线城市以及小城镇；周边田园味十足，有青山碧水；交通方便，离城市不远；生活便利，可以上网；民风淳朴，物价不高；气候宜人，无极端天气；远离工业繁华区域，污染较少。

《旅游圣经》团队的10位旅行达人在走遍中国后，根据上述7条标准为读者精心挑选了最适合隐居的50个地方。每篇文章不仅文字优美，充满了作者鲜活的私人体验，而且具备精心的视角，对每个地方的交通、美食、住宿做出了星级评判，提供了贴心的小攻略。

也许你只有几天、几周时间，奢侈一些的有几个月时间，那么就在大自然中、在美丽的村镇中，尽情舒缓身心，享受自己的新隐居生活吧。

《旅游圣经》编辑部

《最美隐居地TOP50》主要作者

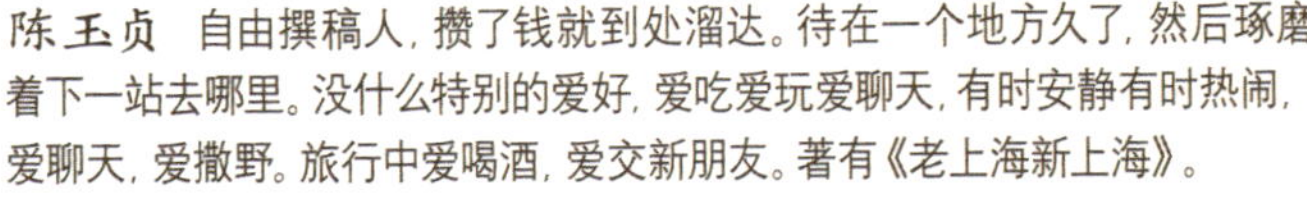

陈玉贞　自由撰稿人，攒了钱就到处溜达。待在一个地方久了，然后琢磨着下一站去哪里。没什么特别的爱好，爱吃爱玩爱聊天，有时安静有时热闹，爱聊天，爱撒野。旅行中爱喝酒，爱交新朋友。著有《老上海新上海》。

王　蘅　热爱行走的天秤座女子。走未曾走过的路，看没有看过的风景，遇见不一样的人和世界。喜欢路上的风景，更爱有故事的旅行。著有《恋恋四川》等书。

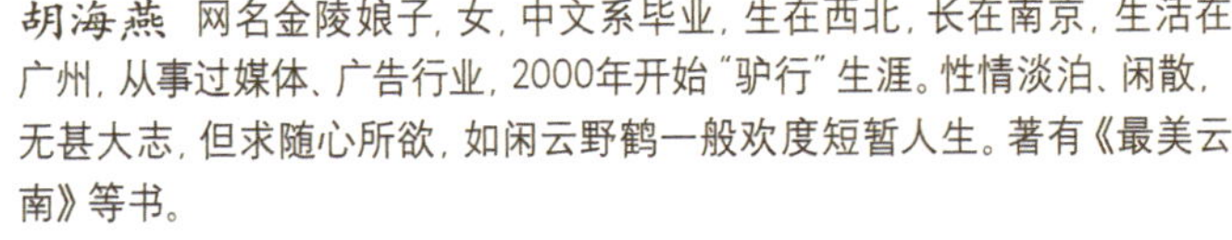

胡海燕　网名金陵娘子，女，中文系毕业，生在西北，长在南京，生活在广州，从事过媒体、广告行业，2000年开始“驴行”生涯。性情淡泊、闲散，无甚大志，但求随心所欲，如闲云野鹤一般欢度短暂人生。著有《最美云南》等书。

李霜天　网名梨花香雨。二十多年来，足迹已涉及祖国各地，旅游重心也经历了从久负盛名的名胜古迹，到声名鹊起的自然风景，再到无人问津的乡野之地的转变，如今愈益推崇“美就在身边”的理念。著有《大美山西》。

关巧巧　一个七十年代出生在广西一个悠远小镇的小女子。远方，永远有一份诱惑，去过之后，总能收获一份淳朴，一份自然，一份感动。这就足够了。著有《西藏——走出来的旅行指南》。

南子扬　幼时，捧三国于祖母炕上，神游于其中神州风物。同学少年时，则行万里路以践青春之狂想。今则耿耿事于建筑、园林。著有《最美徽州》。

陆建元　初中时随父母移民美国，一直在纽约居住。2003年回国旅行后遇到了在上海工作的妻，并相约一起环绕着中国旅居，之后的八年在青岛、束河、广州、台湾、上海、威海、桂林、北京和大理等地住过。著有《背着家去旅行》。

梅　梅　网名“叮当”，出生于贵州遵义的摩羯座女子。曾就职于高校和科研机构，最终选择自由职业。在厦门生活近二十年，现居北京。旅行已经成为生活的一部分。著有《一个人旅行，直到世界尽头》等书。

韩天雪　十余年自助旅行经历，走出自己内心的海阔天空。喜欢享受行走的自由，感受生活的领悟，用文字记录下成长的印迹。著有《十年旅行》。

陈惊鸿　清华大学中文硕士，现为国内知名地理杂志编辑。旅行对她而言，是一种清澈的激情。著有《桂林旅游圣经》。

最美隐居地TOP50

目录

最美隐居地TOP50

目录

图　例

符号	说明	符号	说明
北京市	首都		已通高速公路
西安市	省级行政中心　外国首都		未通车高速公路
青岛市	地级行政中心　外国主要城市	G1 主线　G91 地区环线　GW4 并行线　G1011 联络线	国家高速网编号
玉树市	州　盟　地区行政中心	312	国道及编号
朝阳区	县级行政中心		省道
宝山镇	主要乡镇	隧道　桥梁	县乡道
大营村	村庄外国、一般城镇		铁路
	河流　湖泊	未定	国界
738（米）	山峰及高程	未定	省级界
	港口　机场		特别行政区界
	世界遗产　国家级风景名胜区		地区界　军事分界线
	自然保护区　森林公园		长城
	地质公园　一般景区景点		

最美隐居地TOP50
浙江

芜湖
繁昌
铜陵
铜陵市
狮子山区
南陵
宣城市
郎溪
广德
池州市
青阳
泾县
宁国市
安
徽
省
黄山区
旌德
石台
绩溪
祁门
黟县
歙县
徽州区
休宁
黄山市
婺源
德兴市
玉山
上饶市
上饶
广丰
弋阳
横峰
铅山
江
西
省
武夷山市
光泽
邵武市
南平市
建阳区
建瓯市
浦城
松溪
政和
周宁
寿宁
福安市
柘荣
福鼎市
福
建
省
长兴
湖州市
嘉兴市
安吉
德清
桐乡市
余杭区
杭州市
临安市
萧山区
柯桥区
富阳区
绍兴市
桐庐
淳安
建德市
诸暨市
浦江
义乌市
兰溪市
金东区
金华市
东阳市
磐安
开化
常山
衢州市
龙游
江山市
武义
永康市
遂昌
缙云
松阳
丽水市
云和
龙泉市
景宁
庆元
泰顺
青田
文成
永嘉
温州
平阳
苍南
仙居
千岛湖
天目山
九华山
黄山
三清山
雁荡山

上海市
浦东新区
浦东国际机场
青浦区
闵行区
松江区
奉贤区
金山区
平湖市
九龙山
海盐
嘉善
杭州湾
东海大桥
嵊泗
嵊泗列岛
花鸟乡
菜园镇
五龙乡
黄龙乡
嵊山镇
洋山镇
衢山镇
衢山岛
岱山岛
岱山
高亭镇
秀山乡
东极镇
舟山市
普陀山
定海区
普陀区
朱家尖镇
朱家尖
桃花镇
虾峙镇
六横镇
慈溪市
余姚市
河姆渡遗址
镇海区
北仑区
宁波市
鄞州区
天童寺
奉化市
溪口
雪窦山
象山
宁海
三门
临海市
台州市
黄岩区
路桥区
温岭市
戚继光纪念馆
石塘镇
大陈镇
玉环
洞头
洞头列岛
南麂列岛
磨盘洋
大目洋
猫头洋
东
海

桐 庐

——山光水色总相知

解读 桐庐

地处钱塘江中游，曾获“国际花园城市”称号。桐庐历史悠久，人文荟萃，被誉为“钟灵毓秀之地、潇洒文明之邦”。属亚热带季风气候，四季分明，日照充足，降水充沛。年平均气温16.5℃。景点有天目溪、瑶琳仙境、垂云通天河等。特产以板栗为主。

隐居指数：★★★★★		交通指数：★★★★
风景指数：★★★★★	民风指数：★★★★★	气候指数：★★★★
环境指数：★★★	生活指数：★★★★	美食指数：★★★

大美富春江

地理位置： 浙江省杭州市桐庐县

总体评价： 好景都在深处，需要足够的体力。外面烈日炎炎，山中凉风习习。桐庐虽只是一座县城，但总体建设得不错，尤其是整座城市非常干净整洁，和其旅游城市的形象非常匹配。

亮　　点： 环境是绝对亲近自然的。人少时居住心境平和，食物丰美，民风朴实，江景更是美不胜收。县里的生活与乡下村庄的生活并无太大的区别，只是建筑物有些不同。

缺　　憾： 近年来游客增多，周末及黄金假日时实在不宜静居。出行方面更适合自驾或旅行团，对散客而言交通不方便，有些景区距离较远，只靠公交转换，不方便。县里基本没有咖啡厅，小餐馆居多，好似都是常来常往的吃客。

回不到古人愁绪满怀时，惦记不上宋代萧瑟时那孤身一人快帆夜宿桐庐的感觉，“问人沽酒无”。想那葛长庚心下也凄凉，“何处笛，一声孤”，还要配上“萧萧风卷芦”，又奉上句首的“淡烟凝翠锁寒芜”，桐庐在我心里尚未逢面便是此等景象：落阳候在碧色的梧桐树叶里，瞧着美却耐不住行人的满心愁绪。如此容易勾起离愁别绪的地方，不太适合我这类喜热闹的人，故而回回都避开桐庐。

却也不止是一首词给闹腾的，实是两首。同样是宋代人物，石孝友。他写了一篇《清平乐》，说：山明水嫩，潇洒桐庐郡。极目风烟无限景，说也如何得尽。自怜俗状尘容，几年断梗飘蓬。借使严陵知道，祗应笑问东风。一看之下，虽是好景无限，却仍勾人心肺，整一个断肠人在天涯的路数，更叫人避不可及。若不是中了富春山居图的影响，我断然还要再避上一些年数的。

江上行舟，我最喜欢坐着有篷的木船，雇个船家同行。他那里摇竿多辛苦，浮家泛宅，我这里只需不计时日就好。看远方“处处云山无尽时”，乘着“三月暖时花竞发”贪一份好春光。走至哪里，便是哪里，不急去处，不急归程。行到水云处，烟舟撑晚浦。船可靠岸数天，只等江风时时拂身，倒也无妨，兴尽才走，从从容容相当适宜。想是如此想，然能做此买卖的船夫，却多不肯离乡多时，最多陪我个三日已算多，余下时光他们更愿意摇着船儿慢慢归家去。只三日也好，我付钱的时候便是这么想的。

自桐庐县城里朋友介绍，一路随江朝上走，走的是富阳到桐庐的那段。那边的风景，许多人曾赞过，说是富春江上好的一段光景。船一行，顿时亲水起来。那江水又出乎意料地清澈，浅浅绿绿，澄明透澈，那种颜色的明快从骨子里叫人欢喜起来。远远近近的山参差前来，兜着圈子绕着弯子地展现着自己的身形容貌，深蓝中夹着翠绿色，更有浅浅的山影子被依为屏障，落在后头，便像是“用极细极细的工笔在淡青绢本上点出来的”。因是逆江而行，船夫吃力不少，船走得也慢，面前江景当真如画卷般徐徐而开，余下的那些仍是深藏着不露声色。

两旁先是望不尽的平原，看得见临河的村镇一个接一个过去，时而有人声传来，却低沉模糊，听不真切。岸上的树时近时远，它们且不动，只我们控制着距离。几日前应是下过雨，河岸是高的，看不出平日里缺水的水平线。水一多，若自上空俯视载我的小船，怕不当真是江中一叶，独自映衬着层云飘忽的高空，穿行于这一江粼粼的清流间？“舟遥遥以轻飏，风飘飘而吹衣。”

桐君山好辨认，它错开先前常见的江岸平原，以悬崖峭壁的方式出现。它巍然，它陡峭，看来庄严着。嶙峋怪石不怎么见，葱茏绿意盛开得直率，从船上看如绿云丛丛地拢着。越近山脚，越能见斜刺里而来的天目溪，此时它混着富春江已有数千年的历史，相随相伴着大概还能彼此同行很多年。而桐庐，就在前方。

沿着江边可以拾级而上。桐庐，即是一座江城，也是一座山城。它高高矗立在水边的地理位置决定了它不仅是一座江城，同样也是一座山城。这座城其实很小，家家户户在血缘上多少都有些姻亲牵扯，你知道我家的底细，我也知道你家的底细。开元街市比想象中的繁华，行人身上透出的生机勃勃叫人不太相信这是一座很小的山城。街道略窄些，与深入川府所见的一些山城石阶很似。路面有高有低，人行于其上，则成就了一幅恰倒好处的鲜活街景。

城内有老房子，也有新房在建。砖瓦径自摞成国度，留给行人的位置仍是大的。临江有几家旅馆挑灯待客，替船夫也缴了一间房钱，我要学学朋友在山城暂住的姿态。他曾说过，入夜倚窗，看山间明月，江上渔灯，心境不同，所见所得也是不同，情趣无法用笔墨描摹。房间不怎么隔音，未到九点那船夫已睡下，他只需再陪我泛舟江上两日便可归家，心下应没什么负担。因有珠玉在前，进房前曾向旅馆主人讨了点他自家喝的茶叶。我见着他暂搁了烟，往木桌里掏了掏，就着一旁的小塑料袋一装，递给我说：“香着呢，几片叶子就有味道了。”我转身上楼回房，他续上了刚才的烟。一缕缕白丝在房内牵扯起来，攀高旋低，门外的景象开始模糊起来，走动的身影也只余轮廓。

小贴士

交通 可先到杭州，再转车到桐庐。

美食 桐庐的鱼和土鸡很好吃。镇上有那种人均消费5~15元的小饭店，点个鸡堡、一个肉丝和一个素菜，也就二十几元钱。农家乐旅馆的饮食一餐（4人）60元左右。

住宿 建议住在桐庐镇。非双休日时有小旅馆60 元/间，可以折到50元/间，只是洗浴设施不健全。若不住在桐庐，再远处再僻静一些的有一个芦茨村适合隐居度日，农家乐包食宿2000元/月。桐庐城区的一室一厅租金约900元/月。当地山农自己开设的农家乐旅馆，带独立卫生间的标间一般为80元/间左右。

江上行舟

烧开热水，把玻璃杯烫一回，丢了茶叶下去，上下浮游一番。看茶的颜色，春意乍生。香气扩出了水面，隐约着往窗外徐徐地走动了出去。此时，江上已寂静。无论是行舟送客送货亦或是打渔的船儿，早就找了住所靠岸，有那高挂在船上的渔灯还亮着。顺着它们，能见着一段江的轮廓，再远处是深山对岸，连轮廓也隐了去。人声，是杂乱着的，如来来往往的背景音乐，至十一点前后才消停。遥想《富春江游览志》载："桐庐江帆樯上下，绕城聚泊，重叠连挤，环绕四五里，旅馆濒江筑楼，风景绝佳，水涨时上游木材蔽江而下安，聚泊东门外。"余后，是水声风声交融起，听得人萧瑟。喝杯茶，暖了一回身子，才有兴致倒在床上，不知不觉被旅途的困顿送去与周公一会。

第二日早饭不及吃，睡足后赶上了午饭。凉拌马兰头、红烧天目溪鱼、芋艿骨头煲上桌后，饭又添了一碗。桐庐的鱼做得的确好吃，船夫说子陵鱼和富春江鲥鱼味道最足，鱼肉且嫩，只要上笼屉蒸就好，清香开胃得很。饭饱的关系，他摆起龙门阵，和旅馆老板搭起了话，说说行舟的故事，讲讲客商的往来。这桐庐江上的琐碎小事，大部分便是如此口口相传，从下游传到上游，兜一个圈子又转回去的。老船夫年近六十，所见所闻也确不少，光是这几日说故事说乡俗，费了许多口水，真正后两日行舟的时间尚不足六个小时。这倒不怨船夫，是我的缘故。船越走，风景越看足，越想着晚上再待在桐庐吃点喝点，蹭杯暖茶，哪怕是下午对着一盘红烧螺蛳啃嗦也是好的，富春江镇也不肯去。船夫重了情谊，多陪了我一日，也撑着舟回去，还在旅馆老板的介绍下载了一对小情侣顺江而下归家去。

山城的日子过得适宜，气温又好，长袖可打天下。与茶主对谈几番，蹭几杯茶，若是茶对了脾胃，便顺势买一两包堆在旅馆；街面上见着的小吃等，包一袋子边吃边走边送人；逢上想吃的新鲜蔬菜，买了回转旅馆，同老板撒娇说给做这个菜；或等在江岸旁，端杯茶，也学学人家的“盼郎归”。如此，日子竟然一日一日飞快地往后跑，撕起日历也是不及，二十日后方晓归家做事，那边老板已然跳脚放话必须走。旅馆老板也似没什么离愁别绪，就送了一袋自家喝的茶叶，站在门口遥送一番又回转。若要我猜，我于车上一路颠簸时，他必斜靠在椅闭目等烟色。越想越不甘心，等要再寻机会去桐庐，却再也没有当时一住二十多日的随性。日日为食奔波下，那番难得的平和情意竟一直鲜明，久而难忘。

作者手记

❶ 当地的白云源有些意思，每天8:00之前在桐庐县富春路佳友超市门前有去白云源的旅游专线车，15:00从景区返回；如租车，单程价格约50元/车。一路可见富春江沿岸的龙门湾风景。

❷ 可登桐君山，三五元可由市中心到达，或沿江滨公园步行过悬索桥约15分钟步行可达。

❸ 桐庐县毕浦码头至冷坑可漂流，长约5公里的水面，整个漂流过程约1个半小时，50元/人。

普陀山

——遥望海外百物

解读 普陀山

位于舟山群岛东部海域，四面环海，与世界著名渔港沈家门隔海相望。中国佛教四大名山之一，也是观世音菩萨教化众生的道场，素有“海天佛国”“南海圣境”之称。属中亚热带海洋季风气候，冬暖夏凉，四季分明，风大雾多，雨量充沛。年平均气温16.1℃。景点有普济寺、法雨寺、盘陀庵、灵石庵、潮音洞、梵音洞等。普陀山盛产我国著名的“四大海鱼”产品，其中黄鱼、墨斗鱼最为有名。

隐居指数：★★★★ 交通指数：★★★

风景指数：★★★★★ 民风指数：★★★★ 气候指数：★★★

环境指数：★★★★★ 生活指数：★★★ 美食指数：★★★★

地理位置： 浙江省舟山市舟山群岛东南部

总体评价： 心中有佛之人，大约更能理解普陀山的妙处。这座风光宜人的小岛，时不时因佛家弟子的昌盛而徒增尘世之感。所谓佛音缭绕的莲花国度，有其佳处，也有其弊处。

亮　　点： 若是单单住几日，普陀山只是一座寻常的风光地。若能多匀出几日，你将发现这块南海佛国极为适合静修禅修。海上日出日落的景致动人。历史故事和佛家典故充沛，若有机缘请高僧参禅一段，也是有趣的。山道逐渐修整中，增加了户外木铺设的人行通道，沿路还增设了休息点。

缺　　憾： 景点附近的餐饮不是很多，且贵而无物；香客多时人嘈杂，特别是观音诞辰，即使不是双休日、黄金周、寒暑假，人也会很多，有许多都是外地专程组团来拜佛的；出行不便，因为普陀山没有出租车，出行主要靠景点之间的穿梭巴士来解决；门票价格高，坐船上岛，上岛要门票，进寺庙要门票，坐小交通也要购票。

雾气凝重的海边

"但见那，汪洋海远，水势连天。祥光笼宇宙，瑞气照山川。千层雪浪吼青霄，万迭烟波滔白昼……水飞四野振轰雷，浪滚周遭鸣霹雳……山峰高耸，顶透虚空。中间有千样奇花，百般瑞草。风摇宝树，日映金莲。观音殿瓦盖琉璃，潮音洞门铺玳瑁。绿杨影里语鹦歌，紫竹林中啼孔雀。"如上，是吴承恩笔下的普陀山。

文人落笔，总虚实相济。但《西游记》话本全篇七回九处写到的普陀山，其落笔却精准。文中的紫竹林、潮音洞、珞珈山、普陀岩、珞珈崖、金刚石、观音宝殿等名样样俱齐，且样样贴切了明才子屠隆《普陀山十二景》诗中所言，可见无论亲身造访或是得自朋友（文征明）详述，吴承恩总是诚心诚意地写下了明代的普陀山。比起没事就赐给普济寺一块御碑的清代帝皇总要好上一些。从未来过，从未静赏，纵是文采翩翩也不过是漫天的想象，作不得数。

真正的普陀山，不比吴承恩的笔下，也不比屠隆的诗词。若是第一次站在农历初

南海观音

一或十五日的进岛售票大厅内，必然觉得什么“会结吾庐沧海上，钓竿轻挈紫金鳌”都是枉然。哪来的这般清闲，似是聚拢了七十二岛洞主一般密密实实的人群垒在那里。避，是唯一的念头，足下生风，一入农家就两日不在青天白日下晃悠，只在晚上才出门。

入夜的普陀山静上许多，来往的行人也收敛了午间的燥气，那精气神儿间的转变分明。笑意多了，肩头放下了，手势软了，足下更是缓了，自然人也是不多了。农家离着千步金沙很近，各种食物的香味只露一点面儿便被海风裹带着跑了，满耳听见的只有海的呼吸声一起一伏。顺着台阶往下，越近海，雾气越重。早先远远看着海仍很清晰，现在是走得越近看得越模糊，再往天上找月亮，那明月似也遮遮掩掩起，没有那么润亮了。

有雾，景一模糊，立身之所就似梦非梦了起来。浪头儿拍出的海腥味直直地窜入鼻尖，有点儿不习惯。学着不知从哪儿看到的说法，把自个儿的呼吸声调了调，应合起了海浪声。它起，我便起，它落，我便退。慢慢地呼吸变了，变得深而长，变得绵密了起来。将鞋摘了，任双足踩在细沙中。“千步金沙，沙色如金，纯净松软，宽坦软美，犹如锦茵设席，人行其上，不濡不陷”，如此描述未必如真，但行于其上的足感却着实不错。光着脚丫子，不看天不看海，顺着心思依着沙滩上走了两个来回，只觉得全身的筋骨都放松了去。一夜如此，后每隔两天就要来这里无思无邪地走上一圈，方觉一日事毕，开心地归去农家。

除了早餐外出觅食外，午晚两餐都在农家吃。普

小贴士

交通 可从宁波、上海或杭州乘船到达。

美食 农家小院有海鲜夜排档，小店大店也都有渔家宴提供，鱼、蟹、虾、贝、藻类最是新鲜。

住宿 岛上有星级宾馆，也有普通旅店，还有个体户开的家庭旅店。个体开的饭店旅馆有西山小院、彩虹旅馆、如福旅馆、海天小院等，价钱大都在180元/间，价钱略高。西山新村和龙湾新村是床位住宿的聚集点，一般30~100元/床，周五、周六要贵一些。龙湾更靠海，风景会更好一点。有一家普陀泥巴青年旅舍（0580-6632000），多人间60~80元/床。

陀山近海，也有一票当地岛民是操持渔业的，故而农家奶奶每日的海鲜选料都足。又巴巴地央她多放点辣，吃到嘴里才叫心头脑袋都舒坦了一遍。眉开眼笑之际，写出来的东西也自然地生动活泼。那厢编辑高高兴兴，我就越发离不得农家小院，实实在在地住上了二十来天。

农家奶奶最信的便是令普陀山成名的不肯去观音，夹着鲜炸的小鱼苗时强推普济寺。她住在普陀山已有四十年，由外岛嫁入。也不茹素，依着旧日小渔家的生活，生一男一女。女儿仍帮着操持家务，男孩已在他处定居，偶尔才回来看看。院里收拾出了四间小房，专供游人住，干净是干净，还烧得一手舟山好菜。她信观音有道，也信意诚即可，每月的初一都早早地凌晨排队在普济寺内烧一炷香，便算了了心愿。

即便她如何强推，我仍是在每家寺庙前都举手合十拜一拜便罢，又在普济寺门前拜了三拜以示特别心许，终是难与那佛家信徒的虔诚相比。然其山门前的莲花池畔，我却特意在某几个夜里又找了回来。夏日的莲花开得胜，看起来

复古典雅的佛教建筑——海月常辉

不是费心打理却错落有致。没了白日里的人气，莲花池的静默衬出了莲香来。莲下的大个儿放生鱼应都歇了，没有再随着行人追逐讨食的法子，旁侧围了一圈的老树打着哈哈也入了眠。隐隐地有点儿小声音从寺内逃了出来，整齐的，有着自己的韵律。该是晚课的和尚在念叨，抑扬之间有方略。蚊虫是不歇的，轮番上阵终将我从这清静地轰了去，踩着路上厚实的叶子，心中念着莲花好，缓缓离去。

不肯去观音早年歇脚的潮音洞，也去过一两回。"洞半浸海中，纵深30米左右，崖至洞底深约10余米。此处海岸曲折往复，巉岩峭壁，怪石层层叠叠。洞底通海，顶有两处缝隙，称为天窗。"去时不曾见潮水奔腾入洞口，倒是吞吐了出去，显然是过了涨潮的凶猛时刻，只静站着听了会儿小风小浪，再畅想了片刻不肯去观音惹出的满洋铁莲花。

作者手记

❶ 欲在普陀山常住时日，最好选淡季；最好避开香客集中的日子：农历2月19日为观音菩萨生日，6月19日为菩萨得道日，9月19日为菩萨涅槃日，也应避开农历每月的初一和十五。

❷ 在普陀山需要经常徒步，因为标识牌不清楚，旅游巴士到的地方又有限，所以穿一双柔软的运动鞋去是必须的。

❸ 寺院提供斋饭，数量有限，仅对外出售午饭。寺内禁止拍照，如事先能多学进香礼仪则最佳。

❹ 随身携带常备药物，岛上药店少。

泰 顺

——九山半水半分田

解读 泰顺

位于浙江省最南端，隶属于温州市，是国家级生态示范区、省级生态县，也是“中国古廊桥之乡”。属亚热带海洋型季风气候，四季分明，气候温和，年平均气温16℃。境内群峦起伏，涧谷纵横，海拔千米以上山峰179座，大小溪流百余条。泰顺廊桥堪称中国一绝，此外还有飞云湖等众多自然景观。特产为茶叶、婆饼、烟熏腊兔等。

隐居指数：★★★★		交通指数：★★★
风景指数：★★★	民风指数：★★★★★	气候指数：★★★★
环境指数：★★★★	生活指数：★★★	美食指数：★★★

村中祠堂

地理位置： 浙江省温州市泰顺县

总体评价： 九山半水半分田的格局，聚廊桥，少梯田。山里山外气候都温润，十分宜居。

亮　　点： 民风淳朴；从各处的廊桥足够阅读出一部关于桥梁的历史，有人曾为这些泰顺廊桥奔波多年，只求每座都看到。泰顺附近的景色，几乎都以田园风光为主，薄烟朝阳下很有安逸富足的感觉。县城罗阳镇的理发店是隔五步就有的，饭店小吃店隔十步就有。

缺　　憾： 泰顺地区的交通不便，村落彼此之间也无特定时间段的公交相通。旅居者不多，以当地人居住为主，口音难懂。咖啡馆基本没有，饮食也都以小店为主。居住之地也多简单装修而已，难求精致。

九山半水半分田，隐约记得这是官方形容泰顺的说辞。泰顺这地界早年是不便利的，军队们日行千里夜行八百的速度到这都得打四折。故而有几次中原发生变故时，就有几族几家专门挑了这等偏僻之地避祸而居。风光也不要，荣耀也闪开，只剩下全族人的性命最为重要。知书达理的家族落户不少，但大部分都教导子弟要与人为善，要守着家族的田园，莫要惹是生非，多添事端。许是这样的缘故，在泰顺看桥久了，都觉得这桥也如泰顺人一样懂得如何闲云野鹤，避开繁世俗扰。

泰顺的旅游业吆喝了多年，唯一发展起来的仍是“廊桥板块”，我投宿的小旅馆老板这样说。老板姓孙，随父迁居泰顺，娶了老婆落了根。如筱村镇的其他乡民，孙家素日也以务农为生，随着瞧廊桥的人越来越多，增砌了两间屋子，拿来供游人居住。屋子简单也俭朴，除了床桌椅外，一点多余物件也不见。孙老板说，素来那些人都住上一两日必然走的，少见我这样一待就是四五日的人。

我去筱村镇，自然也是为了廊桥——文重桥、文兴桥。文重桥在东洋村，我到后已有三日清晨陪在它身旁。有别于编梁木拱廊桥的黛瓦红板，文重桥是素面朝天的。仍是黛瓦，不过取素板，用伸臂木平廊桥的造型依着两岸。秋日的缘故，薄雾先是拢了桥身一阵，随之也如没了墨汁的笔迹渐渐地匿了形，于是廊屋脊上一道镶滚的白边也就显了出来，像是青衣丫头随意捡了一朵白色野花往鬓角一插，看起来柔和可人，不带丝毫的艳色。

好几个上午，除了当地乡民在桥上的来来往往，我没见过捧着相机记录廊桥的游人们。它的名声自然比不上溪东桥和北涧桥，也自然比不上仙居桥，可我仍是好这一口。她越喜静，我越喜欢。趁着初阳尚无威力，收了相机，蹭到桥身上坐了一坐，看早先的炊烟一个个又灭了火候，看一家两家三家的家养牲畜被小娃娃放了出来，熟门熟路地散在文重桥两侧的草地旁。因是秋天，虽是村民也没怎么照料过这些草，长得也很茂密，鸡鸭进去立时就不见踪影，倒是小羊还能露个白背给人看。务农的老者一路扛着点家伙事儿回村，裤腿上和脚底板粘了土色，应是倒腾了一下自家的地。随手还提了几个小辣椒，似是刚掐下来的鲜货，不免又动了我的馋心。

泰顺一带的人也吃辣，但不猛。辣子对他们而言，是饭桌上一个可喜的物件，有则锦上添花，无也将就得过去。遂心里惦念起午饭，一路回去，赶在饭点前，硬是跟孙老板磨了一个辣子炒土豆，却忘了叫他少放酱油。结果看着鲜红的辣子被酱油裹成了红烧的颜色，吃着也不尽兴，不由得叹息了一声，抱着炒锅自己下厨重烧了一回，又将汁先淋了一部分在饭上。这一口儿，足吃了两大碗米饭。吃罢腹下鼓胀，等那院子里风儿一熏，乖乖地躺倒便睡，等到去看文兴桥，已是下午的事。

文兴桥在坑边村，离着农家有点远，所以骑了孙老板的小自行车，一路小溜烟地奔着日暮后的桥身而去。文兴桥建在溪水转弯处，溪岸“弓背”一边的拱架比对岸的要高一些，廊桥也因此形成一边高一边低的造型。若是能从空中俯瞰，正是左低右高，如苍鹰侧身盘旋。桥头同其他廊桥一样，都留了些年代久远的石碑，刻着

小贴士

交通 可从温州去泰顺，在老客运中心乘车，约三个小时到达泰顺。泰顺汽车站有发往泗溪、筱村、三魁等镇的公共汽车。

美食 当地的米面层和千层糕都相当不错。罗阳镇的餐饮多集中在东大街和人民广场一带。

住宿 泰顺的住宿非常便宜，私人旅馆的房间比较干净。也有短租的一居室出租，价钱在400~500元/月。

建桥的捐赠者，有些尚见得到名字，有些已湮没多年，仍矗在原地。桥上一站，又遇凉风有心，减缓了一路上快速骑行的燥热。站久了，心神又抽离了半日，仿若飘上了三丈高处，静静地看着面前的村庄农户。

与孙老板所在的庄子一样，坑边村也一样都是闲散人家。一户户炊烟闲散，这路上走的人闲散，摇摇摆摆的鸡鸭牛羊更是闲散。村人与村人打招呼时的

祖宅

当地廊桥

肢体语言闲散，一个个都归拢了回家。渐渐地声音就悄悄了，虫鸣儿接过了白日猫狗得瑟的战场，开始齐声合奏起来。桥下的溪水开大了声响，要将白日散去天上玩的伙伴都招纳回来，抽成一根根丝带子，密密地又绕了桥身。如此，回孙老板家又是必然之举。

记性好，记得顺着村路，如何走如何拐。月亮也明，脚下看得清楚。已是许久不曾如此踏月而行，居所周围的灯光比月亮都明上千倍。一路也不晃，顺顺溜溜地往下跑，哼着很少在人前露的小曲，按几下自行车铃。蹬一个多小时后回到孙家，主宅灯光熄了，孙老板却坐在院内的竹椅等着门。“他们都歇了，就差你了。”转身往厨房走，端出了一份面，面上趴着两个大悠悠的荷包蛋，拽着我在院子里吃完才收拾回屋。剩我一人，吃饱了续了精气神儿，在竹椅上一坐，任漫天星月大肆放光，继而惦念起接下来要走的那些个小村庄。

作者手记

❶ 泰顺虽是纯山区，但现在乡乡都通汽车，交通很方便，只是有个别景点每天只一次班车，故常住仍是自驾更好。

❷ 到泰顺看廊桥，最佳的住宿地点是三魁镇和泗溪镇，到各景点倒比县城罗阳要方便些。但笔者是特意避着住远了，若为方便计，仍会选择泗溪镇。

❸ 山区比他处夏日阴凉些，若是秋天需多带一件外衣。

仙居

——日日端筷忘归尘

解读 仙居

地处浙江省东南部，东连临海，位于台州与温州、丽水、金华三市的交界处。宋代大理学家朱熹曾发出“地气尽垂于此矣”的惊叹。属典型的亚热带季风性湿润气候，年平均气温 17.7℃。有神仙居（西罨）、景星、响石山、十三都、公盂、淡竹等景区，素有西罨之奇、景星之雄、公盂之巍、十三都之清、淡竹之幽的称誉。特产有杨梅、三黄鸡、蜜梨、猕猴桃、板栗、茶叶、柑桔、银杏等。

隐居指数：★★★★ 交通指数：★★★

风景指数：★★★★ 民风指数：★★★★★ 气候指数：★★★★

环境指数：★★★★ 生活指数：★★★ 美食指数：★★★

当地市场上销售的杨梅

仙居古村

地理位置： 浙江省台州市仙居县

总体评价： 安逸，人好，山清水秀，这就是仙居。清翰林院潘耒游后赞曰："天台幽深，雁荡奇崛，仙居兼而有之。"故仙居的景色以风光清雅为胜。躲在县里不如深藏在括苍山脉的小村子中，日子能过得十分忘尘。

亮　　点： 居民从商心不重，很朴素。仙居是个不算大的县城，也许是因为杨梅，会有许多南来北往的游客，它要比很多县城更具备城市的模样。当地支持自行车出行，可租借，行驶于特定的自行车环道上。仙居的大部分景区还未开发，保持着较为原始的状态。山内野味很是好味；响岩杨梅非常不错，又酸又甜，甚或还带着雨水的甘美。

缺　　憾： 居住简朴，旅游开发不足，有时需自己料理食物；交通不便；古建筑损坏严重，难见旧颜；若雨量大，大部分景区里的水道应该水势凶猛，景区不会开放。

绿竹

故事的起因，源自有人说不爱摩登都市的冷清冷淡冷面孔，说非要寻一处自在的好地方，任风来，凭雨走，最重要的是不能忘野味之鲜美，入口之动人。这厮越畅想表情越惬意，想是又惦记起了前些日子《舌尖上的中国》镜头下鲜滑水嫩的众多小菜。被他一说，对美食的贪心也慢慢盘踞了一块地方，等见着朋友家乡来的人将初春野菜夸得天上有地下没的那一瞬间，心中暗自砸下一拳，以定心神，就是它了。给贪吃的朋友去短信，添了文字："明日随客奔波去，腹空口馋等车停。春笋一渡五脏庙，日日端筷忘归尘。"

朋友的朋友的家乡，在仙居县内的一个小村子，不甚起眼，也没什么美名扬在外头。村人青壮一部分打工在外，一部分料理自家酱菜和酿酒，干点农活，日子和和美美。从上海开车过去也不算远，但总免不了一部分石子路。颠簸又颠簸之下，我们二人形容憔悴了些。疲倦之下，食不知味，倒是住得甚好，将山间的蚊虫都忽略一空，自头晚的八点硬生生睡自早晨八点，才意犹未尽地醒来。这之后，日子过得极是舒坦。

大桶的杨梅酒是我们的心头爱。主人家的杨梅酒不算陈年，去年自家酿的，全堆在院内淋不着雨的地方。“要到杨梅好的时候，我们才摘了酿，今年你们算来早了，看不到我们摘杨梅的时候，也看不到我们酿酒的样子。”我们的遗憾大概九分浮上面，主人家眼睛瞄了一下，喊媳妇拿了一白酒瓶来，指着：“不嫌弃的话，尝几口。前些天刚开的一小瓶，拿来验验，看好不好。”再顺手接过媳妇递来的两只小酒杯，拔了盖子，咚咚咚倒将起来。

酒香知我二人的硬伤，如丝般柔柔地贴身一靠，自鼻尖来来回回地拧了几下腰肢。那厮鼻尖一抽，我这厢也似被传染地鼻尖一抽，两人两双手顿时有了自己的主意。接过小酒杯，放于鼻尖下深深地闻一口，待酒香肯往肚里跑时，一抬手一口喝干了杯中酒。匀称透亮的白酒瓶里，是安安静静躺着的杨梅。彼时的杨梅可不敢吃，从前曾不晓事，却吃了一口，将多少日子混进梅里的白酒给咬活了，争先恐后地奔喉咙来，自此知道什么是辣什么是呛。主人家见我们喝得顺心，也不管我们，留下句话让我们好好喝，他得去忙些活，晚上再来相陪。这是第一次我们喝他的杨梅酒，之后日日与杨梅酒相随相伴，不知不觉喝了他一个人两个月的量，极不好意思的情况下，我们一人买了许多回去，说赠予朋友亲眷。大家心知肚明，这般买回去，多数也都是我们自己喝掉，哪会便宜其他人来。

小贴士

交通 可先到台州，再转车到仙居。上海的长途北区车站和客运总站都有车直达仙居，车程约五个半小时左右。

美食 仙居县城里有一些美食，三桥头的土菜馆、颜巷广播站对面的手切面老店、后溪路的溪滩鱼等等菜色还不错。若是住到了山里，基本上就是以当地的农家菜为主。农家准备的菜肴不会天天大鱼大肉，基本上以小菜蔬菜为主，两三天会有道野味出来。梯田附近的人家也有养鱼的，入口鲜嫩，做清蒸为好。

住宿 县城内三星级酒店还是有几家的，其余招待所之类的较多，也不贵，若图便宜100块可以住两天。山里人家住着更便宜，还包饭食。括苍山脉里很是有些小山村可以容人住上几个星期，包食宿，价钱不贵，1000元一个月就算多了。只是这些小山村不在景点附近，也不是特别好找，需花点心思。

云雾缭绕的高山梯田

主人家日日忙活，也腾不出什么空来陪我们。一到山村过日子，我们远没了在上海那般行事的速度，闲散足有四日后才商量要去山里转悠。括苍山是仙居县的宝贝，若无括苍山，只怕宋真宗也不会送来“仙居”二字当一地之名。括苍山绵延起伏，如龙盘踞于仙居，古人早年夸赞它是“括苍凌映桐柏，登之见沧海”，于是“以其苍苍接海故名”。括苍山的成名远在中原许多山脉之前，在唐朝编著的《唐六典》中，括苍山就已被列为江南道教名山。写于此时，请允我再度抚掌佩服一番古时道教佛教之人辨识风水宝地的能耐。

我们本就在括苍山山脉里，离了村爬爬也只是一段，更没去它海拔1382米的主峰米筛浪。米筛浪是浙东第一高峰，据说“下雪的时候，站在山顶上，雪就像米筛一样筛下来，十分壮观”。似我等懒人，只晓得逢山观景就好，做不来那类久候某景致的雅事。阴天，不见阳光，偶尔能自面上发觉空中的水汽过于饱满。山里的雾气重时，有时肯在枝头叶旁挂满坠满，晶莹白透。越往山上走，越觉得原本近的山渐渐地跑远了，扯了许多块帘幕把自己围将起来。隐隐得露出一点，在雾气的来来回回下，显一点收一点，娇羞得很。近着我们的是梯田，叫我们愣了一下。脑子里原本都是西南西北大片的梯田，没有期望在这里看到归置上佳的同等货色。色块很均匀，看得出是各式各样不同的农作物。在未来的许多天内，我们也没有爱上爬山，就习惯走到这里看一个小时的梯田，清早看一次，傍晚太阳收山时再看一次，一天总有两次机会可赏心悦目。虽然面积比不上西南那片的广域，但色泽上也是喜人，赤橙黄绿青蓝紫轮流也是好几遍。

村子里偶尔会来几个自驾的游客，木头搭的阁楼也不算寂寞，也有爱住帐篷的，只是不多。主人家曾为他们准备过食物，早晨是红薯块煮的甜粥加笋、腌萝卜、花生米和白豆腐等，中午或晚上就换上山菇、笋、野猪肉、野驴肉、石蛙等等好菜。这些菜要提前讲才有。蔬菜好安排，田间新鲜的一把把抓，但荤菜却不好准备。那炒到热闹的时候，吵杂声能穿透屋檐，直击长空。一夜酣睡后，等着早起的公鸡打鸣唤醒，再收拾行囊接着下面的旅程。我们住着的时候，也碰上了两拨这样的人，肆意欢笑着，吃着喝着，看得出疲累，但个个心神都放松着。聊过几回天，打过几张牌，喝过几回酒，然后他们走了，我们却还留着，多少也能体会一点主人家送客时的留守心态。在离开村子之前，我们没少盯着自由升腾着的火苗，自得其乐地吞吐着灶上的大铁锅。主人家利落做的活计和他媳妇亲手准备的一道道下饭小菜。最是舒坦时，当神仙也不过如此。

作者手记

❶ 去仙居，县城没什么好看的，有点历史故事的全在括苍山脉的景点里。但景点开发的不完善。

❷ 括苍山逢雨水的日子多，但晴天的山色却最好看。去之前需看好天气预报，不然恐遗恨而返。

千岛湖

——口腹只知书意足

解读 千岛湖

千岛湖是世界上岛屿最多的湖，地处幕阜山北麓，位于庐山与九宫山旅游黄金线中心。属亚热带季风气候区，一年四季分明，冬季盛行西北风，以晴冷干燥天气为主，低温少雨；夏季以东南风为主，高温湿热。年平均气温17℃。千岛湖中大小岛屿形态各异，群岛分布有疏有密，罗列有致，梅峰观岛、龙山岛、清心岛等各有风姿。特产有鱼干和高山绿茶等。

隐居指数：★★★		交通指数：★★★
风景指数：★★★★★	民风指数：★★★★	气候指数：★★★
环境指数：★★★★★	生活指数：★★★	美食指数：★★★★

令人垂涎欲滴的鱼宴

地理位置： 浙江省淳安县

总体评价： 生态环境好，天下第一秀水。没有污染，盛产绿色产品，是全国四大淡水鱼基地之一。

亮　　点： 除了大大小小的岛屿之外，这里还有天然氧吧、九折瀑布、徽派古村。春季还能看到满山的油菜花；四季千岛湖，都能让你看不一样的美。饮食微辣，料理起来鲜味十足，口腹之欲可大大纾缓。当地人勤于读书，书店里的书比起其他的城市看起来要多一些。

缺　　憾： 交通不便，船票价格过高，商业气息有些浓厚；千岛湖的一日游其实很麻烦，不断倒车，倒不如选择几个地方长待；淳安码头的公交接驳站太远，行走不便。

谁都知道千岛湖的大胖鱼头。只要去过千岛湖，住过看过吃过，那些简直可以用“壮硕”来形容的鱼头就直接成为千岛湖的代名词。可那样，千岛湖的菜肴未免也太过冤枉了些——明明多年来都是侍弄着同属徽菜的淳安菜，喜辣喜咸喜浓。

这个概念是老董的媳妇教给我的。我在他家住了十余天，扎扎实实地吃了二十余顿饭，终于明白什么叫做淳安菜。“我们靠着千岛湖做买卖，总得叫千岛湖的名字发扬光大吧？”他们在当地都对游客说做的是千岛湖料理，但若去别处做买卖，却还是更愿意说自家做的是淳安菜。事实上老董每年都得给亲弟弟在杭州的菜馆送去一箱又一箱的原材料——腊肉和小溪鱼。

很少人知道淳安当地人做的一手好腊肉，土家做法。冬至后立春前，选新鲜猪肉，早几回就跟自家乡邻订好的。宰杀，去头、内脏，剔出猪腿，砍肋条肉宽如手掌，上端剌一个小洞；再加盐，用力擦在肉条和猪腿上，压实，偶尔在中间层涂盐有的人家会放香料。此后腌制翻缸，除血水再翻缸。出缸后先用清水洗净皮肉，再用棕叶绳索了，串在高处，沥干水分。足要有一个月之后，这些腊肉才算好。炒时放花椒、青蒜、苋菜都可，反正腊肉一来，一切都可成菜。

我在老董家吃到的腊肉，辣中是带着甜味，是老董亲自去淳安一带农家收集的腊肉。加了尖椒一炒，立刻漫上来一股子鲜甜的辣味。能拌饭，也能拌馒头。这时你若尝上一口，便再难舍盘里的汤汁，必然是要刮得干干净净。他家又用粗制的大白瓷碗盛装，越看越吃越觉得“乡土”气息浓厚，反倒越发吃得多起来。

小溪鱼也是他收罗来的一样宝物，每个月也朝弟弟店里发一批。个头不大却味鲜。老董曾拿它做了几回浓汤给我喝，还混着过铁板香辣梅干豆腐。他老婆说：“我们这里流行吃豆干鱼干，什么四季豆干、扁豆干、泥鳅干和农家辣酱，基本上家家都能做，家家也都会置备一点。”这些听起来很下饭的酱料，我只瞧中了一样，便是他家自做的辣酱。

找乡民收高山上的红辣椒，切碎，再混入生姜、与洗净晾干的大蒜一起切碎，入食盐、米酒、味精、香油，置在木桶里腌制。到了时

日，就把那腌好的碎片们取出来，磨成浆，这便有了辣酱。老董家是没有石磨的，每次都腌好了，央来别家的磨干活，再装进坛子里。若要用，挑一些出来就好。送磨回去的时候，也顺便捎带些小罐给邻家吃。老董的意思，是仍看重乡邻——虽是搬进了千岛湖，但总不能把以前的老情份给丢了。

老董口中的乡民，多数都是淳安的本地人，又或是二十多年前因新安江水库而迁至那里的淳安人。在千岛湖的渔业开始发达前，在新安江水库未曾开始前，淳安人是安于自己的山区生活的。他们以宗族的形式定居在淳安的千百个源坞里，这些家族延续着传统的教育理念，正如淳安民间的民谚：养儿不读书，等于养蠢猪。在过去的淳安，族人读书的费用大部分靠族田收入。以明朝状元

千岛湖巨网捕鱼

小贴士

交通 可从杭州或黄山市转车到达。

美食 千岛湖因临近古徽州，餐饮带有浓郁的“味浓、色重、火工足”特点，多煲仔类菜肴，也是吃湖鲜的好地方。

住宿 千岛湖镇上有不少宾馆；镇上也有公寓，如月租的话，一居室500～800元；出名些的度假村都藏在中心湖区内，一岛一村，价格也较高。农家客栈也多，多偏离中心湖区。淡季时，农家住宿可谈到标间60元/晚，日子久还可砍价。

锦山秀水

商辂为例，幼时家中穷到没有油点灯的境地，却一点也不妨碍他接受良好的基础教育。这种情况在淳安并非一例，而是比比皆是。淳安人相信读书可改变命运，以前是那样，现在也是那样，仍旧是一样的尊师重道。

在淳安的那些日子里，鱼头也多见上桌，还有野生河虾和红烧鱼块。千岛湖的鱼和他处比，算是彻底的家鱼。产卵的鱼取自长江，由人工喂养成小鱼后，再投放千岛湖。捞鱼时用开了大口的网来抓，让小鱼苗都跑回自留地，只留着大鱼们挣扎在延绵不绝的渔网上，转身蹦向自己的宿命。老董的爱人说，有经验的人都那么做，你要是把鱼苗苗都给收了，那明年干吗呢？

但六月不是捞鱼的好时候，也不是钓鱼的好时间，只能听着老董夫妇忽悠着前几次钓鱼的盛况。渔具可以跑镇上买，渔区距离老董家不足一公里，步行十五分钟就能到。通常老董是建议钓鱼者清晨出发的，他还会准备上红薯稀饭和玉米咸菜饼当早饭。“会钓鱼的人，通常会选深的钩，大的漂，那样才适合在千岛湖钓鱼。”在他的描绘下，那些上钩的鱼中，最胖的是十几斤，最瘦的好似小鱼苗。无论胖瘦，他总有办法倒腾得分外好吃，胖鱼就下鱼头，下鱼片，瘦的鱼就攒一攒，和着红椒一块儿炒，味道定然能令人满意。

只要有辣的菜，老董必然会叫媳妇也准备一盆山野拌菜，也算去点火气。多数被送来的是野苋菜。野苋菜在《本草纲目》中曾出现，性味甘凉，具有清热、利窍的作用。他家媳妇喜欢取茎嫩叶大的来拌，但却完全忽视老董的意思，硬加上辣椒粒，虽说也好吃得可以，但终究仍是和辣椒相伴相随，半点没有降火的效用。

淳安人的能耐，并不仅仅体现在美食料理上，至少老董无事拿出来的那些菊花茶，也有它的来处。早就听说淳安人喜欢自己采野菊花晾晒成菊花茶，但我却从未尝过。老董说，新闻报道上都说去金紫尖摘，但他们自有去处。总是要在重阳过后的十几天内开始采摘这些野菊花的，这种采摘的旅行能使得身上都沾满悠悠的淡雅菊香。老董很喜欢抓一小撮晒干的野菊花，配上其他的绿茶一道，就图沾染点香气。那股香气不由得从他的杯中慢慢飘进我的鼻中，一路朝下，令人顿感妖艳。

老董家的美食，每每在午饭和晚饭的时候能起到"唤人归"的效果，比闹钟还准。当我站在千岛湖畔某个小山包远望碧色的时候，若是恰逢了饭点，肚里会自然而然地开始打锣响鼓。碰上了出彩的晚霞和落日，我忍饥挨饿也要看完才能撒腿儿回去，若是阴云密布，那通锣鼓就恰是归家的讯号，令我拔腿就走。一路兴奋地看着各大渔庄与我擦身而过，又朝那些坐在窗前吃菜的游人们看上一看，直奔心目中的美食归宿而去，不打半点咯楞。

作者手记

❶ 去千岛湖最好避开春季和秋季的高峰期，彼时各种费用都上涨，且难订房。这里春秋两季适合坐船游，冬天太冷，夏天太热。

❷ 千岛湖镇有3个游船码头，分别到达中心湖区和东南湖区的主要景点。当地公交车较方便，出租车因其便宜，城区主要交通干道上每人只需2元钱，穿小巷的支线每车加2元。再远一点可请司机打表，5元起步。

天目山

——幽邃奇古之旅

解读 天目山

地处浙江省西北部临安市境内，浙皖两省交界处，素有“大树华盖闻九州”之誉。天目山地貌独特，地形复杂，被称为“华东地区古冰川遗址之典型”。仙人顶年平均温度8.8℃，山麓14.8℃。夏天凉爽，冬季无严寒。景点有青山湖、钱王陵、玲珑山、太湖源、浙西大峡谷、白水涧、天目石谷等。特产有笋干、云雾茶、核桃、“大佛手”银杏果等。

隐居指数：★★★★★　　交通指数：★★★★

风景指数：	★★★★★	民风指数：	★★★★★	气候指数：	★★★★
环境指数：	★★★★★	生活指数：	★★★	美食指数：	★★★

天目山

地理位置： 浙江省杭州市临安市

总体评价： 地处国家级绿色生态区，景色清秀，适宜清心居修。

亮　　点： 天目山满目皆绿，住宿不贵，民风淳朴。农家乐的主妇们都似受了山神的点拨，知道山里的某处有那颗绿芽在冒，又是哪类小菜恰逢入口时。

缺　　憾： 山区内交通不甚便利，几乎全凭双足探路；少有购物之所。

天目山的名字自有来历，说的是东西峰上各有那一汪天池，"宛若双眸望苍穹"。每年想起天目山时，一定是室外气温往四十度跑。汗流浃背的模样越多，越是思念彼山的满身清凉。

曾和友人实实在在地贴着天目山住过一些日子。他处的酷暑，到了天目山就成了温中有凉的舒畅感。散步是我们常做的事情，先是由下往上走，走过青石条铺的石阶。湿润的气息使得青苔们得到极好的滋养，漫无目的地覆盖住一层层的台阶。溪流或明或暗地在一旁撑着场面，一时有，一时无，但水声总在。全程也有鸟声的应和，有的婉转，有的明朗，混合在阵阵蝉鸣里。天目山的水系极发达，我无从想象藏在它体内充沛的水元素。只知道随着我们的步子，那弥散在空气中的水意一点儿都不见散。空气已经被润成了只手可触的薄雾，手一伸一收之间，也顿时湿润起来。

我们几乎每日都要走上这么一段，特特选在清晨。从居所走到禅源寺，听和尚们最后的一段早课。当然是隔墙听，我们都无意去叨扰那份祈佛的诚心。汗一身一身地出，由着晨风吹上一吹，很是爽快。坐着，看着来时路。隐隐地那半截都已经藏入大树的身躯里。没什么人朝上走，想来清晨和我们一样上山的人不多，许多人都喜欢在晚上来这里等一份夜凉如水的安静。山民们似乎没有早登山的习惯，不似我曾去过的庐山；附近的老人家都喜欢早晨坐着车晃荡晃荡去好汉坡下，爬上一个半小时的山，在大小天池那里转身撤退回家，这便算是一日清晨的锻炼了。

我们的居所，是一处农家。1500元包了一个月的吃喝住，我们只管按点到一楼大厅吃饭即可，不用操心该准备什么该吃什么的琐事。早午晚三餐，不见如

何多的大荤小素，但主妇炒菜时少油少调料，反而吃得出那些山货的味道来。有时难动笔，背着手往主妇忙碌的厨房门口一站，任由各种味道窜了来。爆香的油，溜入锅的酸味，起味道的麻油，便在厨房里倒腾出自己的一幕戏曲。站着畅想我的事情，主妇每每都会说：“别着急，很快菜就好了。”她接着忙，手下几个帮厨也自顾自地去了，落得我好没意思地转头去敲友人的房门，示意很快饭菜就好，莫要着急。

来山里住之前，我们曾畅想过在山中寺庙的老灶里讨一口饭。很想吃吃看那藏在老木锅盖里的香米饭，那被一捆捆柴火煮好的菜。结果是未遂，不是在电脑前争分夺秒地晚了时间，或是根本搞不准他们烧饭的时刻。去了两次没摸上窍门，我们终也死了心。唯一的益处，竟是讨到了几杯老茶。

天目山雨季

天目山内的溪涧穿行不息，禅源寺也借了它们的灵气。泡茶的水，便来自于一口活源，有色有相。茶是扫地僧给的，泡的茶不知姓名，说是从寺院附近的小茶树们身上摘得，一年只在春季摘一次，也不多摘。扫地僧说，不是茶农，做了点茶也只为降暑解渴，多少是个意思。听后，居然有了一些曾读过的唐人茶歌的味道，一说："山僧后檐茶数丛，春来映竹抽新茸，宛然为客振衣起，自傍芳丛摘鹰嘴。斯须炒成满室香，便酌砌下金沙水"；一说："古殿焚香处，清羸坐石棱。茶烟开瓦雪，鹤迹上潭冰。"

天目山里正经的茶农其实很多，许多人谈起天目山也都会从陆羽的访茶开始——"杭州临安、於潜二县，生天目山，与舒州同。"那些茶树们各自圈了一块

小贴士

交通 可先到杭州或临安市，再转车到达。

美食 若是住在天目山脚下，多以农家乐为主，土鸡和笋是必吃的，做法也多样；若是住在天目山上，只有素斋打底。

住宿 天目山住宿多集中在山脚下，分宾馆与农家乐两种，但农家乐基本都离禅源寺和南门较远。建议住农家乐，住宿加每日膳食约1500元/月。东天目住宿较少，且山上无住宿。

地，在东西天目山里由着天地灵气百般滋养。自唐代后的文人大多懂茶爱茶，笔下也绝无少提天目山的名字。我很喜欢明代文震亨的《长物志》，那却是我在找园林的资料时顺带看到的一段——说“龙井、天目，山中早寒，冬末多雪，故茶之萌芽较晚，采焙得法，亦可与天池并。”

回来和农家的主妇一说，她忙说等等，不多会抱了一小坛出来。原是她家亲眷也有当茶农的，做的正是自明代起就相当有名的云雾茶，又叫天目青顶。主妇只说是亲眷送的，也让我们尝尝。忙着烧水，等沸水入壶，吐着烟丝白气，烫开杯子器物，就等一份熊明在《罗岕茶记》中所说“至云雾则色重而味浓”。等着主妇提壶倒茶，香味一时四溢，恍然间心下生境——待一份禅心，坐望苍山，久等暮霞。

作者手记

❶ 东天目的主游览道分东西两瀑，终点为昭明大禅院，从西入口步行仅需45分钟，购买20元香客票的游客不能走西瀑大森林游步道，只能走香客道（碎石路）或乘缆车上山。登大仙峰的路在昭明寺旁。

❷ 山上的开山老殿提供少量食品及茶水。若图省钱，可以住在山顶或开山老殿处，条件较简单，每人20元/晚，素斋另算。

❸ 早上可到仙人顶观日出，风景不错。

江苏

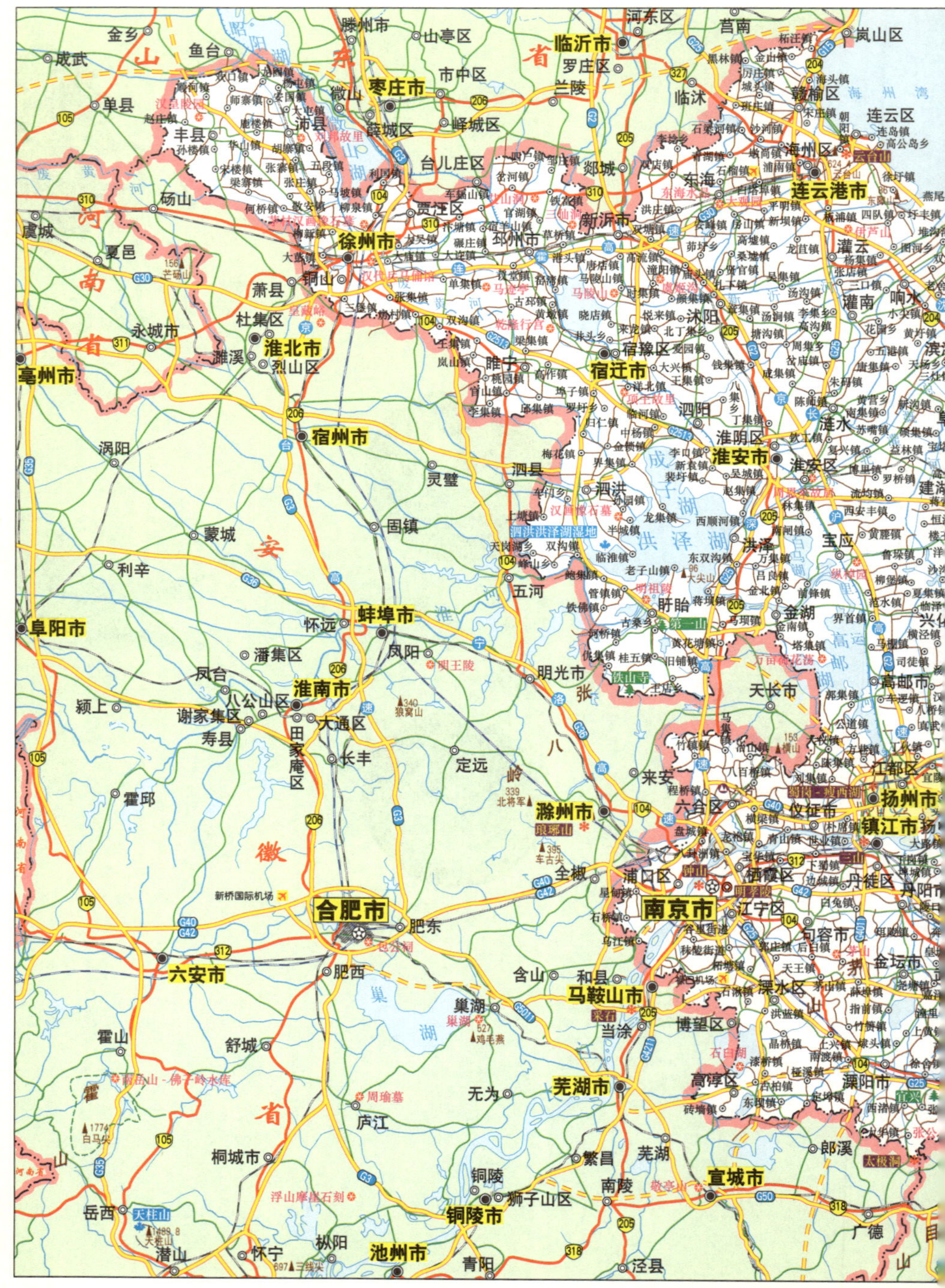

金乡
成武
鱼台
滕州市
山亭区
临沂市
河东区
莒南
岚山区
罗庄区
枣庄市
市中区
兰陵
临沭
微山
单县
沛县
薛城区
峄城区
赣榆区
连云区
丰县
台儿庄区
郯城
海州区
连云港市
砀山
贾汪区
新沂市
东海
徐州市
邳州市
虞城
夏邑
铜山
萧县
灌云
灌南
响水
杜集区
淮北市
永城市
濉溪
烈山区
睢宁
宿迁市
宿豫区
沭阳
亳州市
宿州市
泗阳
涟水
涡阳
灵璧
泗县
淮阴区
淮安市
淮安区
泗洪
蒙城
固镇
洪泽
宝应
利辛
五河
盱眙
金湖
阜阳市
怀远
蚌埠市
凤阳
潘集区
明光市
高邮市
凤台
八公山区
淮南市
天长市
颍上
谢家集区
大通区
寿县
田家庵区
长丰
定远
霍邱
来安
六合区
仪征市
扬州市
滁州市
镇江市
全椒
浦口区
栖霞区
丹徒区
新桥国际机场
合肥市
南京市
江宁区
肥东
句容市
金坛市
六安市
肥西
含山
和县
马鞍山市
溧水区
巢湖
当涂
博望区
霍山
舒城
芜湖市
高淳区
溧阳市
周瑜墓
无为
庐江
郎溪
桐城市
繁昌
芜湖
铜陵
宣城市
岳西
狮子山区
铜陵市
南陵
天柱山
广德
潜山
怀宁
枞阳
池州市
青阳
泾县
山
东
省
河
南
省
安
徽
省
张
八
岭
洪泽湖
海州湾

黄
海
长
江
口
嵊
山
洋
滨海港镇
白果树
八滩镇
振东乡
八巨镇
陈海乡
临海镇
千秋镇
通洋镇
鹤桥镇
陈洋镇
射阳河闸
海河镇
射阳
黄沙港镇
兴桥镇
新洋港
盘湾镇
黄尖镇
盐东镇
新兴镇
南洋镇
三龙镇
盐城市
盐都区
大丰市
大冈镇
刘庄镇
安丰镇
西团镇
小海镇
草庙镇
白驹镇
大丰麋鹿
对虾养殖场
大桥镇
施耐庵陵园
戴窑镇
板桥故居
海丰镇
头灶镇
新曹镇
东台市
海春轩塔
南沈灶镇
弶港镇
张郭镇
三仓镇
安丰镇
新街镇
溱潼会船
唐洋镇
沈高镇
姜堰区
海安
李堡镇
栟茶镇
洋口镇
海陵区
泰州市
西场镇
河口镇
丰利镇
长沙镇
大伦镇
柴湾镇
如皋市
双甸镇
袁庄镇
岔河镇
如东
大豫镇
东安闸
雅周镇
元竹镇
林梓镇
石港镇
曹埠镇
十总镇
分界镇
白蒲镇
海丰
刘桥镇
平潮镇
西亭镇
通州区
狼山
刘浩镇
泰兴市
石庄镇
南通市
东灶港
兆民镇
东元镇
近海镇
靖江市
海门市
台作镇
向阳镇
江阴市
三和镇
启东市
大兴镇
寅阳镇
张家港市
常熟市
崇明
戚墅堰区
惠山区
无锡市
锡山区
太仓市
吴淞口
宝山区
嘉定区
昆山市
苏州市
相城区
上海市
浦东新区
浦东国际机场
吴中区
闵行区
吴江区
青浦区
松江区
奉贤区
太湖
苏州古典园林
金庭镇
太湖西山
东山镇
东洞庭山
七都镇
嵊泗
嵊泗列岛
东海大桥
湖州市
南浔区
嘉善
嘉兴市
平湖市
金山区
南湖
浙江省

扬　州

——充沛的幸福感

解读 扬州

扬州位于长江与京杭大运河交汇处，与镇江隔江相望。属于亚热带湿润气候区，年平均气温14.8℃，冬冷夏热较为突出。建城史可溯至公元前486年，盛唐时期达到鼎盛，在唐朝大诗人李白的千古名句“烟花三月下扬州”下璀璨熠熠。景点有瘦西湖、何园、个园、大明寺、古运河等。特产为扬州三把刀、漆器、玉器、牛皮糖、酱菜等。

隐居指数：★★★★　　交通指数：★★★★

风景指数：★★★★	民风指数：★★★★	气候指数：★★★
环境指数：★★★	生活指数：★★★★★	美食指数：★★★★

地理位置：江苏省扬州市

总体评价：中国历史文化名城。有繁华的商业区，也有安静舒适的景观，生活节奏慢，是谓慢扬州。

亮　　点：扬州实际是一座低调的江北小城，谦逊平和，非常清洁。在扬州生活的人都是安分守己的人，老百姓都很知足，习惯了本地的历史，过得平静淡然；扬州的美食遍地，却以温婉的流派为主；夜生活选择多种多样，去茶楼小聚，谈天说地，品茗听戏就是一种享受生活的方式；扬州修脚师傅很厉害，操一套小刀，很舒服。

缺　　憾：上一点年纪的扬州人操的是苏北口音，外地人听着是种受累；不建议坐龙船，柴油机驱动，坐上面轰轰直响；老城区住得非常拥挤。

扬州人说话其实是软软的，可惜每个人都说得太快。不熟悉苏北一带口音的人听了，倒觉得硬邦邦地掷地有声，便不显得如何亲近。至少我的朋友阿立搬来扬州半年仍是有抵触情绪的。阿立做的是景观设计，算是被公司丢到扬州做一个景观项目。他在扬州无亲无友，宅了半年终是想起了吆喝大家去扬州玩，

冶春茶社附近的春景

扬州市花——琼花

于是小伙伴们一个接着一个奔向阿立。有的人待的时日短，有人则长。如我这般厚着脸皮硬蹭了四个星期的人，几乎是没有后浪能破纪录。可就连我也不曾想过，几番回合地折腾下来倒叫阿立真的喜欢上了扬州。

阿立住的地方贴着东关街，出了屋子前后左右走三步就是吃食。大中型的店铺不算，每日还有朝街面扩桌椅的小摊贩，是故阿立这半年来都不曾往远处走过，只知这条街是老城的骨血，热闹非凡，却不知究竟还有些什么。随着朋友的到来，一次次地陪吃陪喝陪玩，等到阿立再带我游荡在扬州的街巷时，已然半出师的状态。

几乎日日早晨，七点的光景，洗漱一番，就直奔富春茶社吃一顿早茶。阿立是北方人，到了扬州仍爱吃包子。虽然扬州的包子汤馅与北方的大不相同，但茶社里的小包子却很得他的缘分，按着单子上的不同款式每日轮番地点。今日是蟹粉的，明日是五丁的，配上些干丝小粥，细嚼慢咽也就半个小时。架着腿，啃一口包子，沾一口汤汁，吞一口满足。他总喜吃完点上根烟，站在门口抽完，一掐烟屁股，转身就陪着我走街穿巷。

从东关街左穿右绕，附近一带都是老街巷，谁叫扬州的老城区都集中在这座城市的东部呢？居民区是密集的，商业区是密集的，自然文物区也是密集的。这一穿绕，就成了在一条条宽窄不一的巷子里前行。扬州的街巷窄得多，最窄的巷子也不容两人并肩而行。时不时，眼神又落在某个巷子口的“名人故居”铭牌处。上头的名字，有文人官吏，也有大小盐商富户，至少都曾在清代显赫一时。

这种穿行，无意中也能遇上一两座门楼。天蓝，巷子窄，门楼却高，矗在那儿摆着一幅谁与争锋的姿态。因早起的太阳还不大，门楼也不会坠下什么很大的影子，倒是雨天时更好看。东关街卞总门5号卞氏民居，因离着近，老成为我们的观察目标。一日，我们还特地挑着雨天去瞅门楼。见雨丝儿飘，先湿了飞檐翘角，再一层层地去润门楼的清水磨砖。原本看起来还粗糙的墙面，一被水缠上立刻顺滑起来，由着水珠儿贴着面往下坠，再被石板旁的水槽一颗颗地拢起来收住。

小贴士

交通 乘火车可到。

美食 淮扬菜系以清淡为主。富春茶社、冶春茶社、菜根香、共和春等饭店都相当不错。扬州的早茶到了十点基本就结束，所以吃早茶要赶早。菜馆给的分量都足，最好多召集几个人一同共享美食。

住宿 扬州住宿大致分为三个区域，西北的瘦西湖风景区，市中心一带如国庆路和东关街附近，西南面的扬州新区。有个园青旅（0514-87348333）、运河青旅（0514-87338885）等青年旅舍，多人间45～60元/床。除市中心一带以老式的旅店为主外，城内可供短租的一室一厅大约1000元/月。

扬州名菜——大煮干丝

就这样不论了远近，我们跑过了五福巷，走过了青莲巷和徐凝门街。扬州的老宅子做的就是细致，间间自外头看都不大，却能自门檐灯细节上看出点宅主的门道。砖面的细腻流畅，花草饰件的镂空，飞挑门檐的形状，门口石鼓子的造型，又或是照壁的身形段子，丝丝都遮不住扬州民宅青砖高墙所匹配的庄穆大度，又与那江南其余地方的简约门墙大有不同。

扬州人本就爱精致，这种习惯虽然在明末清初的时候被毁了一道，但随着江南盐业的发展，终又是捡了起来。且拿那出了名的扬州干丝为例，徒弟们学手艺的第一条都得从如何切干丝开始。先切姜丝，熟练极了后再切干丝。切出来的小丝，极薄，入水后发丝一般散开。虽是刀工精细，但扬州出品的仍旧是小家碧玉的多。干丝分大煮或拌。拌也就是烫，干丝用水略一烫，加三合油，又宜茶又宜粥。大煮干丝才算一道正菜，须下火腿、干贝、皮蛋等熬汤，将味调出来，但捧出来的仍是一位小家碧玉。

如此吃饱了，困意袭来，自动自发地就回阿立家。躺倒，姿势摆好，可睡上两三个小时。起来后折腾些杂务，又可等着五六点的晚饭，却哪有初到扬州的心思，偏要去个园何园待上一个下午。如此一来，才知晓扬州的“醉生梦死”果然是不需要费一点酒沫子的。

我在的那段时候，错过了春天。扬州的春天不过三四两个月，所以漫天的柳絮都飘完了，仅剩下瘦西湖畔摇曳多姿的柳条儿。枝已经抽得长，随风的舞姿引人老去想一番此地早年出品的扬州美人们。可一过广储门，又跑过了绿杨湾，就不得不想到扬州八怪中如今不怎么出名的黄慎。他原来就曾住在广储门外，曾开口说自己住的地方如何的好："春泥香屐齿，绕屋印梅花。饥鹤啄晴雪，轻鵏拨软莎。野僧供佛手，邻叟馈春芽。夜息无余事，忘机独听蛙。"

一想起他写的，就开始悔自己不在初春时节来，只能凭空虚拟一番他口中的"美成草堂"。结果回家一翻旧书，却只知道所谓"美成草堂"不过是几间简陋的草房，开工极简单，不载史册，具体哪年落成，亦无法确认。可他却偏爱扬州，留下了那首最著名的《维扬竹枝词》——"人生只爱扬州住，夹岸垂杨春气熏。自摘园花闲打扮，池边绿映水红裙。"

有些日子的下午，也不贪睡，特地跑去北门外一个叫做下街的地方。临河的一面，被一根根茶旗占满地方。茶馆都取了好名字，如香影廊、绿杨村、红叶山庄。那些幌子都高高挂着，配着错落有致的茶馆布置，不方正确也有趣。时不时能碰上载客的船娘，大肆推销一把茶馆的小笼点心。茶馆的人将东西递过去，由着船客在河中喝着，吃着，谈着，回来再还些器物，付价款。一来一回，是扬州自己人的做派，行云流水般的熟练。

作者手记

❶ 大明寺是一个不错的佛寺，环境清幽，香火也盛。如果有诚意，可以赶早去撞晨钟。

❷ 国庆路是一个生活气息浓郁的老街，出名的绿扬旅社就在那儿。

❸ 扬州的洗浴中心虽多，但无相熟的人介绍还是别抱很高的期望值，手艺如何全凭运气，不建议在洗浴中心过夜。

❹ 东关街的老物件多，很容易触发幼时的记忆，如面人、纸花、糖花等，大大小小的摊位星罗棋布在各个角落。

苏 州

——大隐隐于市

解读 苏州

国家历史文化名城，中国园林城市。苏州地处江苏省南部，在南京和上海之间，北依长江，西傍太湖。太湖水面90%左右在苏州市境内，京杭大运河擦城而过，境内河流纵横，湖泊众多，全市水面占总面积的42.5%，是江南水乡中的显著之地。属亚热带季风气候，四季分明，气候温和，雨量充沛，年均降水量1100毫米，年均温15.7℃。苏州历史悠远，声名显赫，古迹众多，文人荟萃，素有“人间天堂”“东方威尼斯”的美誉。苏州园林为世界文化遗产。景点有虎丘、寒山寺、拙政园、留园、平江路、山塘街、狮子林等。特产有碧螺春茶、苏式蜜饯等。

隐居指数：★★★★★　　交通指数：★★★★★

风景指数：★★★★	民风指数：★★★★★	气候指数：★★★★
环境指数：★★★	生活指数：★★★★★	美食指数：★★★★★

白猫与凌霄花

地理位置：江苏省苏州市

总体评价：一座被公认为人间天堂的古老江南城市，拥有婉约细腻的水乡风物和温涯如水的生活节奏，历来是文人官宦的退隐后花园，“大隐隐于市”的最佳选择地。

亮　　点：交通发达，且毗邻上海的两大机场，可享受国内最低价的机票，远行无忧。安居最好是住在苏州老城区，韵味悠长。清早穿着睡衣趿着拖鞋去吃“朱鸿兴”“陆振兴”面馆的头汤面。苏州土著们的性格温润，相处平易。在这生活的另一个意外优点是——网购的邮费和收件速度，让人暗暗心花怒放。

缺　　憾：位于长三角经济区，空气质量稍差人意，物价较高，人多拥挤。气候偏湿，梅雨季节长，室内回潮严重，且夏炎冬寒。

一开始我选择苏州作为在江南地区的根据地，是经过了深思熟虑的。苏州，才是江南代表，什么乌镇西塘周庄角直四大江南古镇，游客多得擦肩接踵，一个偌大的镇子居然圈起来要门票，里面的居民也像被圈起来的动物一样，被游客猎奇打探。而杭州，我是四五月份去的，非常美，碧莹莹的山林湖水一色，但是却不着烟火气，哪像苏州啊，苏州大街小巷还看得见人们坐在井槽边剥鸡头米，人民路上有阿婆卖茉莉花香钏儿，所以至今我还是一口咬定，苏州才是最适合体验江南生活的长待之地。

苏州是一个值得流连很久的城市，花上一个星期，一个月，几个月，甚至几年的时间守望这座城市，时间久了，你会发现属于苏州市井的生活，没有景点，没有假山，没有亭廊，没有繁复的礼仪，那几百年的小巷，那在小巷生活了一辈子的老人们，守着他们的历史守着有老风湿的腿，颤颤巍巍地行走在这黑白的天地里，透着满足和安逸。巷子里遇到的大爷阿婆们，起大早穿着睡衣去面馆吃头碗面，趿着拖鞋去哑巴生煎排队买生煎。

苏州古城区巷子分布如河网，平江路已经是个必去景点之一，也没什么好说的了。值得一表的是，春天的平江路两岸，梧桐花照亮平江河，紫色的喇叭形状的花朵，像只蓝色尾羽，打着旋儿落在河面上。大新桥巷口，有一株大合欢树，开花的时节非常梦幻，云蒸霞蔚。人民路上有本地阿婆挎着竹篮卖香钏儿，

小贴士

交通 乘坐飞机一般取道上海或者无锡，机场到苏州有直达班车；火车交通方便，京沪铁路有很多经过苏州的列车；公路发达，江浙省内城市多有班车可以到达。

美食 苏州菜属苏菜中的苏锡风味，传统重甜出头、咸收口，浓油赤酱，近代逐渐趋向清新爽适，浓淡相宜。苏州美食集中在观前街一带，比较著名的饭店有得月楼、松鹤楼等。在观前街和附近的那条太监弄上，小吃店也很多，最著名当然要数采芝斋。如果要吃苏式面，推荐同德兴。拙政园南边不远的潘儒巷内有一个吴门人家，开在园林内的苏帮菜，早上还有早茶自助。凤凰街的协和菜馆也是比较正宗的苏菜老店。

住宿 苏州有各种档次的宾馆客栈，普通宾馆的标间每晚一百多元。这里的青旅较多也较有特色，如明堂青年旅舍（0512-65816869）、小雅青年旅舍（0512-67551752）、浮生四季青年旅舍（0512-65218885）、桃花坞青年旅舍（0512-67720007）等，多人间35～50元/床。如果租房的话，市区中等装修的一居室1000～1500元/月。

在茉莉花开的季节，自制茉莉花香钏，一块钱一支。这种旧时风物，我只在昆明见过一次，不过苏州的香钏是细铁丝串茉莉花，形状牢靠，戴一天也不会掉，行走处满路生香。

当店里的排班制度，变成上一天休两天之后，除了拉上窗帘睡懒觉之外，我最多的时候就是骑上单车去逛巷子了，山塘街，阊门，枣市街，桃花坞大街……我最喜欢的当是人民公园门口那条路，有好几条著名的巷子，也没有游客，一不小心就看到了网师园，双塔，沧浪亭。我在苏州呆了半年，它的园林，除了沧浪亭，我一个也

沧浪亭里的木香花

丑弄

没去过，沧浪亭是偶遇，在意外欣喜鼓动下进去的，印象中最深的是进门后那一架子的木香花，开得昌盛活泼，从花棚通道下走过，感觉人都带了一身香气。

“时方七月，绿树荫浓，水面风来，蝉鸣聒耳。邻老又为制鱼竿，与芸垂钓于柳荫深处。日落时登土山观晚霞夕照，随意联吟，有兽云吞落日，弓月弹流星之句。少焉月印池中，虫声四起，设竹榻于篱下，老妪报酒温饭熟，遂就月光对酌，微醺而饭。浴罢则凉鞋蕉扇，或坐或卧，听邻老谈因果报应事。”

这是沈复携芸娘在沧浪亭的借居生活，“他年当与君卜筑于此，买绕屋菜园十亩，课仆妪，植瓜蔬，以供薪水。君画我绣，以为持酒之需。布衣菜饭，可乐终身，不必作远游计也。”芸娘的这一番理想展望，其实是好多老苏州人天天在过的家常日子。

我曾在一个不知名的巷子，发现一个无人住的小宅子，可以看出前人打理的非常用心。门口两丛苍翠的细竹，白漆木栅栏围着，黑瓦白墙小绿门，很可惜没人住了，要是我有一处这样的房子，那该多好啊。桃花坞大街周边的好多旧房子正在改造，虽然苏州市政府为保护老城，明令禁止平江区盖高楼，但是仍然有好多旧房子正在悄无声息地改头换面了。其实换个角度想，老房子里条件是不如人意，居住空间逼仄，上厕所还要去街道里的公用卫生间。

夏季住在拥挤的老平房里，闷热非常，大伙基本都在外吃晚饭，小桌子凳子搬出来，饭菜搬出来，就着路灯坐在巷道里吃饭，男人打着赤膊喝酒，女人在门口唤孩子回家吃饭，但是巷子口玩耍的孩子像只大耳朵狗一样充耳不闻，直到他姆妈过来揪耳朵。

在一条巷子里，我路见一群剥鸡头米的大婶们，坐在井槽边，一边剥一边讨论鸡头米怎么做才最好吃。鸡头米学名叫做“芡实”，用来炖骨头，或者熬粥做羹汤都行。

上午的巷子寂寂无人，最适合去别人家门口摆的花花草草间，偷点种子什么的。有一次在一墙开着正盛的凌霄花下，我遇见了一只雪白的猫，她从转角蹑出来，把我惊了一跳。那是一幅很美的意象：落满了凌霄花的花瓣，一只雪白的猫悄无声息地走过墙下，烟视媚行，毫不惧怕陌生人和镜头，弓起背再抻个腰，径自在花道间卧下，闭目养神。为了不打扰它的清梦，我拍了两张就走了。

作者手记

❶ 山塘街、平江路、盛家带这些地方都能感受到姑苏水乡的气质，可以走入那些长巷深弄，迂回曲折中走进苏州人家的生活。

❷ 苏州的园林太多，不必一网打尽，推荐拙政园、狮子林、留园、沧浪亭，比较具有代表性，另外还有一些比较有个性的小园林，如艺圃、听枫园、五峰园、怡园等。

❸ 昆曲博物馆和评弹博物馆都在平江路，昆曲每周日下午有表演，评弹每天下午都有，5块钱就能听一场，还有茶水，不过听不懂苏州话的话还真是一头雾水啊。

❹ 推荐买一份苏州手绘地图工作室出品的手绘地图，10元。虽然比普通地图贵一点，但上面大小景点、住宿、美食、购物都很齐全。而且还有对苏州旅行的一些详细介绍和推荐，非常实用。

最美隐居地TOP50

四川

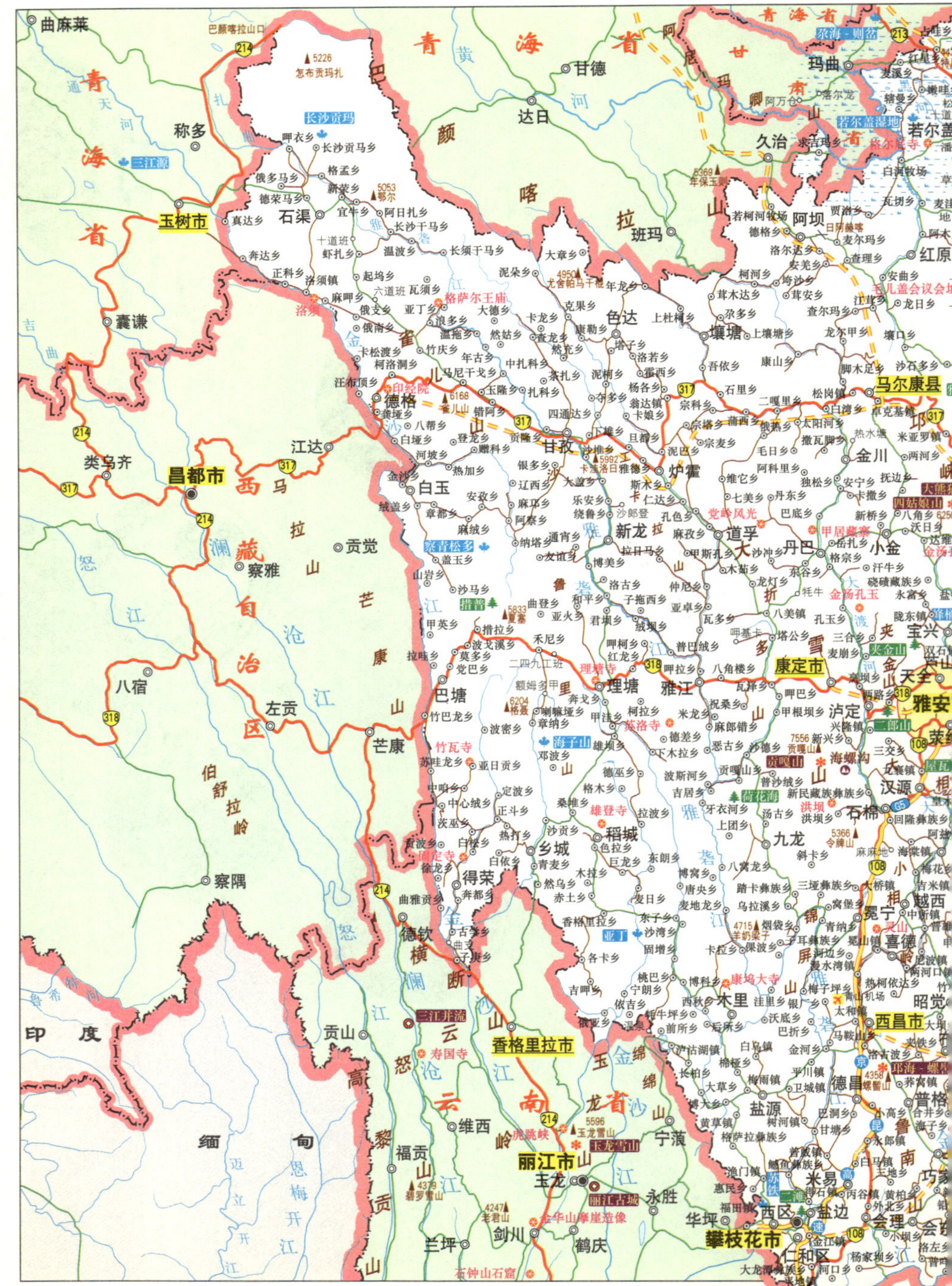
青海省
曲麻莱
巴颜喀拉山口
5226
怎布贡玛扎
长沙贡玛
称多
三江源
玉树市
石渠
囊谦
甘德
达日
玛曲
若尔盖
久治
阿坝
班玛
红原
色达
壤塘
马尔康县
德格
甘孜
炉霍
江达
类乌齐
昌都市
白玉
新龙
道孚
丹巴
小金
金川
贡觉
察雅
西藏自治区
八宿
左贡
芒康
巴塘
理塘
雅江
康定市
泸定
雅安
天全
宝兴
汉源
石棉
九龙
稻城
乡城
得荣
德钦
察隅
伯舒拉岭
怒江
澜沧江
金沙江
雅砻江
大渡河
芒康山
宁静山
沙鲁里山
大雪山
横断山
云岭
高黎贡山
印度
缅甸
贡山
维西
福贡
兰坪
剑川
鹤庆
丽江市
玉龙
永胜
宁蒗
华坪
攀枝花市
西区
盐边
米易
仁和区
会理
盐源
木里
冕宁
喜德
越西
西昌市
德昌
普格
昭觉
香格里拉市
三江并流
寿国寺
虎跳峡
玉龙雪山
丽江古城
金华山摩崖造像
石钟山石窟
云南省
青海省
甘肃省
海子山
亚丁
康坞大寺
贡嘎山
海螺沟
格萨尔王庙
印经院
理塘寺
竹瓦寺
雄登寺
惠远寺
措普
泸沽湖
邛海

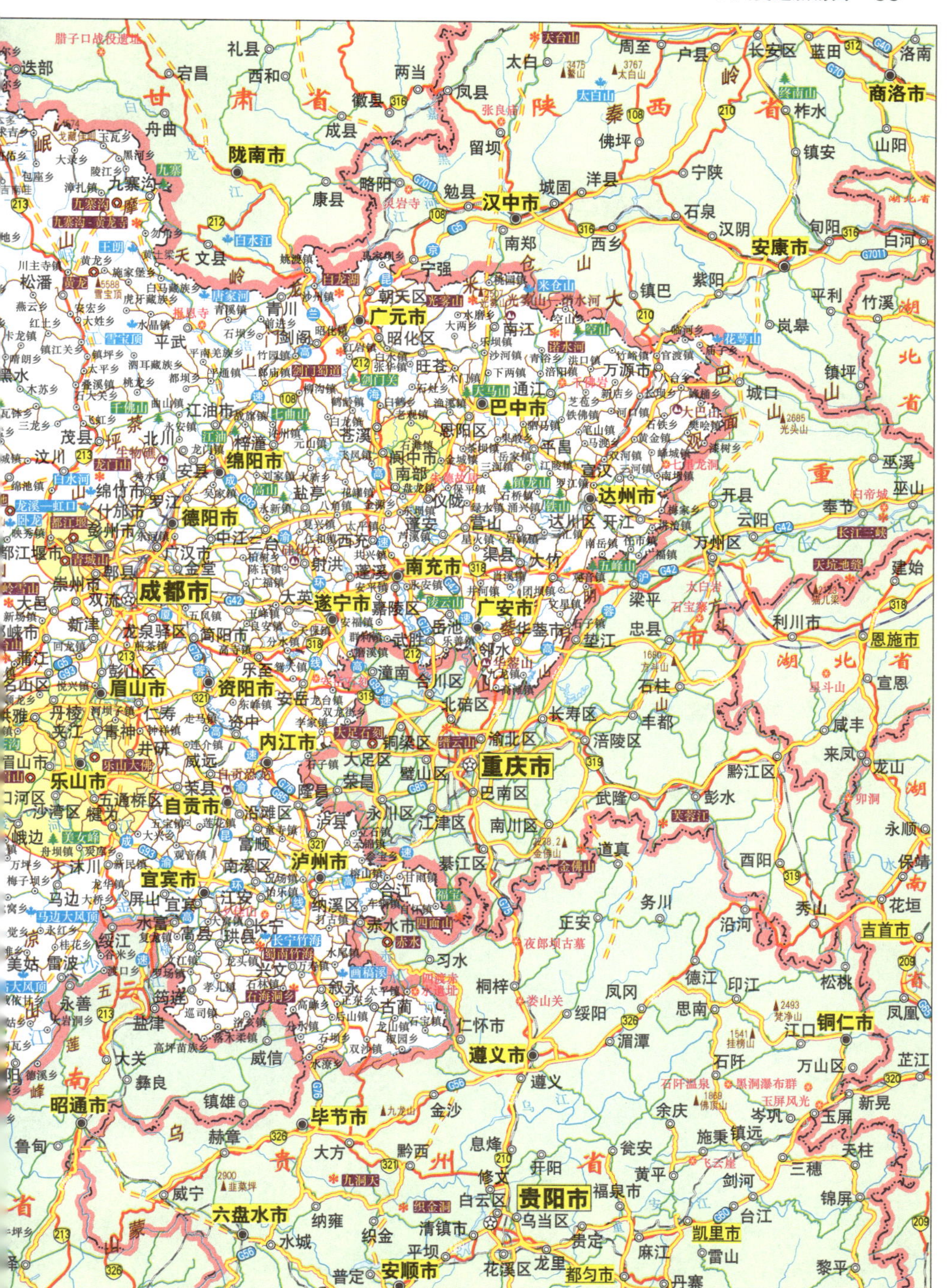
甘肃省
陕西省
湖北省
重庆市
贵州省
云南省
陇南市
汉中市
安康市
商洛市
广元市
巴中市
达州市
绵阳市
德阳市
成都市
南充市
遂宁市
广安市
资阳市
眉山市
内江市
乐山市
自贡市
宜宾市
泸州市
重庆市
恩施市
遵义市
毕节市
昭通市
六盘水市
贵阳市
安顺市
凯里市
铜仁市
吉首市
万州区
九寨沟
剑门蜀道
乐山大佛
峨眉山
大足石刻
黄果树

雅 安

——青山醉在绿水间

解读 雅安

地处四川省中部，距省会成都140公里。属亚热带季风气候，冬无严寒，夏无酷暑，因其为四川降雨量最多的区域，故有“雨城”之称。雅安是世界茶文化的发源地，还是国宝大熊猫的故乡，景点有牛背山、上里古镇、碧峰峡及大熊猫基地、喇叭河、蒙顶山、夹金山、望鱼古镇等。雅安素以六大贡品闻名，即雅安贡鱼（雅鱼）、名山贡茶（蒙顶茶）、天全贡米（香谷米）、汉源花椒、贡莲（黄莲）、宝兴贡砚（外郎石砚）。

隐居指数：★★★★		交通指数：★★★
风景指数：★★★★	民风指数：★★★★	气候指数：★★★★★
环境指数：★★★★★	生活指数：★★★★	美食指数：★★★★

雅安的山

地理位置： 四川省雅安市

总体评价： 雅安非常宜居，气候温和，空气湿润。市区生活舒适，美食众多，周边旅游资源丰富，集高原风光、原始森林、民族风情、历史文化于一体。

亮　　点： 雅安是世界上空气含负氧离子最多的城市，空气质量极佳，环境很好；小城生活简单，消费较低；美食足以让挑剔的老饕得到满足；政府提出了"宁要青山，不要金山"、不搞大城市的理念，目前正着手建设全城免费wifi服务。

缺　　憾： 比起大城市，雅安经济稍欠发达，文化生活也不太丰富；全年下雨天数超过200天，携带雨伞较为麻烦；雅安地处龙门山地震断裂带，地质构造不太稳定。

提起雅安，就想起湿漉漉的空气，湿漉漉的雾气，脑海中满是清凉和绿意的记忆。雅安是通往川西的门户，去牛背，走康定，到丹巴，往稻城，还有沿着318国道从四川前往西藏……曾经多次走过她的身旁，关于雅安的那些记忆，不经意间犹如洪水般汹涌袭来。

温润的山水

与其说雅安是一个城市，不如说更像一座小镇，山水温润，安详宁静。它是一座雨城，全年365天，总有200多天雨雾蒙蒙，滋养着这里水样温柔的女子和当地人水样温和的性格。雅安的雨跟别处有些不同，是那种若有若无的缥缈，细若银丝的浸润，仿佛空气中也漂浮着潮湿因子，沁人心脾。犹记得当年聂卫平在碧峰峡挑战围棋车轮战创吉尼斯世界纪录，以一敌一百五，神勇非凡，难说不是雅安的雨给了他旺盛的精力和清晰的头脑。

或许正因这样湿润的独特气候，雅安造就出世界茶文化的发源地——蒙顶山。笼罩在淡淡雾气中的蒙顶，有着清冷潮湿的空气，一垅垅茶田构成碧绿茶山的美丽风景。更早的时候，雅安和西藏拉萨之间便形成了一条重要的古代商道，当年这条古道上运输的物资主要就是雅安的南路边茶，这条路就是鼎鼎有名的川藏茶马古道。

雅安多美景。碧峰峡林木葱茏、飞瀑垂挂、四季青碧，上里古镇依山傍水、木屋为舍、古风宛然，这里的生活，是一种闲适的小日子。“扬子江中水，蒙山顶上茶”，蒙顶山作为世界茶文化圣山，堆青叠翠，绿浪翻涌，古刹散落茶园山头，更增一份文化和宗教气息。除却这般清雅之地，雅安也不乏开阔壮丽的风景。牛背山，被著名摄影师吕玲珑形容为中国最大的观景平台。天气晴好之时，伫立牛背之巅，请允许我摘录这段来自《中国国家地理》的语句：“泥巴山、瓦屋山、峨眉山、夹金山、四姑娘山和二郎山在前，贡嘎雪山在侧，大渡河大峡谷在后，几乎天府之国的所有名山峻岭在此时都变成玲珑盆景。”牛背山的雪山、云瀑、日出和佛光之壮丽和震撼，绝对是摄影和徒步爱好者的顶级行摄之旅。

对了，还有熊猫呢，咱们圆滚滚肥嘟嘟憨态可掬的可爱国宝，也是诞生在雅安的青山绿水之间。话说1869年，法国一名传教士在宝兴县发现了世界上第一只大熊猫，宝兴也因此被誉为熊猫故乡，从此大熊猫走向全国并走向世界，而且成为国家之间传递友谊的纽带。在雅安想看大熊猫是一件非常简单的事，驱车不到半小时就来到碧峰峡大熊猫生态园，这里也是全球最大的大熊猫半散放式基地，园内放养着几十只可爱的熊猫宝贝。

当然，如果不愿舟车劳顿，就在雅安城内，你也能轻易发现处处美好。因为多雨，雅安建起了浪漫的廊桥。风雨桥横跨青衣江，是雅安城市的标志性建筑，据说也是目前为止世界上最大的廊桥。这座桥上的通道非常宽敞，行人和车辆各行其道，热闹而不拥挤。站在廊桥上，看青衣江江边的榕树盘根错节，想象历史过往岁月的沧桑。夜幕降临的时候，霓虹灯点亮廊桥，青衣江上飘起蒙蒙雨

青翠袭人

小贴士

交通 雅安与成都市之间由成雅高速公路连接，一个多小时车程即到。

美食 雅安城市不大，档次较高的饭店集中在市区中心的滨江路、红房子一带。八一路的烧烤一条街，人民路四川农业大学门口的烧烤和铁板烧，解放路及沿江西路啤酒屋一条街的各种干锅烧烤，康藏路巷子里的串串，都是实惠美味之处。羌江河边的美食街，是尝试夜啤酒、烧烤摊、冷锅串串、炒田螺、烤小虾、口水兔、棒棒鸡的好地方。上里和多营路上的农家乐也是很好的选择。

“砂锅雅鱼”是雅安最负盛名的菜品，价格较贵，当地绝大多数饭店均可出品这道菜，较为出名的有干老四雅鱼饭店等。

住宿 雅安大部分酒店的价格在100~200元/晚。还有很多家庭旅店，假日和周末的房价在100元上下，非假日非周末70~80元。雅安租房价格也不贵，每月六七百元可以租住一室一厅的房子。

雾，宛如一幅山水画卷。或者，邀约三两好友，走进羌江河边的小茶馆，叫伙计来上一杯几块钱的绿茶或菊花，或看书或闲聊或呆坐，当然也可以斗地主，一个下午的闲暇时光就这样悄悄溜走。闲来无事，也可到距市区仅三公里的金凤寺，清山苍翠，鸟雨蝉鸣，其幽静雅致的环境让人心静。沿着石阶登临金凤山山巅，放眼远眺，群峰起伏延绵，江水蜿蜒东流，山河美景尽收眼底。

看完美景，还是回到民生之计。说起雅安美食，不得不提鼎鼎大名的雅鱼。尽管时至今日，真正的野生雅鱼几近成为传说，市面所见基本为人工养殖，不过餐馆中的砂锅雅鱼依然不失为一道美味佳肴。当然，更贴近咱们生活的美味，还是来看看那些让人眼花缭乱的雅安小吃吧，红顺河抄手、兰师傅挞挞面、夫妻拳头粉、蔡婆婆蒸牛肉、洪雅蒸饺、张记小吃臭豆腐、石记冰粉、街边蛋烘糕……小店多得数不过来。作为一个外乡人，你不用担心找不到它们的藏身

上里古镇

之地。小城真的不大，随便叫一辆三轮车，花几元钱，给师傅报出上面的名号，很快就会来到小吃店跟前。

我记忆中的雅安，满眼碧绿和青翠，空气中满是新鲜潮湿的味道。青衣江畔，河风拂面，那些看景喝茶小酌的日子，想起来是如此美好。

大肉面，那颤巍巍的大肉

折耳根、蕨菜、竹笋，全是山里的特产美味

春天的竹笋，鲜嫩清香

雅安著名小吃——挞挞面

作者手记

❶ 雅安气候温和湿润，全年时间都适宜居家旅行，7~10月为最佳旅游时节。

❷ 雅安周边的景点很多，交通往来十分便捷。从雅安到上里古镇和碧峰峡等景区都是从早晨六七点开始滚动发车，非常方便。

❸ 雅安的早餐以包子稀饭居多，这种早餐简单方便且经济，其中一江春、松针包子是很有名的包子店。也可以选择花样繁多的各类面食或者粉和抄手，挞挞面是最受欢迎的当地面食。

❹ 雅安有很多民俗节日，譬如石棉地区一年一度的藏族烧袱子节（也叫环山节），宝兴县跷碛藏族乡的藏族上九节，每年农历正月十七的菩萨节（又称藏家转山会），雅安名山陈家坝每年3月底举行的皇茶祭天祀祖采制大典等等。

峨眉山

——神仙优哉好归隐

解读峨眉山

峨眉山市属于四川省乐山市管辖。地处四川盆地西南边缘，东北与川西平原接壤，西南连接大小凉山，为盆地到高山的过渡地带。属亚热带湿润季风性气候，年均气温17.2℃，年均降雨量1555毫米，气候宜人。境内名胜为集自然和文化双重遗产的中国四大佛教名山之一峨眉山，野生动植物种类异常丰富。特产包括茶叶、白蜡、黄连等。

隐居指数：★★★★

		交通指数：★★★
风景指数：★★★★★	民风指数：★★★★	气候指数：★★★★★
环境指数：★★★★★	生活指数：★★★★	美食指数：★★★★

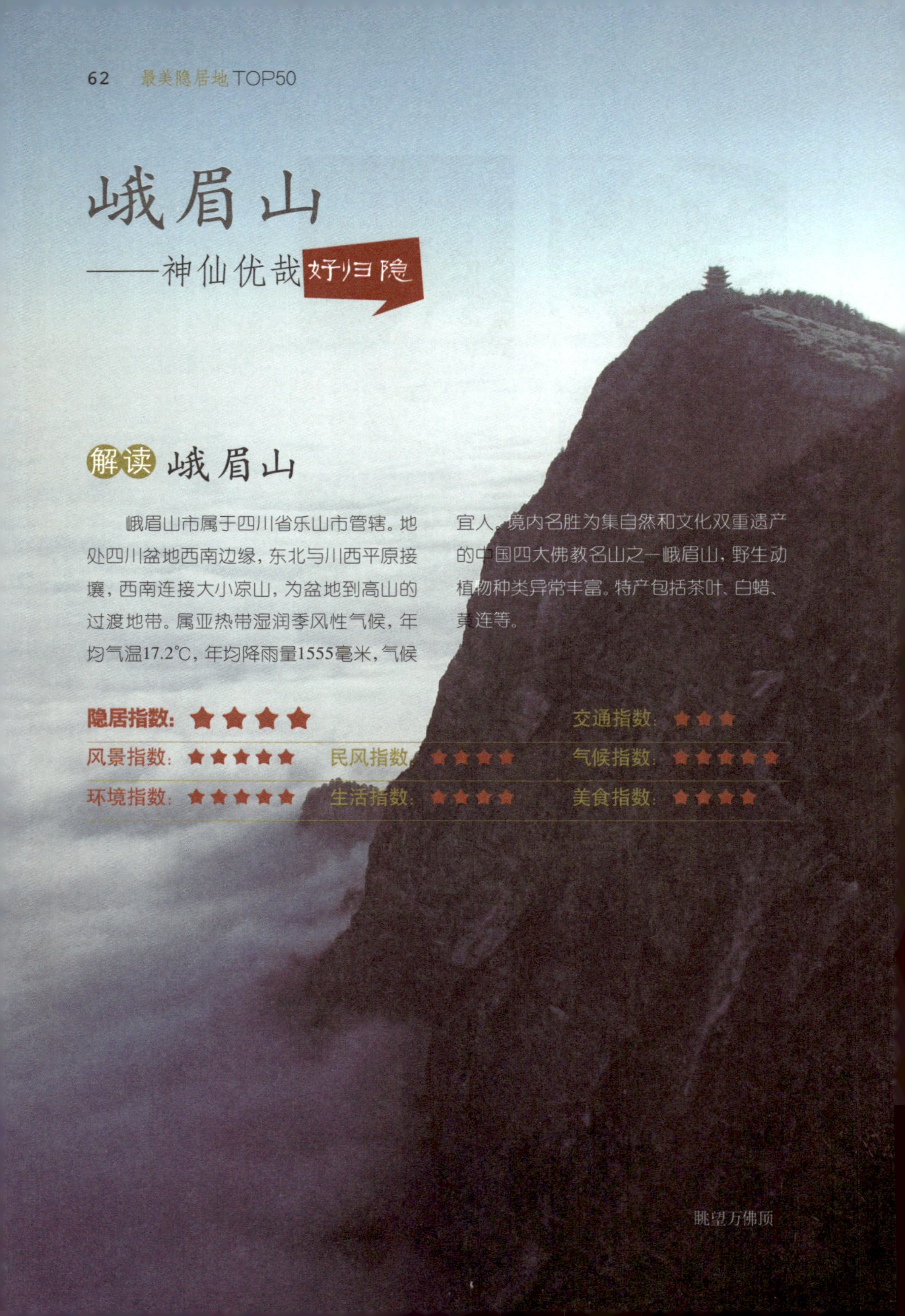

眺望万佛顶

地理位置： 四川省峨眉山市

总体评价： 拥有中国优秀旅游城市、国家园林城市、世界自然与文化双遗产所在地等诸多美誉，这是一个宜居的小城，风景秀丽，环境优美，历史上更有诸多文人骚客在此地留下美文佳句。居家过日子，闲时到处走，两者皆相宜。

优　　点： 气候温暖湿润，四季皆宜。城市绿化覆盖率高达43.5%，山清水秀，森林茂密，水土洁净，空气清新，这些得天独厚的生态环境或许也是峨眉山拥有34位百岁老人的原因。峨眉山虽小，基础设施却配套完善，美食处处，生活节奏舒缓，居住和消费成本不高。

缺　　憾： 市区不大，经济主要以旅游为主，文化和教育设施较为欠缺，景区存在个别拉客欺诈现象。

每年夏天，因暑热而致心烦意乱的时候，朝九晚五在地铁公车中拥挤的时候，我总情不自禁忆起过往旅途中那些美好。这个时候，出现频率最多的记忆，居然不是壮阔的西藏和新疆，也不是苍茫的内蒙和东北，而是距自己居住的城市仅几十公里的小城——峨眉山。我总频频回想起那年冬日的峨眉，冰雪世

界，云雾缥缈，寂静的山路，惬意的徒步，还有那些叫人垂涎的饕餮美味。于是，烦躁的内心逐渐变得舒缓和清凉。

那年初冬的下午，我第三次来到峨眉山。黄昏抵达报国寺，次日清晨经伏虎寺、清音阁、一线天、猴区、洪椿坪、九十九道拐、仙峰寺，当晚夜宿遇仙寺。第二日继续徒步登山之旅，经遇仙寺到洗象池、雷洞坪，最终抵达金顶。峨眉山路全程四十多公里，两天时间不算特别艰难，若分为三天，则更加轻松惬意，洪椿坪、洗象池是途中理想的投宿之地。

洪椿坪是我非常喜欢的地方，这里地势独特，气候湿润，清晨时常雨雾蒙蒙。寺庙附近的参天古树让人心胸舒展，连如厕也充满诗情画意——那里有一个看得见风景的厕所，门口绿树苍茫，青山如黛，俨然一个天然观景台。上世纪三十年代，曾任国民政府主席的林森在这里一住80天，俨然乐不思归。是啊，在这样神仙般的环境之中，还有什么尘世烦恼不能忘怀？峨眉山的地名带着一股仙气，让人想起聊斋和那些神话故事。洪椿坪—洗象池—雷洞坪这一段山路，最能完整体现峨眉的缥缈和秀美，沿途山路曲折跌宕，回环往复，很多时候穿行于森林和云雾间，美丽如同水墨画卷。

尽管已是十二月初，峨眉山下依然秋意浓郁，伏虎寺的银杏兀自灿烂，台阶和庙宇屋顶铺满厚厚一层金黄落叶。可是继续没多久，路上开始有了冰雪，湿滑的路面让没有防备的我吃了不少苦头。沿途山野白雪皑皑，冰雪世界美轮美奂，洗象池的玉树琼枝，还有雷洞坪的风起云涌，着实让人惊艳。

有没有可能在这里遇上神仙?

在遇仙寺度过的那一晚最叫人难忘。投宿的小屋非常袖珍，面壁一张木桌，两头各抵一张小床，床上铺着厚重的被子，下面居然有电热毯。除此以外，房内别无他物。夜晚，听着窗外风声呼呼，尽管小屋简陋，不知为何却感觉温暖和安全。我本以为在此粗陋环境必定睡不安稳，没想到酣然入睡，一夜无梦到天明。清晨在寺庙的早课声中惊醒，头脑清醒，身体轻盈，昨日的疲惫一扫而光。太阳已从山谷温柔初起，绯红的光晕越来越浓，越来越艳，整个世界笼罩在一片圣洁光芒中。走回寺内，忽见房梁悬挂着一个特别的八卦器物，背后映衬着晕红天空，说不出的美丽和神秘。想起那个意味深长的传说：从前有个人一心一意想到峨眉山求仙，走到遇仙寺的时候遇到一个砍柴的农夫，便向他打听求仙的道路。农夫微微一笑，轻描淡写而言："清闲无为便是仙，何须走上峨眉山？"话音刚落，便隐身不见，于是求仙之人顿悟，知道自己遇见了真正的神仙，心满意足下山而去。这个传说听起来很有禅意，小小的遇仙寺平淡无奇，谁知山里面是不是真的住着神仙？这个夜晚其实并无特别际遇，可是不知为何，时隔多年以后，我依然清晰记得遇仙寺的这段美妙晨昏，在那个冬雪冷夜，窗外白云暗涌。

小贴士

交通 峨眉山没有机场，但距成都双流国际机场仅120公里。成都新南门车站、乐山肖坝车站、重庆菜园坝车站每天均有直达车前往峨眉山。市区有较为完善的公交线路连通市内各处及峨眉山景区。

美食 峨眉山可谓美食天堂，除了独具特色的峨眉素斋、峨眉药膳、熟丝蟮鱼、老腊肉、神水豆花等峨眉名菜而外，作者更推荐那些经济实惠的美味特色小吃，包括豆腐脑（胖姨豆腐脑、曹凉粉）、冷串串（水西门附近）、抄手（杨氏抄手店、鸡汤抄手）、烧烤（好好烧烤）、牛杂汤锅等。市区的饭馆大多袖珍，装修也简单，但干净温馨、价廉物美。

住宿 峨眉山住宿非常方便，分为市区和景区两部分，条件和价格都还让人满意。如果租房，每月1000元以内可在市区租住一室一厅的住宅。大部分宾馆和旅社的价格称得上平易近人，100元左右即可住宿标间。山上的住宿点主要分布在报国寺、清音阁、洗象池、雷洞坪、金顶等几个地方。景区沿途几乎所有的大小寺院都备有客房。七里坪区域有很多温泉度假酒店，属于休闲放松的好去处。

山中器物处处透着玄机

阳光斜斜映照在山谷之中，我站在遇仙寺前方的石阶，回望来时之路，地上铺满白雪，脚印清晰可见。清晨的光线在山谷之中反射出金色的光晕，晶莹的树枝玲珑剔透，身旁岩石上的水滴被冻成了一根根美丽的冰柱。眼前这个世界，仙姿风骨，清雅绝尘，美得叫人叹息。两天的峨眉登山之旅，沿途所遇行人仅十余个，我一路疑惑着，这般美景，为何徒步登山之人如此寥寥？！最美峨眉，只在登山途中。

金顶看完日出，拖着疲惫的身躯踏上归程。乘车回到峨眉市区，怎能错过那些让人垂涎欲滴的美味呢？市区不大，在三轮车师傅的指点下，很快来到峨眉山的夜市。夜幕降临，也是那里最为热闹的时候，大大小小的店铺和排档灯火辉煌，人潮喧闹。其实不用过多纠结，哪家人多跟着进去准没错。尽管这些店铺装修简陋，但进进出出的食客络绎不绝，热闹非凡。伙计们端着香喷喷的美味吆喝着穿堂而过，感觉肚子更饿了。

每次来峨眉，我必定不会错过当地特色豆腐脑，热腾腾，辣乎乎，嫩豆花和豆粉糊完美结合在一起。在这样微寒的冬夜，一碗豆腐脑下肚，肠胃顿时变暖。感觉不过瘾，再来一个脆酥酥的牛肉夹饼，配合豆腐脑的鲜香滋润，美味不可言喻——且慢，你以为这就结束了吗？对于资深吃货而言，以上只是开胃小菜，美食战斗还要继续。接下来可以再要一笼热气腾腾的蒸饺，或者一锅清香扑鼻的砂锅米线，搭配喷香扑鼻的红油蘸碟，如此美味当前，徒步登山的疲惫几乎一扫而空。

夜色已深，街上仍有当地人三三两两地散步，店铺里依旧热气腾腾，人声鼎沸。我在这条街上随意溜达，东看看，西逛逛，再慢慢悠悠返回住处。当然，若有闲心，还可去象城大剧院看一场《圣像峨眉》，或者到温泉酒店泡一个温泉澡，洗尽周身疲乏。

如果要我用一句话概括对峨眉山的印象，那就是：峨眉山上，心在天堂；峨眉山下，身在天堂。峨眉的美，当你细心体会，你会发现，它在登山途中，在美景之中，在唇舌之间，更在悠闲的生活当中。

作者手记

❶ 峨眉山市区生活、交通、美食都便利，到峨眉山景区也很近，从市区到报国寺旅游客运中心公交仅需15分钟。此外，报国寺和七里坪区域也是不错的居住之处。

❷ 虽然峨眉山的民风还算淳朴，但景区也难免会发生拉客诈骗等现象，主要涉及住宿拉客、购物陷阱、滑竿价钱、寺庙烧香等方面，需提高警惕，小心防骗。

❸ 峨眉山的风俗节日包括每年三四月份举行的峨眉山朝山会，万年寺在农历每月初一、十五的晚上举行万盏明灯供普贤活动，还有普贤文化节。

解读 青城山

世界文化遗产，中国道教发源地，四大道教名山之一。素有“青城天下幽”的美誉。地处成都平原西北部，东距成都市68公里，主峰老霄顶海拔1260米，气候温和湿润，年平均温度15.2℃，年降水量1225毫米。青城山分为前山和后山，前山是青城山风景名胜区的主体，面积15平方公里，通常所说的青城山一般指青城前山。特产为青城四绝：洞天贡茶、青城泡菜、白果炖鸡、洞天乳酒。

隐居指数：★★★★		交通指数：★★★★
风景指数：★★★★	民风指数：★★★★	气候指数：★★★★★
环境指数：★★★★★	生活指数：★★★	美食指数：★★★

五龙沟

地理位置：四川省都江堰市

总体评价：自从有了高铁和成都市区无缝对接，青城山已成为名副其实的成都后花园，是一个兼具居住、休闲及度假功能的宜居之地。

亮　　点：冬暖夏凉，气候迷人，常年湿度超过70%；环境清幽，风景秀丽，空气质量极佳，具备清心洗肺的功能；具有世界级的自然山水资源，道教文化源远流长。

缺　　憾：周边生活配套欠成熟，医疗、文化等设施需进一步完善。

树色万重山四面，游人都在画图中

清幽的上清宫

蜗居都市愈久，愈是忍不住梦想，是否会有那么一天，我能住在一个面朝青山绿水长流的地方？每当这种时候，心头泛起夏日青城山的幽然恬静，忍不住就想前往隐居些时日，让那里的青山绿水好空气对每日在城市中吸进污浊和废气的身体来一次彻底的清洗。

有时候，禁不住突发奇想，过去的青城山是否和我们现在看到的一样？翻阅青城山的历史，名山大川与文人墨客的相遇最让人心动。1933年，黄宾虹在初春清晨的山路漫步，突遇暴雨，在雨中且行且坐，尽赏雨中青城景致，归来后灵感骤发，终得十余幅《青城烟雨》。1940年，张大千携全家寓居青城山上清宫，创作了上千幅作品，并篆刻图章自号“青城客”。即使晚年远居巴西，“而今能画不能归”，仍凭早年记忆创作出巨幅山水画《青城山全图》，一抒对青城山水的思念之情。1943年夏，追随张大千的足迹，徐悲鸿先生在天师洞独居一室潜心创作，先后完成了《国殇》《山鬼》《奔马》《天马》等多幅佳作。难道先生灵感也因彼时青城的悠远和宁静而激烈迸发？1944年，丁聪、吴祖光和吕恩结伴去青城游玩，山中偶遇徐悲鸿，丁聪由此得到大师赏识……

记忆中，某一年初夏的青城格外幽静。青城山在清晨的微雨之中宛如一幅泼墨山水，我在山路上不停深深呼吸清凉的空气。黄昏时分，晚风柔柔轻拂。上清宫外两株古老的银杏默默静立，小松鼠在树间跳来跳去，几位远道而来的居士在空旷处低声说着什么。道家有道家的青城，画家有画家的青城，我的青城是什么？一个人独坐凉亭，内心平静安然。

傍晚独自在上清宫内晃荡，在偏殿看“张大千、徐悲鸿图片展”。昏黄灯光下，走入大师浓墨淡彩的世界。殿外传来咚咚脚步声，胖师傅面相和蔼，端着装满水的塑料脸盆走进，见我慌不迭作势退出，只是和蔼问一句：“看完没有？”在上清宫的客房内，夜已深，却是睡不着，难道因为夜太静？走出房间，外面空旷无人，天上挂着一轮并不明朗的月亮。月光黯淡，黑黢黢的花园人影晃动，心内一吓，差点拔腿就往回跑，步子却没迈得动。再定神，是位梳髻道长在舒臂展拳——难道是传说中的青城派武功？

叫人念念不忘的，还有天师洞。

小贴士

交通 成灌高铁串联起成都和青城山之间的交通，每天车次二十多趟，平均每45分钟一趟，车程约30分钟。成都市区的茶店子客运站、新南门汽车站每天都有发往青城山的旅游专线大巴。成都双流机场有直接发往都江堰的班车，到都江堰后可搭乘出租车或公交车抵达青城山。

美食 青城山美食素以青城四绝闻名，此外，老腊肉和山泉豆花（即豆腐脑）也是美味独特。此地饮食大多为农家餐馆，可以在农家乐（尤其后山）吃到各种新鲜的乡村野菜和野味。通常大家认为景区没有美食，但前山天然图画处的驻鹤庄是个例外，其招牌豆豉鱼味道惊艳。前山山门附近的罗鸡肉名气较大，鸡肉以盐卤处理，香辣蘸料独具特色，可以一试。后山的主要饭馆集中在山脚处的泰安镇和半山间的又一村。

住宿 青城山的主要住宿为农家乐，主要集中在前山山门附近以及后山脚下的泰安镇，平日房间不贵，标间通常在几十元至一百元之间。农家乐也提供月租房，每月2000元左右包吃住的价格也还合理，每年夏天吸引很多成都本地老人前来避暑。当然，这里也不乏价格不菲的高档度假酒店，如青城豪生国际酒店、青源国际大酒店等。

绿树、溪流、栈道，怎一个幽字了得

1800年前，这里曾是张道陵的修炼之处，他在天师洞前亲手种下了一棵银杏。历尽千年沧桑，银杏依然青翠如昨，每年可产一两百公斤白果。除了这棵树王，洞观四周还另外植种了一些银杏，同样的粗壮挺拔。每年秋天，枝叶从道观飞檐间探出头来，把屋顶和地面染成一片金黄。有太阳的日子里，在天师洞前的茶座小憩，泡上一杯号称“青城四绝”的洞天贡茶，或者来一杯沁人心脾的冰镇酸梅汤，看着眼前银杏飘落，简直就是神仙般的日子。

如果不想买票进景区，附近也有几个免费的好地方，同样可以体验青城之幽。建福宫坐落于前山大门外，这座古色古香的建筑被高大的桢楠树林笼罩在一片绿荫之中，到门楼喝一杯清茶，享受一个清凉的下午，也是一件美事。或者，干脆就沿着那条陡峭的山路，步行前往丈人峰下的玉清宫，这里环境清幽，景色秀美，据说还是当年张大千画青城十景的写生之处。在玉清宫享用一顿具有川西传统风格的饭食，甑子饭、米汤、豆花、豆浆都很健康自然，还少不了青城山的传统美味——冰镇酸梅汤。玉清宫的前任道长是一个传奇，这位鹤发童颜的乐观老人对询问他年龄的人总是哈哈一笑，说自己还是娃娃家（四川方言，意即小孩），直到道长驾鹤西去，人们才从身份证上获知其实际年龄——110岁。

这样清心养性的地方依然有着不少美食。青城山以银杏树闻名，自张陵创立道教以来，山中道士就喜用白果炖雄鸡待客，其汁鲜味美，清香不腻，成为青城山最负盛名的一道美食。此外，出得前山山门，路边有很多打着“×鸡肉”招牌的农家乐，其数量之多，叫人疑心来到养鸡场基地，难怪有人戏言走在青城山山门外像是陷入了鸡肉的汪洋大海。所有这一切，都是因为“罗鸡肉”的名气，一朝出名，趋之者众啊。“罗鸡肉”是一家特色农家小馆，鸡肉皮脆肉香，红油调料鲜香麻辣，很多人驱车专程前来大快朵颐。当然，也有更多人感觉现在的罗鸡肉在盛名之下已难副其实了。

其实，广义上的青城山分为前山和后山，很多人分不清两者区别。其实很简单，来听听美国探索频道旅游专题栏目制片人的回答吧，这位先生对青城前后山有一句幽默而精辟的解释：青城前山很中国，青城后山很四川！这句话隐含的意思为，前山的道教宫观等人文胜迹属于中国的传统文化，而后山的自然风景和遍地农家乐则更多体现出四川人的闲适生活。

那个初夏，漫步在青城的小路，五月的微风略有凉意，不时有人在山路上小跑着与我擦身而过。很多老人都喜爱来到青城山避暑，在当地的农家乐常住，每日登山如散步。眼见他们这般闲云野鹤般的日子，真是惹人羡慕。

作者手记

❶ 青城山是著名的避暑胜地，夏季是到青城山的首选季节。秋天的景致也毫不逊色，前山道观前后栽种了很多古老银杏，每到深秋，金黄的银杏叶和古色古香的建筑构成了一幅绝妙和谐的图画。

❷ 乘坐班车抵达目的地后，或许会遇到当地人拉客，说什么他家就在青城山上，可以抄小路带你上山云云。其实他们的住地通常离景点较远，跟他走会打乱自己的计划，还会多花时间和金钱。

❸ 如果住在山上道观，倘有早起的好习惯，可以尝试去参加清晨的早课。观里的道士起得很早，大约五六点钟就开始诵经。

❹ 在后山饭馆（如又一村等地）吃饭时，点菜前记得问好价格。如果同行人少，按菜单点菜很不划算，你可以跟老板商量由他按你们的人数自主配菜，算个总价，这样会相对便宜。

❺ 青城山有不少风俗节日，包括农历二月十五日的老君会、6月5日~10日的道教文化节。

都江堰

——满城水色半城山

解读 都江堰

位于成都平原西北边缘，跨成都平原和龙门山地区两个不同的自然地理区，属四川盆地中亚热带湿润气候区，四季分明，气候宜人，平均年降雨量1243毫米。都江堰因世界著名古代水利工程都江堰而得名，迄今已有2300多年的历史，被评为中国历史文化名城及中国首批优秀旅游城市。特产有青城苦丁茶、青城山老腊肉、洞天乳酒、青城道家老泡菜、川芎、厚朴等。

隐居指数：★★★★★　　交通指数：★★★★

风景指数：★★★★　　民风指数：★★★★　　气候指数：★★★★★

环境指数：★★★★　　生活指数：★★★★★　　美食指数：★★★★

都江堰老街

地理位置： 四川省都江堰市

总体评价： 拥有国家园林城市的美誉，曾获首届中国人居环境范例奖，一个山清水秀的宜居小城。

亮　　点： 气候宜人，环境优美，是一个名副其实的天然大氧吧。交通方便，距省会成都48公里，高铁仅需半小时。房价不算太高，居住压力不大，生活节奏舒缓。具有丰厚的人文历史底蕴。

缺　　憾： 因地跨龙门山地带，难免受到龙门山地震带的影响。

满城水色半城山，说的正是因都江堰而得名的这个灵秀小城。倘若一个城市有灵魂，那么，水必然是都江堰的灵魂所在。因为岷江之水和千年古堰，才有了后来的二王庙、伏龙观等人文景观，才有了歌颂李冰父子治水的民间传说，才有了那些关于祭水祭神的古诗词书画，才有了被列入国家首批非物质文化遗产的清明放水节等诸多祭祀活动。冬春清冽碧翠，夏秋桀骜不驯，岷江之水从雪山和远古浩浩荡荡而来，流经人类水利史上的奇迹——都江堰工程，川西平原终成天府之国。这个小城的一切，和水息息相关。

挑一个夏末秋初的清早，和晨练老人一起来到离堆公园。走入大门，苍翠的气息扑面而来，漫步园中，小径、碧池、亭台、水榭、名木古树栽种其间，路旁银杏枝繁叶茂，盘根错节的紫藤棚架下则是休憩的好地方。老人们在园内舒展着筋骨，到处都是清雅的景致以及优哉游哉的川西生活气息。

倘若天气晴好，从观澜亭极目眺望，西岭雪峰和青城秀色尽收眼底，面对大好河山，叫人忍不住赞叹“江山如此多骄”。穿过怀古亭右侧的小门，便来到都江堰的咽喉工程——宝瓶口，门额上横书的“离堆锁峡”四个大字为此情此景更增添了一分宏伟和雄壮。往下眺望，古老的岷江水沿着历史长河流淌至今，滚滚江水仿佛就在脚下，浑黄的江水倒像黄河般奔腾咆哮，但觉身上阵阵凉意。

安澜索桥飞架岷江南北，它也被称为中国最古老的索桥，尽管几经重建和加固，终究不再是历史最初模样。小心翼翼踏上索桥，摇摇晃晃走过，江水奔腾咆哮，轰隆隆的水声着实叫人胆寒。安澜安澜，有了它，两岸的行人才可安渡狂澜，重建这座桥的清朝何氏夫妇虽比不上李冰的功德无量，其慈悲为怀的出发点也是让人钦佩。

走过安澜索桥，回望滔滔江水，犹觉心有余悸，这岷江的水啊，终于还是被李冰所驯服，所以人们又建了一座二王庙来感念他的恩德。有历史学家说，如果没有都江堰，中国两千多年来的历史或许就被改写，也许稍微夸张，不过天府之国的历史要被改写却是确凿的事实。李冰在蜀人心目中，已经如同神灵，倘若赶上农历6月24日李冰诞辰日，二王庙不知热闹成什么模样！

走出二王庙，松茂古道是一条美好的小路。这条曾经全长320公里连通都江堰和西蜀各地的茶马古道，如今仅剩下二王庙至玉垒山一段，甚至在今天，游人也很稀少，走了差不多半小时，只有寥寥几个游人和当地人同行。登上玉垒关极目远眺，江水浩浩荡荡，都江堰全景尽收眼底，此情此景，胸中纵有闷气，也会一扫而光。松茂古道古木苍翠，郁郁葱葱，空气清新得让人不停深呼吸。提鸟笼的大爷不紧不慢走在前面，不时哼哼小曲，偏偏有些荒腔走板，叫人不禁莞尔。

出得景区，来到南街。这是一条梧桐蔽日的街道，走在街上东张西望，身边不时有自行车叮铃铃而过，街边小饭馆的老板热情而自然地向你招徕生意，即使你摆摆手，也一样换来淳朴的笑容。这条小街上的一切都是那么鲜活和富有生气，让人感觉温暖。小小的南街上还有一座始建于明朝末代的清真寺，里

小贴士

交通 从成都乘高铁仅需半小时即到。

美食 夜啤酒广场的炒龙虾、炒田螺和香辣蟹很有特色，城区内的尤兔头家常菜馆、新繁牛肉豆花、高记猪耳朵大饭店、桥头饭店、重庆毛肚王火锅以及近郊的李煮血饭店都很受欢迎，还有江安河边、外河边和华夏广场的江边夜宵也很经济实惠。南桥旁边的夜啤酒长廊氛围不错，但价格较贵。

住宿 市区大部分酒店或客栈的住宿价格并不贵，每日80~150元即可住宿标间。有一家明和青年旅舍（028-87133715），多人间床位40~60元。视地段和小区环境不同，600~1200元可在市区租住一室一厅的住宅（全配中等装修）。

安澜索桥横跨岷江之上

面有两株古老的紫薇树，据说已快200岁了。

南街尽头便是南桥，一座叫人第一眼就喜爱的廊桥。南桥跨越于宝瓶口下侧的岷江内江，气势异常恢宏，倘若夏季洪水期，站在桥上往下张望，岷江惊心动魄的气势定会让你头晕目眩，此时也能更加深刻理解都江堰的独有魅力。滔滔岷江水从桥下轰然而过，而南桥，就这样安稳立在江上，为人们遮风挡雨。站在桥栏边，痴痴望着岷江的水势，竟觉得有些发冷。原来，不知不觉间，夜幕降临了。江风吹过，打了一个寒战，竟有浑身通泰的感觉。身边人群来来往往，虽然一个也不认识，心里却觉温暖。

华灯初上，夜幕降临，都江堰最热闹的舞台——夜啤酒长廊也在此时拉开帷幕。或许店家的食物不算最佳，但它独特的地理位置和热闹的世俗氛围必定叫人难忘。店家把所有东西摆在外面，有河蚌、田螺、龙虾等河鲜，有各式各样的野菜蔬菜，还有煮花生、煮毛豆、五香豆腐干、泡凤爪等各种小吃。你尽可指着面前脸盆里张牙舞爪的东东，说要这个或是那个，都是现点现做。卖豆腐脑、水果、玉米棒的小贩挑着担子在身边穿来窜去，满耳叫卖声，恍惚间还以为来到热闹的庙会。

除了吃喝，这些大排挡还是感受市井民情的好地方。卖花的小姑娘，兜售旅游纪念品的小贩，还有那些流浪歌手们穿梭其中，熙熙攘攘，像一个大集市，却是特别适合喝啤酒吃炒龙虾的环境。给人印象最深的，是那些身背吉他的男女歌手们，流行的，摇滚的，民族的，萨克斯，葫芦丝，二胡，琵琶，十八般武艺，应有尽有。尽管多数水平普通，但偶尔出色的那几个却让人眼睛为之一亮。甚至兴之所至，你还可一展自己的歌喉，他们也是乐于伴奏的。想象一下，脚下岷江水滔滔，阵阵凉风吹脸上，那风那水还带着岷山冰雪的味道，身边几百几千人陪你一起吃喝，这场面着实叫人难忘。

作者手记

❶ 在都江堰居住四季皆宜，最有特色的季节还得数夏秋两季，那时岷江水势特别大，更能感受到都江堰的宏伟气势，何况还有激动人心的啤酒节和冷淡杯。此外，在清明放水节以及农历6月24～26日之间的二王庙庙会期间去都江堰，是感受当地民风民俗的大好时机。

❷ 都江堰治安不错，但也要注意小偷小摸的现象，尤其是在市区开往景区的公交车上。

❸ 可在当地土特产店及市区超市购买都江堰特产。本地人喜欢在天和盛世和杨柳河街步行街购物，两街相邻，前者物价稍贵。

乐山

——乐山乐水乐生活

解读 乐山

国家历史文化名城，中国优秀旅游城市，世界自然与文化遗产城市。古称嘉州，有“海香国”的美誉，是成都平原南部的中心城市，坐落于岷江、青衣江、大渡河三江交汇之处。属中亚热带气候带，四季分明，雨量丰沛。物产丰富，值得购买的特产有竹叶青、罗城牛肉、金口河乌天麻、苦笋、五通桥豆腐乳等。

隐居指数：★★★★		交通指数：★★★★
风景指数：★★★★★	民风指数：★★★★	气候指数：★★★★
环境指数：★★★★	生活指数：★★★★★	美食指数：★★★★★

地理位置：四川省乐山市

总体评价：乐山是个宜游宜居的小城，除了优越的地理环境、自然美景和人文气息，其悠闲的生活节奏以及满城眼花缭乱的美食更加值得称道。

亮　　点：交通便利，三江汇合，山清水美，城区与大佛景区融为一体，空气质量优良。历史悠久，民风淳朴，周边拥有丰富的旅游资源。生活节奏舒缓，美食荟萃，消费中等。城市基础设施完善，医疗文化教育程度较高。

缺　　憾：随着经济发展，市区人口增加，居住成本有所提高。

四川号称天府之国，其最为人称道之处，即这里的人们总是过着闲散安逸的生活。而乐山，无疑是四川小城中最具乐活气质的城市之一。

乐山有着悠久的历史，三千年沧桑岁月沉淀为一座嘉州古城。这里自古就是人文荟萃之地，养育了著名文学家苏东坡还有郭沫若。苏家三父子、一门三文豪在世界文学史上也是奇迹。乐山还是历代文人赋诗作画的游赏之地，以其优美山水吸引了众多文人名士，流传下众多脍炙人口的诗词歌赋，因此也被誉为“士大夫之郡”。

乐山最叫人称颂的，无疑是其青山和秀水。暂且不论声名显赫的乐山大佛，就在市区不远处的五通桥，阳春三月，春暖花开，邀三两知己泛舟江面，恍惚间还以为来到了温柔妩媚的江南水乡。在清朝诗人的笔下，五通桥之美景如画——“垂柳夹岸水平铺，点缀春光好画图。烟火万家人上下，风光应不让西湖”；国画大师徐悲鸿称赞这里是“东方的君士坦丁堡”；丰子恺则说“且喜蜀中风景好，桥滩春色似杭州”。水多、桥多、山多、树多，五通桥就是一个背靠青山走、绿水城中流的水乡古镇。时至今日，青山映照，绿水环绕，涌斯河和芒溪河依然景色秀丽，苍翠秀美的黄桷树依然默默屹立在江边。

心情烦躁之时，登上凌云山是最好的解忧之方。极目远眺，嘉州古城尽收眼底；走近大佛，他温柔慈悲的眼神足以令你心情平静。以这样的姿态，以这样的表情，大佛在凌云山下已经伫立了整整一千年，阅尽世间一切沧桑。人间一点小小的悲苦，又算得了什么？

古老的嘉州城门依然安在

或者，找一个雨后的清晨，漫步在古镇罗城的青石板街道。这是一个因船形街道的奇巧布局而出名的古镇，外面世界的繁华与时尚跟这个小镇似乎没有丝毫关联。它安安静静居于一隅，镇上的老街依然完好地保留着明清时代老四川文化的人文风貌。徜徉在古镇的船形街上，很为满街的茶客而惊异。乡民总是那么悠闲，可以在茶馆里从早晨坐到晚上。这里没有都市的半点浮躁和繁忙，坐在镇上古旧的茶铺里，恍惚间以为时光倒退了二十年。站在古老的戏台下，或许能够追寻到往日时光的影子。

生活在乐山，有一种独特体验不可错过，那就是去坐一坐当今世界唯一还正常运营的客运窄轨蒸汽火车——嘉阳小火车。1959年建成后，这条仅有19公里的铁路是当时嘉阳矿区职工和铁路沿线农民进出大山的唯一交通工具，几十年风雨过去，小火车依然照常运行。汽笛声响，火车出发，车速缓慢，摇摇晃晃，把头伸出窗外，顶上掉落煤灰，头发和衣领沾上了黑色煤点。正是三月阳春时节，窗外吹来阵阵凉风，金黄的花田急速掠过，油菜花开，蒸汽升腾，恍惚之间，竟然真的有了回到从前的感觉。

或许，上述种种都是文艺青年心目中的乐山之美，生活在此的普通人，还是觉得每天的吃吃喝喝来得更为实在。对真正的老饕而言，乐山之美并非大佛和山川，吃才是乐山最大的诱惑。随便在街上溜达一圈，这里真真是一个吃货的天堂啊，满街的粉蒸牛肉、跷脚牛肉、砂锅牛肉、牛肉卡饼使人目不暇接，各种豆腐包括西坝豆腐、豆腐脑、豆花……让人垂涎三尺，还有还有，牛华麻辣烫、肥肠夹饼、豆腐干夹萝卜丝、特色烧烤、黄

小贴士

交通 从成都乘坐城际高铁40分钟可到乐山。

美食 乐山饮食以麻辣风味为主，素有“食在四川，味在嘉州”之美誉，是一个真正吃货的天堂。乐山美食小吃种类繁多，没有富丽堂皇的门脸和招牌，这些岁月积淀下来的小吃真正价廉而物美。张公桥和嘉兴路是著名的美食街区。

住宿 乐山既有星级高档酒店，也有经济型连锁酒店，还有普通小宾馆和招待所，一两百元就能入住。乐山也有三四十元一个床位的青年旅舍，如乐山嘉州传奇（13006423927）。如果租房，每月1000元左右能租到配全套家电家具的一室一厅。

美味粉蒸

焖鸡、椒麻鸡、钵钵鸡、白宰鸡、棒棒鸡、跳水兔、甜皮鸭、爆炒鸭舌、砂锅、豆腐串、凉粉、味精素面、排骨面、蛋烘糕、腊肉粽子、烧麦、犍为薄饼、狼牙土豆、马边抄手、临江鳝丝、长征油炸、东大街烧麦、九妹凤爪、烧麦、烤猪儿肉、两河口鸡血旺、黄鸡肉……啊啊啊，给你一口气，数得过来吗?

讲完吃喝，当然也少不了玩乐。大佛景区门票太贵，咱们尽可以去大佛脚下的太阳岛撒欢。太阳岛是凌云大佛脚下一个三面环水的小沙洲，大人可在此垂钓晒太阳游泳，小朋友则喜欢踩水放风筝和摸鱼捉虾。最有意思的还是邀三两好友，带着洗净的烧烤原料，可以是自家清洗好的牛羊肉和蔬菜，或者是去外面烧烤店打包的未加工烤串，找太阳岛上的农家租一套烤炉，就可以自制香喷喷油滋滋的江边烧烤了。若是嫌麻烦，那就直接到农家点一桌饭菜，在这样江风微熏花木掩映的环境中，酒不醉人人自醉，吃喝也是一种雅兴啊。等一天的游玩结束，还可以向当地老乡采买一些新鲜蔬菜，拎着大包小包坐着渡轮乘兴而归。

最爱在夏日余晖的照耀下，优哉游哉地漫步在滨江路江岸，看着面前江水滔滔汹涌奔腾。人和门、平江门、承宣桥门、兴发门，在这些修复过的临江水门依稀还能看出往昔岁月的痕迹。江对岸的大佛千年安在，而嘉州古城过往的大部分建筑却早已不复存在，唯有这些残存的城墙和城门诉说着过往沧桑。走得累了，随意进一家江边小茶馆，点一壶茉莉花茶，静静坐上一小会，听旁边的闲人聊些家长里短鸡毛蒜皮，生活是如此安逸和舒适。

苏轼曾经写道：生不愿封万户侯，亦不愿识韩荆州。颇愿身为汉嘉守，载酒时作凌云游。乐山乐水，扁舟载酒，千百年来，性格直爽的乐山人操着抑扬顿挫的乐山方言，在这三江边上过着滋滋有味的悠闲生活，别说苏东坡，换了谁都愿意做这汉嘉守啊！

作者手记

❶ 乐山有不少热闹的民俗节日，如五通桥端午龙舟会和抢鸭子活动、夹江西部瓷都民间美食节、峨边甘嫫阿妞节、阿依美格节等。

❷ 乐山大佛门票较贵，其实挑个晴好的下午，从乐山师院码头坐船前往去太阳岛，同样能够远观大佛。岛上也有农家乐提供饭食。东方佛都是个人工修建的景点，没多大看头，烧香时注意防骗。

❸ 乐山也存在一些旅游陷阱。乐山港和肖坝附近潜伏着一些“坑爹”饭店，价格贵味道差，尤以钟氏西坝豆腐店（现改名为丁记泉水豆腐鱼庄）为代表。

❹ 乐山的商业中心集中在时代广场、土桥街、玉堂街、泌水院步行街、牛儿桥等几个区域，购物较为方便。

❺ 乐山的医疗条件不错，有两家三甲医院（乐山市人民医院、武警四川总队医院），还有一家二甲医院（乐山市第二人民医院）。

❻ 乐山是四川文化最发达的地区之一，全市有1个国家级全民健身中心、12所文化馆、10个公共图书馆、5个博物馆、5个艺术表演团体。闲暇无事时，到图书馆看书也不错。

阆中

——“天人合一”的风水古城

解读阆中

国家历史文化名城，中国优秀旅游城市，中国四大古城之一。位于四川盆地东北缘、嘉陵江中游，已有2300多年的建城历史。属亚热带湿润季风气候区，气候温和，雨量充沛，光照适度。古城的建筑风格体现了我国古代的居住风水观，是“中国古代建城选址天人合一”完备的典型范例。城南嘉陵江风光自古就有“嘉陵第一江山”之美誉，诗圣杜甫更有“阆中城南天下稀”的千古赞叹。景点有张飞庙、唐代佛塔、五龙庙、永安寺等。特产有保宁醋、张飞牛肉、白糖蒸馍等。

隐居指数：★★★★★ 交通指数：★★★

风景指数：	★★★★	民风指数：	★★★★★	气候指数：	★★★★
环境指数：	★★★★★	生活指数：	★★★★	美食指数：	★★★★

地理位置： 四川省南充市

总体评价： 嘉陵江畔的宜居小城，融山、水、城为一体，既吸纳了现代文明，又保留了传统文化，有山有水有美食，灿烂的历史人文与优美的自然风光交相辉映。

亮　　点： 中国保存最好的四大古城之一，竟然在古建筑古民居等硬件之外，还保持着商品社会难得一见的质朴之风。连绵成片的老房适合俯瞰，碧如玉带的江景适合游玩，美味独特的小吃适合细品，缓慢流转的时间适合挥霍。

缺　　憾： 教育医疗水平一般。

蜀中多雨。下午从成都出发，到达阆中已华灯初上，下车问过老城的方向，便在淅淅沥沥的小雨中沿着开有各式专卖店的街道走过去，店铺个个灯火通明，有的还卖力地播放着歌曲，生意却似乎比小雨更加清冷。走过高大的状元石坊，不过窄窄的一街之隔，便跨入了古城的范围，路两旁的广告灯箱忽然消失了踪影，脚下的路也在不知不觉中换成了宽大的条石，寥寥几步，喧嚣已在身后。灯笼微弱的光映在湿漉漉的石板路上，高高低低的瓦脊构成灵动的天际线，黑黢黢的屋檐下，木隔板缝隙中透出缥缈的声音和饭菜的香味。这里有想象中关于古城的一切元素，若将雨衣换作蓑衣，腰佩长剑，头顶斗笠，再牵一匹老马，岂不是可以扮一出仗剑走天涯？

李家大院几乎是老街唯一还开着门亮着灯的店铺，两盏灯笼下，彩绘的木刻门神迎接着我这雨夜旅人，此时此刻，他们的面容没有一丝狰狞，倒带着几分亲切。跨进客栈的第一步，便喜欢上了这个散发着温暖光泽的院子，暖调的灯光将雕凿精致的木格窗变成一幅幅生动的剪纸，用木杆支起的一扇隔窗背后，

民居客栈

是古色古香的前台，当即决定，就住这里了。那一夜安静极了，只有芭蕉叶上萧萧雨声，一夜滴到明，忽疾忽徐的节奏，宛如一阙缠绵的琵琶，听得久了，豪侠之气褪尽，竟无端地生出几分愁绪来，古人那些惆怅纠结的婉约词，大约都是在这样的情境下写就的吧。

次日一早，居然出了太阳，得以从容地端详整个客栈。院子不算大，看得出来经过了精心的布局，几丛树木被雨水洗过，更加青翠欲滴，石榴花在绿叶中跳动着星星点点的红，恰应了绿肥红瘦；偌大的砂石鱼缸摆在院落正中，只有寥寥几条金鱼，惬意地在水草缝中躲猫猫，对人一副爱搭不理的样子，高兴时懒洋洋地摆动一下尾巴，算是打个招呼，不高兴了就一个转身直下深邃的缸底，让你遍寻不得它的身影。空地上支了几礅矮桌，架了数张木头躺椅。观鱼到了兴味索然时，便煮上一壶清茶，躺着享受着稀疏的阳光，看天井上头的云飘来飘去，咱也来体味一番鱼的心情。

川人喜欢阳光，出太阳的日子，街上的人明显多了起来，行色匆匆的身影并不多，几乎个个都高门大嗓地一路踱过来，东家站一站，西家聊两句，全城的人都互相认识似的。店铺纷纷开门迎客，却不着急做生意，修车的、剃头的、出租图书的，客人来了忙上一阵，手下极利落，也没见误了跟路过的熟人寒暄几句；缫丝的、鼓捣根雕的，则一边干活，一边招呼着我随便看看拍拍，好像自己不是卖东西的，而是承担着某种责任要向我这外乡人展示一下阆中的特产绝活，言语中透着自豪。街上最多的还要数茶馆，估计大家都秉持着工作可以放松、娱乐一定要认真的生活理念，因此茶馆里打牌的牌友们是最心无旁骛的，眼睛只顾得盯着牌桌，点燃的香烟夹在指间也忘了吸上一口。就连教堂门口的小坝子上都摆满了竹桌竹椅，居民们在红色十字架下热闹地喝茶、打牌、聊天。我开始相信上帝就住在附近，因为无须四处寻找，这里已是天堂。

阆中人杰地灵，历代名人辈出，但其中名气最大的，却是个外地人——燕人张翼德。张飞是三国名将，喝断当阳桥、挑灯战马超等都是耳熟能详的历史故事，再加上传说中豹头环眼、钢髯直立的相貌，无不勾勒出一位勇冠三军的猛将形象，他文治方面的才能，却从没有人提起。其实张飞曾经担任过巴西太守，驻守阆中长达七年，看起来这位父母官受到了百姓的深切爱戴，以至于一千多年以后，古城里的一切仍然愿意与他扯上些许关系。牛肉以张飞

小贴士

交通 成都梁家巷高笋塘车站、昭觉寺车站和新南门车站有直达阆中的大客，车程两个多小时。

美食 阆中美食众多，建议去盐市口街、北街、武庙街、礼拜寺街品尝。阆中是川北凉粉的发源地，古镇入口处的川北凉粉店口感最好、调味最为精到。牛肉凉面是阆中最具特色的早点，要一边吃一边不断挑动面条，最后面净卤净才是最正宗的吃法。阆中三绝为阆中名菜，即馍、牛肉和保宁醋，将馍切成小块入油锅炸酥，配上同样切成小块的张飞牛肉，最后倒入保宁醋，做成一道汤菜，炸馍脆香、牛肉韧软、醋汁开胃，佐以口感绵甜、呈现诱人琥珀色的当地佳酿桂花酒，阆中的味道才算完整。

住宿 古城街上有很多民居家庭旅馆，其中保留了木雕砖雕等老古董，并做过现代内装修，价格适中。保存最为完好的有杜家客栈以及位于笔向街的冀氏老宅等，标间每晚100~150元之间。如果租房的话，一居室月租金500元左右。

命名，平添几分豪爽之气，倒也贴切，但是蚕丝这种从古至今都由女性操持的产品，也被冠上了张飞的名字，就未免有些哭笑不得了。城里最负盛名的古迹，就是供奉张飞的桓侯祠。建筑经过历代重修，无甚特别处，倒是大殿山墙上一块书法颇见功力的石碑引起了我的注意，据说是张飞手迹。此碑很有魏碑体的风范，让我怀疑是后人伪托之作，但人不可貌相，历史上的张飞也许真的文武双全，真的在武艺超群的同时，也曾拥有深厚的书法造诣。祠堂最后面的张飞墓中埋着他的无头尸体，人在江湖，终究是要还的，砍了那么多敌人的头，自己的头颅却在睡梦中被部将砍了下来，没能战死沙场，没能为兄长报仇，应当是张飞最大的遗憾。张飞如果活到今天，看见自己的名号遍地开花，为古城的经济发展发挥着余热，不知会如何反应，是豪饮美酒仰天长啸，还是环眼圆睁暴跳如雷？

张飞庙出来不远，便是嘉陵江了，江如玉带默默流过，对岸山峦起伏，竹影婆娑，红墙碧瓦若隐若现。江这边建起了一溜仿古街，酒吧、食府林立，却没有声嘶力竭拉客的，任由你坐了江边最好的位置看风景：绿地上杜鹃花自顾自地开得正艳，昨夜的雨珠还在与花瓣缠绵，晶莹剔透。登上飞檐翘角的华光楼，阆中古城尽收眼底，四面一律是黛瓦白墙的三合或四合院，连缀成片，铺展开去，直到被现代建筑包围的古城边缘；错落有致的鱼鳞瓦顶上，几丛绿树羞怯地探出头来，民居被规整的石板路串联分割，路旁各式招幌迎风起舞。就像张飞有着文与武、粗与细的两面一样，这个小城也融汇着古老与现代两种风格，它追随着时代的脚步，但骨子里依旧恪守着静雅质朴之风，热闹但不浮躁，进取而不贪婪。

作者手记

❶ 阆中旅游资源丰富，有张飞庙、永安寺、五龙庙、唐代佛塔等4处全国文物保护单位，有清代四川贡院、华光楼、巴巴寺等15处省级文物保护单位，仅地面文物就有200余处。

❷ 古城山锁四周，水绕三面，契合中国传统的风水格局，是我国保存最完好的一座“风水古城”。袁天罡、李淳风等风水大师曾寓居此处。

最美隐居地TOP50

云南

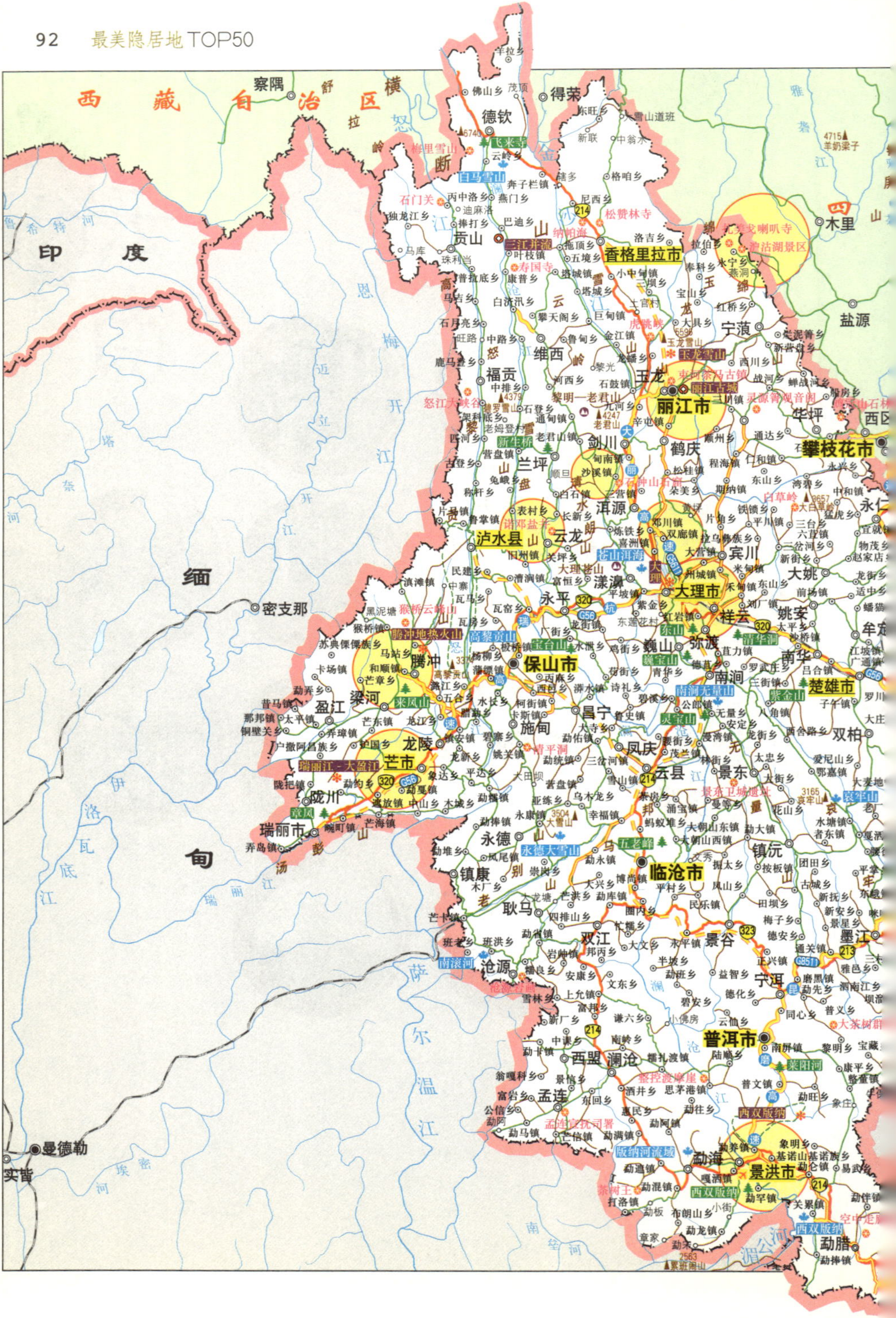

西藏自治区
横断山
印度
缅甸
四川
察隅
得荣
德钦
梅里雪山
飞来寺
白马雪山
贡山
三江并流
香格里拉市
松赞林寺
木里
泸沽湖景区
宁蒗
盐源
维西
福贡
玉龙
玉龙雪山
丽江市
丽江古城
束河茶马古镇
兰坪
剑川
鹤庆
华坪
攀枝花市
泸水县
云龙
洱源
大理市
宾川
永胜
永仁
大姚
祥云
弥渡
巍山
漾濞
永平
保山市
腾冲
腾冲地热火山
梁河
盈江
龙陵
芒市
陇川
瑞丽市
瑞丽江－大盈江
施甸
昌宁
凤庆
云县
南华
楚雄市
姚安
南涧
景东
双柏
镇沅
永德
镇康
临沧市
耿马
双江
沧源
景谷
宁洱
墨江
普洱市
西盟
澜沧
孟连
勐海
景洪市
西双版纳
勐腊
密支那
曼德勒
实皆
恩梅开江
迈立开江
伊洛瓦底江
萨尔温江
澜沧江
怒江
金沙江

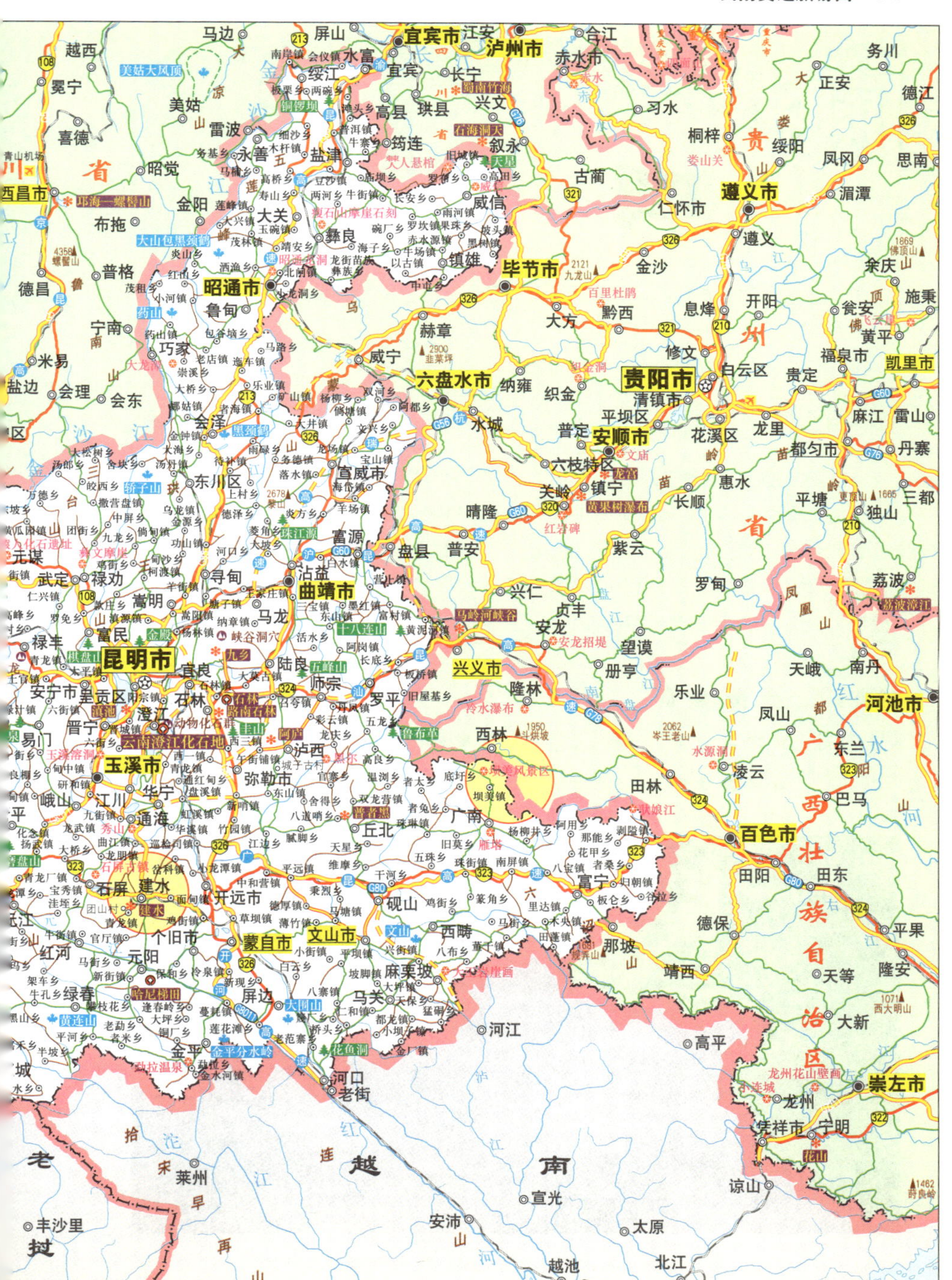
宜宾市
泸州市
昭通市
毕节市
遵义市
六盘水市
贵阳市
安顺市
曲靖市
昆明市
玉溪市
兴义市
百色市
河池市
都匀市
凯里市
崇左市
蒙自市
文山市
开远市
个旧市
弥勒市
西昌市
仁怀市
赤水市
福泉市
宣威市
清镇市
凭祥市
贵州省
广西壮族自治区
越南
老挝

丽江

——小城有大美

解读 丽江

世界文化遗产。坐落于云南玉龙雪山下，明末徐霞客的《滇游日记》称“居庐骈集，萦城带谷”、“民房群落，瓦屋栉比”。古城处于丽江坝中部，北依象山、金虹山，西枕狮子山，东南面临数十里的良田阔野。年平均气温在12.6℃~19.8℃之间。大部分地方只有温凉之更迭，无寒暑之巨变，春秋相连，长春无夏，形成了明显的干季和湿季，7~9月为雨季，其余为旱季。特产有东巴扎染、挂毯等。

隐居指数：★★★★　　交通指数：★★★

风景指数：★★★★★　　民风指数：★★★★　　气候指数：★★★

环境指数：★★★★★　　生活指数：★★★★　　美食指数：★★★★

丽江的晚上

地理位置：云南省丽江市

总体评价：隐居在丽江的生活，不是单纯的小镇隐居，而是处处有惊喜。如果只想要一个生活简单又容易快乐的环境，丽江已然是够了。2500公尺的高原加上纯粹的阳光、空气、水，远处的雪山已够一幅好风景。

亮　　点：雪山傍古城，风景上佳，空气新鲜。古城总体干净整洁，出名的客栈也十分规整清洁；和各家客栈食铺老板混好大有益处，能被带着到处发掘新玩法，这却看自身缘分，可遇不可求。

缺　　憾：“交通相对不便，物价相对高一些，气温喜怒无常，商业化开发过甚。”这样说未免简单，其实就是饮食多，酒吧多，热闹的时候很像推开门就是都市的感觉。本地人开的客栈很少，基本上是外地人趁着丽江旅游大热炒作的产物；有些时候有集市，有些时候却要去远一点的地方买菜买食料；古城里的吃食有点贵，不如去新城花马街去吃；餐厅门口的拉客者多，小心看看菜价。

纳西民居外盛开的三角梅

离开丽江的那一天晚上，睡不着觉。披上衣服，走出了房门。天上缀着明月星星，阴晴不定的气温只叫人还想回屋添件衣服。点上烟，看烟头一明一灭的样子。隐约地觉出了心中的不舍，却又不知该如何化解，只能劝说自己三个月的丽江总算没白呆。

坐在门口，看着还朦朦的月牙，闭上了眼。四下静悄悄，无人声的羁绊，突然想就这么呆着听一听丽江的夜晚是怎样。水声渐渐地冒出了头。声音很轻却缓，慢悠悠地自脚下的水槽中淌过。前些日子曾见过的那张古城手绘图突然就在脑海中放大了，眼睁睁地看着雪山的水顺势而

下，从西北一直跑到玉龙桥下，分成三岔后又细碎成无数股小水流，匀在了整座的古城。水声虽细虽小，跑这样的长途已是熟门熟路。玉河水系上，锁翠桥、大石桥、马鞍桥、仁寿桥一座座小桥姿态各异地横跨在静静流淌的小河之上。

脑海中慢慢勾勒出一幅古城的水文图，看着它们走街串巷得十分愉悦。那些街巷，原本就是这些水流造出的活物——人们顺着水，造了街，起了屋，有了巷。就如江南一样，丽江的布局自由，主街傍河，小巷临渠，道路跟着水走，房屋就着地势错落。

又在脑海中将平日里看见的那些个商铺宅院都一一放进对应的位置，索性是记得那幅古城手绘图的。先点了最中心的四方街，把常常取钱的农行置了点，一路上循再把邮局给置了下来，朝南再奔波到左侧的酒吧街和右侧的大东街，才记得将成门口的大水车给点出来。对面的粉墙上，邑人徐霞客“宫室之美拟于王者”几个字清晰可辨。这些个路，是真正这些日子我常去的地方——去银行是为了拿钱，去四方街和酒吧一条街是为了吃饭聊天发呆花钱。

这里总是热闹，只除了现在。大部分的商铺都关着，招牌随风移动着，木

小贴士

交通 进丽江主要靠飞机和汽车。可先到昆明或攀枝花，再转车到达。

美食 丽江的美食众多，中餐西餐应有尽有，丽江粑粑和腊排骨火锅最为出名。从古城四方街到大石桥短短的一段巷子是丽江古城里美食最为集中的地带，古城南边的忠义市场和新城象山市场的美食也比较多。

住宿 丽江古城的客栈很多，除了星级的客栈和酒店外，基本每天60～80元就可以拿下一间屋子，常住还可谈价。有多家青年旅舍，多人间每晚30～50元/床。整套出租的一室一厅都在古城区，却不是古城内，价格均在1200～1400元/月，随季节有浮动。

色的门板锁着正等待日出的热闹气息。这些气息凌晨三四点才被人们赶回屋子，等待着第二日的时而懒散时而激昂。闹腾了一天的人们回归了最原始的状态，拥被而眠睡得正舒坦，街上的一砖一瓦，一石一凳却似乎还没从夜的激情中退下，手里抓一把飘过的风，仍是混着一股股的香味和酒味。这种味道非要等夜风再打扫个两小时方见干净。彼时的丽江，才叫宁静润泽，才叫沉稳安详，与白天的人潮汹涌、喧嚷不断相比，完全变了个样。

我是难得久候古城的这份清静，平日里攒下的记忆却一股一股地往心头冒：不断延伸的五花石板，常常令我迷路；站在玉龙桥头凝望水下的身影，随着清波一圈圈地荡出去；在开着门关着门的古民居旁蹲着，想看看住着的人究竟是什么样；靠在皮件铺子旁，盯着看皮匠的手艺盯着他手势的一起一落；去饰品店，摸着一个个铃铛再轻轻地一推一撞，悠悠荡荡的声音能送人走出很远；坐在街椅上发呆，打量着过往的人群，在心里为他们编个故事划个桥段；脑子大空的时候，吆喝着打电话给朋友，拍几张纸醉金迷的照片给他们看，再补上几张古城的素颜照，必是能起到远方嫉妒心燃烧的效果。时不时就不自觉地把自己坐成了雕塑，在那里认识的伙伴说，常见我呆坐着，但面部表情异常活跃，偶尔还贼笑一两声。

越要离开，此类记忆就越往外冒。纳西族老太太缓慢的走路姿势也不知不觉地浮现脑海。头戴蓝色布帽，腰系百褶围裙，身穿羊皮披肩，这些老太太们似乎完全不受大批游人的影响，她们都爱占着长椅，或坐在商铺的门前，一路送出去相当悠长的目光。记得曾试着和其中一位聊天，开口却是我无法明白的语言，便就此罢休，将对她们的好奇心彻底封入心底。

月亮照在手心上，半明，丝毫不及日光的那般威慑力。气温越寒，越令人惦记前些日子的暖阳，但古城真正好看的时候仍如江南一般，都盼着雨天。雨水一洗，被日光晒得油光蹭亮的石板路上就少了反射出的刺眼光芒。原本不长的古巷们，也借着雨水一并拉长的声势，由着细雨弥漫出了那段额外的长度；瓦檐们任由着雨水的洗刷，反正总要滴到屋檐下那些光滑的石板上，也由得它们攒成了昏黄色，一并偷偷地溜进地下，等待着下一次的从天而降。

再过会儿功夫，纳西族的妇人们就该挑着担子取水了。取水是清晨的活，也是纳西女人们的活，大老爷们此时正睡得酣实。女人们趁着清晨干家务，担水和洗菜，洗衣服和涮墩布，手势很清爽，整个人的肢体语言都在陈述这样一个事实——日日如此生活，早已成为习惯。继而是那些送子女上学的本地人慢慢出现，有推着自行车买菜上班的，还有推着车买早点的，背着背篓去集市卖菜的，丽江人的生活便由我曾看见的这些小小世俗细节描出了形状。

是等不到又一次古城夜色的，等不到街巷里那些明晃晃亮起来的红纱灯、宫灯、河灯，也等不到古桥、溪水、街树都溶在一片殷红里，更是等不到再一次撒满了斑驳光影的五花石板路。于最后的一日清晨，闭眼静听了一回古城的呼吸，又睁眼漫步了一圈古城，离离不舍却终须舍。

作者手记

❶ 在这里花上几天时间旅行是远远不够的，很多旅行者更愿意在这里居住。更有人因为一次丽江之旅而改变了生活，长久地在丽江呆了下来。在他们看来，也许只有以这种方式才能够真正感受到这座高原小镇的大美。

❷ 来丽江需带够衣服，建议夏天除了夏装以外，适当带上一两件春秋装，冬天必须带上防寒的夹克及羽绒服等。

❸ 丽江的太阳特别烈，需要带防晒霜，否则下场就是回家后被人询问海边自然晒的味道如何。

❹ 丽江的酒吧是容易让人醉生梦死的。最盛行的一带，就是酒吧一条街，最热闹最有名的当然也就是樱花屋和小巴黎。

束河

——更柔软的云南

解读 束河

位于处于丽江所有景区的核心部位，是茶马古道上保存完好的重要集镇，也是纳西先民从农耕文明向商业文明过渡的活标本，曾人选CCTV“中国魅力名镇”。年平均气温12.6℃。干湿季节分明。特产有古道铜铃、扎染、麻线、铁器、竹器等。

隐居指数：★★★★　交通指数：★★★

风景指数：★★★★	民风指数：★★★★	气候指数：★★★
环境指数：★★★★★	生活指数：★★★★	美食指数：★★★★

地理位置： 云南省丽江市束河镇

总体评价： 很难说到底游客们更喜欢丽江古城还是束河古镇。前者吸引爱好热闹者，后者则更受爱好宁静者的偏爱。束河更像是一片与世无争的世外桃源，是农耕业和旅游业共同发展的地方。

亮　　点： 束河古镇的魅力，大概就是它的宁静，可谓爱慕者众多。近着雪山，无杂人喧哗，新鲜的空气充沛，令心肝脾肺肾每日都有超爽感觉；生活也便利，各种服务齐全；做菜的人有福了，每日菜市场里售卖的蔬菜都是当地人清晨从菜地里摘取的新鲜蔬菜。

缺　　憾： 交通不便，去任何地方都需要以车代步；冬日人少，易懒散，很有可能冬天大部分酒舍都关门。

束河的日头烤人，特别是正午偏后的那两三个小时。所以喝茶这件事，渐渐成了一种习惯。在自家客栈喝茶，是可以跑到店主的宝库里连蒙带拐的。收藏中，普洱少，大红袍却多。归置出茶壶茶杯，预备上热水，等水热，待茶醒，入口的感觉才不涩不苦。然而这样在大厅一坐，手捧小茶杯，居然就有了点主人的派头，仿着别家的店主那样，对着来往客栈的人招呼着：“口渴嘛？来喝杯茶吧！束河这地方，太干燥了，喝茶很有必要！”吆喝五六分钟，总会有人喜笑颜开地跑来喝上一碗，然后一碗接着一碗，口中也唾沫横飞，自生辰八字说

東河一角

到三十年之后的期许。

在束河，喝茶能喝到聚众聊天，能喝到亲亲热热如哥们。不仅可以自己开堂做局，即便到了别家的店，说得投缘，那些店家也都会自然地招呼你往茶盘旁坐下，用开水润一遍茶盘，开始同你谈笑风生。于如此的模式下，来回倒腾十余天，也认识了一部分古镇上的人。但他们多不是束河的原住民，从天南地北的地方跑来，到束河这里倒腾出一份属于自己的梦想。

爱美的束河人在自家窗下栽上花卉，装点古镇的景色

越喝茶，心越静。但一日之内的茶却不宜多，不然腹中会唱饿曲前奏，因被茶刮走的油水实在会多。曾有一次未能克制，串东家走西家，足足喝了几壶的茶，后来晚上十点奔着夜宵小吃，吃下了足足一顿饭的量。此后，同来来往往的人聊天仍是好兴致，喝茶的分量也控制下来，生怕也沾染上“暴饮暴食”的坏习惯。

不止喝茶，束河也适合喝酒。在这座古镇要起酒兴，真是一件容易的事情。都说酒能醉人，就醉在那份浓浓的情趣上，因随性而喝，因随意而歌。喝酒，总要吃肉，千万不能指望我抱着一堆“草”对着啤酒下咽。

把客栈主人老胡诓出门。他在这儿开店两年，对忠义市场很熟悉。他曾带着我坐二十分钟车去市场买鲜货——水果和蔬菜，外加各色肉类。他常常拒绝我，抱着自己的相机出门去等雪山的夕阳景色，只用脑袋偏一偏，看一眼内院房梁上的那一捆风干腊肉才出门。那时，我只能在冰箱里去找唯一或唯几的蔬菜，想办法把腊肉和蔬菜们炒成哥俩好，再抱着盆子去找我亲爱的酒友们。住在束河的时光中，老胡肯商量带我们去市场买菜做大餐的次数，不到三次。

老胡不是本地人，来了束河三趟后把工作辞了，彻底在束河落了根。他开了家客栈，时不时捣鼓一些摄影画片去卖。在他的眼里，束河虽然比丽江安静，却也仍然没了千年前纳西族人的那股子劲儿，反倒是忠义市场和古城里的那几个市场还留着味道。市场内，人们用的是纳西话。青壮年似乎已经不在古镇的人数中占据优势，我们所见的是仍以身着蓝色纳西服饰的纳西族老人为主。他们与我们不同，每日早上六点前后跑来市场挑新鲜菜色，穿梭在本地水果和蔬菜摊中，口里蹦着我们听不懂的话，杀价还价，递过钱，把一捆捆的鲜货放进自己的竹背篓。论情趣，似乎没有多少，但却是极为真实的纳西族人生活。

束河古镇一带自古就是农业耕种区，纳西一族已经习惯了在自己的耕地上日出而作、日落而息。那种与世无争的恬静气息，被慢慢地传承下来。走在古镇的大街上，你能很清晰地辨认出那些行人身上的气息，安静和急躁，困惑和开朗，忧郁和高兴，这些气息混和着不同的情绪一并随着游人的到来散漫在古镇里，继而被纳西族的安静所征服。

喜欢上了这种安静后，就渐渐不愿离去。跟那些选择在束河开店的老板们一样，来了走，走了来，终舍不得走，置屋，定居，做买卖。想到这里，最佩服的人还要

小贴士

交通 可先到丽江，再转车到达束河。

美食 当地有很多纳西族小食，多为纳西老奶奶操持的小店，如竹荪土鸡、竹荪米线等，味道都不错。

住宿 这里客栈极多，几乎都是由外来的老板们经营，住宿条件相当干净，几乎每家都很用心。建议和店主谈包月价，如果常住的话，包月价格标间一般在1000元左右，普间500元左右，每年的价钱都在上涨。青年旅舍多人间30～50元/床。也有许多游客在这里租间民房，一住就是几个月。

闲散的夏日午后时光

数徐霞客。他来了，却也走得洒脱，走得干净，只在笔下添了一注："过一枯涧石桥，西瞻中海，柳暗波萦，有大聚落临其上，是为十和院。"所谓"十和"，就是今之束河。

没有徐霞客的洒脱，越住越是眷恋。喜欢上碎石街上随着主人慢慢行走的白马，喜欢到处扎堆讨好主人的狗狗们，喜欢水岸边无数的书吧客栈，喜欢沸沸扬扬的马帮旧事，喜欢"素菜看河边菜地，荤菜在鸡圈，不荤不素问胖金妹"，也喜欢鸡豆凉粉，喜欢香飘十里的烧烤，喜欢天散在云边，喜欢水车发出吱吱呀呀的声响，喜欢空气里有隐约的稻香，喜欢这个仍遗世独立的小镇。

作者手记

1. 束河的大部分客人都是背包客，少有旅行团入住的情况，故而仍保留着难得的清静。冬天的束河，很多店都干脆停业，或睡到中午才开。
2. 束河很小，历史故事却很多。多和当地人聊聊，会有别样的收获。
3. 客栈多备厨房，可以自己买菜下厨。
4. 从束河可以租辆自行车去白沙，单程只需20来分钟，沿路景致非常优美。

建水

——体验滇南式生活

解读 建水

国家级历史文化名城，国家级重点风景名胜区，素有“文献名邦”“滇南邹鲁”之称，位于云南省南部红河北岸，居住着汉、彝、回、哈尼、傣、苗等民族。少数民族人口占33%左右。属亚热带气候，年平均气温19.8℃。景点有建水文庙、朱家花园、燕子洞等。特产有建水烧豆腐、紫陶、草芽、酸石榴等。

隐居指数：★★★		交通指数：★★★
风景指数：★★★★	民风指数：★★★★★	气候指数：★★★★
环境指数：★★★★★	生活指数：★★★★	美食指数：★★★★

建水古城的标志——朝阳楼

地理位置： 云南省红河哈尼族彝族自治州建水县

总体评价： 素有“滇南邹鲁”之称的一座小城，自然条件优越，夏无酷暑，冬无严寒，文化气息浓厚，宜游宜居。

亮　　点： 生活节奏舒缓，美食荟萃，消费水平较低。

缺　　憾： 交通略有不便，教育和医疗配套水平一般。

我在暮色四合的时候踏进朱家花园，那个时间，游客已经散尽，翰林街上家家都挂起了灯笼，红色的光晕也斜斜地照着朱家花园的金字匾额，门侧“玉洁珠辉文贵重，水流山润地光华”的抱柱楹联，隐隐透着几分大家之气。

这座曲折幽深的中国式庭院，建水古城最有代表性的民居建筑，如今已经改建成了一座星级酒店，夜晚，若非投宿，是不允许游客进入的，我便假借看房，央求保安放我进去。但我想，实际上那个笑容憨厚的中年男人，应该早就看穿了我的小九九却故意不去戳破，不然，他又怎会不通知总台而任由我在里面逗留近一个小时？

恰逢淡季，住店的客人很少，梅馆、兰庭、竹园、菊苑这些客房都空着。想想，这样一个苍穹像深色琥珀一样的夜晚，一个人在占地2万多平方米，院园相套有着42进天井的深宅大院中游弋，那不是梦游又是什么呢？

实际上，这号称“滇南红楼”的朱家花园，本身就是一梦，且这梦里几乎全是男人们的权谋政治，而看不到一丝大观园里的委婉、儿女情长。

朱家花园始建于光绪时代，衰败于1927年，期间因三次被抄没而不得不修修停停，直到1911年才完工。前两次遇险，朱家尚能侥幸峰回路转得以保全，最后一次终成大结局。实权派龙云痛下杀手，将“滇南王”朱朝瑛一家处决的处决，放逐的放逐，到1930年朱朝瑛客死他乡，朱家就真的成了过眼烟云。

夜晚的朱家花园，除了空寂还是空寂，天井内半明半暗，花园里微露湿膝，影影绰绰之间，让人不禁有些忐忑。

而到了白天，光天化日之下，一切又过于坦荡，虽院落层出，巷道迂曲，浮雕精致，楹联儒雅，但小品景观皆唯余空壳，再加上翻修痕迹过于明显，亭台楼

古老的小院

榭倒像是某处闲适光景里的公园一般。

朱家花园所在的翰林街，原先叫建新街，十多年前那起著名的“建水古城拆古建造仿古街”事件就发生在这里，后来，涉事官员悉数倒台，而当年的那些“钉子户”们依然平静地生活于斯。——幸亏有了他们的拼死抗争，现在的我们才能看到张家、孙家、高家、米家、喻家、胡家、余家、刘家这些清式滇南风格的民居精品，可惜，翰林第、大夫第被不同程度拆毁，进士府则被全部拆光，而“临安春秋”仿古步行街，最终还是在翰林街上崛起了。

走进朱家花园附近的一处老宅，正遇上刘妈妈坐在南厢房的小凳上吃早餐，一碗米线，几粒青白葱花，“姑娘，你咯是吃过饭了？要不，我再咯你煮一碗？”我笑笑，摇头，刘妈妈便硬塞给我一把花生。

烤豆腐摊儿刚开张，食客还未光顾

小贴士

交通 昆明南部汽车客运站每天早上7：30开始就有班车去建水，每半小时滚动发班一次，晚上还有3班卧铺大巴。也可乘早晨8：42昆明始发的K9652次火车，近四小时可到。

美食 建水最有名的小吃是建水烧豆腐，烧豆腐摊遍地，且家家都一样。朱家花园隔壁有家鸡毛小店的米线很好吃，一碗米线在清汤红汤的雾气中让人坠入幸福的云天雾地。南正街小卷粉就在南正街口，小卷粉口感软嫩、细腻、香滑，蘸料也很有讲究。

住宿 建水多是普通宾馆，适合旅行者的客栈较少。朱家花园价格较高，最便宜的标准间在淡季时收费480元，电话：0873－7661054。古城永宁街77号有一家建水古城国际青年旅舍，八人间35元/床，单人标间90元/间，电话：0873-7652451。如果租房的话，一居室月租价格300～500元。

古韵的味道渗透在随处可见的风景里

后来又在红井街、永宁街、小西庄、如意巷一带走了走，才发现，其实这才是真实的建水气质吧。寻常小巷，小巧民居，居家味道，家长里短，隐隐透出的几许书卷气，不过是百年生活底色的延续而已。你看小巷中那些名叫绞车井、大板井、小板井的古井，青石砌成的井台上，每一道勒口都深达寸许，每一天，前来淘米、洗菜、挑水的人络绎不绝，也有用水车的，把水拉到城中老虎灶上，烧开来再以几毛钱一壶的价钱出售，街坊们则拎着空暖壶来，提着满暖壶水去，优哉游哉。

出了翰林街，沿临安主街一直往西，有当地人熟知的大考棚，一面白墙上，“学政考棚”四个字非常醒目，另一面，大大一个“榜”字，旁边一张榜单，是明至清末获取功名的书生名单，密密麻麻，上面足有好几百人姓名。不远处是文庙，每年9月的祭孔大典据说很有气氛，不过我没有赶上。文庙有一尊孔子塑像，原本额头是像南极寿星一样凸出的，经不住千万只手的抚摸，如今居然已经凹下去一块。原来，有那么多人想借此沾一点圣人气，想想还真是有趣。相比之下，武庙可就破败冷清到了极点，沿着武庙街一直走到头，看到一处破落木门楼，斑驳院墙上挂一个“建水县剑川木雕工艺厂”的牌子，走进去，大殿已成厂房，里面凌乱地摆放着几台小型机床和散乱五金器具，一个男人正仰在躺椅上悠闲喝茶，头顶房梁上，“亘古完人”的牌匾已经黧黑。

晚上，一个人跑到朝阳楼上的茶馆里去听建水小调。

朝阳楼，如今是建水古城的地标，每天早上，城墙根底下一字排开的鸟笼和晚上拉着三弦唱歌的老人，都是建水古城闲逸生活的写照。

而这建水小调，又被称为“沙悠腔”——沙悠者，红薯是也，可见建水小调有多乡土，多民间。那是一种儿化音极重的小曲——“老公不叫老公叫老倌儿，老婆不叫老婆叫老妈儿……”茶馆古香古色，老板李勇也坐在茶桌前，和几个朋友一起喝茶听曲，茶客不多，一盘瓜子，一杯清茶，靠墙一座小戏台，几个清秀小女孩，现场伴奏，原声清唱，没有话筒，歌声婉转，极富原生态气息。

歌舞散罢，特地绕到翰林街上的金临安，已是临近散场时间，被婉拒入场，于是索性两手揣进衣兜，在街灯零落的大街上漫行，遇到烤豆腐摊儿便停下来吃上几块，胀鼓鼓的豆腐蘸上这里独有的辣酱油，吃得滋滋有声，方才惊觉，原来如此市井生活，才是真的建水。

作者手记

❶ 建水古城不大，主街临安街上全是商铺，不看也罢，建议多钻小巷子，西门、永宁街、南正街，都是民居集中分布的街区，因为没怎么修整过，反而更有味道。

❷ 建水近郊还有文笔塔、双龙桥等古建筑，尤其是夕阳下的双龙桥，在田野和乡村之间孤寂独立，有一种亘古洪荒的美。

坝美

——真正的世外桃源

解读 坝美

“坝美”是壮语的音译，意为“森林中的洞口”。这个村子不通公路不通电，要划船通过溶洞才能进出村落。村里的人们基本上还沿用着三百多年前的耕作方式，种田用的是木犁木耙，浇田灌溉用的是古老的木制水车，自种棉花自纺布，碾米磨面用水磨或石磨。村里完好地保留了原始的风俗，如路不拾遗、夜不闭户、睦邻友好等等。

隐居指数：★★★★　交通指数：★★★

风景指数：★★★★	民风指数：★★★★★	气候指数：★★★★
环境指数：★★★★★	生活指数：★★★	美食指数：★★★

地理位置： 云南省文山壮族苗族自治州广南县

总体评价： 堪称真正意义上的隐居地——洞幽船渡，村寨宁静，流水清澈，山峦峻峭，桃源春色，良田桑竹。

亮　　点： 山清水秀，森林茂密，水土洁净，空气清新，桃源仙境般的美丽壮寨，一片安静、祥和气息，生态环境绝佳。

缺　　憾： 交通不便，几乎没有医疗教育设施，村中两年前才通电，因此更不用指望无线网络之类的便捷通讯方式。

坝美，其实早已经不是隐秘之地了。

只不过，洞幽船渡，村寨宁静依旧，流水清澈，山峦峻峭依旧，桃源春色，良田桑竹依旧。

传说，几百年前，坝美还是一片沼泽，黎家、黄家、农家的先人为躲避追杀，从广东南海一路东躲西藏到了坝美。从山上砍来柴草，把沼泽垫干，在上面栽田种谷，从此远离尘世，躲在这山环水绕的地方，悄没声儿地繁衍生息。

哗，坝美的起源，还颇有点“围海造田”的意味呢，不过，要垫干方圆几里的沼泽，那得砍来多少柴草才够啊！

我说这传说有点可疑，黎学斌便跟我较真，“你看，一直到现在，每年献祖宗都是我们黎家最先，献三十晚上，黄家第二，献大年初一，农家最后，献大年初二，这个习俗已经保留几百年了！”他的女人在一旁抿嘴偷笑，她围着好看的粉红色提花头巾，圆领偏襟上衣绣着荷叶边，腰系围裙，正在灶间煮饭，而我和黎学斌以及他的老父亲，就坐在灶旁饭桌前闲聊。黎学斌面皮白净，谈吐有度，他上过高中，在广西西林一带打工多年，见多识广，而老父亲则沉默寡言，默默地抽着大竹筒水烟，发出很大的咕噜咕噜声。

记得那天和黎学斌一起乘船进村的时候，他曾笑说，从“桃源洞”进，船是在阿科河上逆水，要花上“三夜两天”的时间呢，问我怕不怕。其实，这所谓“三夜两天”说的不过忽明忽暗的五次光线变化，等小船划出最后一个“黑夜”，眼前便豁然开朗，茂密榕树，吱呀水车，纵横田畴，大榕树下是吾家。

坝美直到2008年底才通上电，2010年有了手机信号。

黎学斌家的桃源农家乐在半坡位置，客房在二、三楼，推开窗，坝美那棵著名的大榕树就映入眼帘。早春时节，太阳一落山，寨子里便有些寒气，天黑的时候，女人手脚麻利地搬出火盆拢上了火，炭碎裂的时候发出轻微的噼啪声，黎学斌随手埋几个土豆进去，不一会就闻到一阵诱人的香味。"现在是淡季，不然，游客多的时候，大榕树下每天晚上都有对歌表演。"黎学斌有些替我感到惋惜，我说要不你们两口子对歌给我听也不错，黎学斌和女人就都腼腆地笑，"现在老了，唱歌不好听呢，年轻的时候，那歌唱的可是没话讲的！"言语之间，互相对望一眼，说不出的恩爱感觉。

一大早，鸡就叫了，推开窗，晨雾弥漫，山水屋村皆隐隐约约，鸡鸣鸭叫之声不绝于耳，牛铃声顺着村路一直蜿蜒，树

坝美的田园风光

小贴士

交通 昆明东部汽车客运站每天11：00和20：40有开往广南的班车，到达后在县城环岛乘开往坝美的3路公交车，从早上8点到下午4点，每小时一班，在桃源洞下换船进入坝美。

美食 景区里的壮家菜一定要品尝一下，如黄焖鸭子、红豆熬腊肉、酸笋煮鱼、煎鸡蛋、野菜汤、凉拌烧茄子、老南瓜……另外，还有一些坝美特有的美食不应错过，如花糯米饭、油炸粑、“马脚杆”（一种超级大粽子）等。

住宿 在坝美住宿只有农家乐，标间多为每天50元左右。黎学斌开的桃源农家乐在榕树上方的半坡上，客房干净，搭伙吃饭的话一天20元，点菜另计，电话13769619742。大榕树下农家乐在坝子的中心位置，千年古榕树旁边，电话15187606486。榕树下缘溪园在阿科河边，老板很热情，电话13688734835。

幸福的壮族祖孙

影间漏几声圆润鸟鸣，婉转好听。下楼来，女人正在做早饭，见到我，温婉一笑，不一会儿，一碗香喷喷的米线便端上桌来，我随口问一句：“有花糯米饭吗？”女人说一般三月三才有呢，夏天游客多的时候也会做……

吃完早饭，一个人随便走走。河岸边，三两架老水车，一两个浣纱女，真如怀旧电影场景一般美好。这些女子都擅织锦刺绣，衣上五色花纹，围裙精巧别致，个个端庄素朴，笑容羞涩，自是一番美态。又据说她们皆擅歌，若在月影晃动的夜晚，靠着大榕树唱上一曲，歌声清亮，溪流潺潺，定让人兀自酥了心肝，柔肠百结。

坝美很静。除了孩子们打打闹闹，便只剩下家畜叫唤的声音，鸭子嘎嘎叫着以夸张的姿势扑进河里，老牛横卧树下，见有人来，只用温顺眼神对望。下地干活的人和牛，走路都缓缓的，不急不慌，有些人家还在做饭，炊烟缭绕，饭菜喷香，新鲜铡好的红薯叶堆在竹筐里，等着喂猪。这个远离现代文明的小村庄，以遗世独立的姿态，从容不迫的生活着，乐天知命，与世无争，平和顺当。

快晌午时回到黎学斌家，女人正和邻家两个女子一起，一边闲聊一边舂着石臼，见我来，女人高兴地说："中午有花糯米饭吃了！"石臼里一堆叶子，已经捣得软烂，旁边还有几小堆，女人说是"姐妹饭叶"和枫香树叶，分别能染出大红、紫红和紫黑。"可惜'黄米饭花'还没开，染不成黄色，不然就是地道的五色花糯米饭了！""今天吃不完，给你用油煎煎，包着，带到路上吃，这东西顶饱！"女人一边忙乎一边絮叨着。

刹那间，回家的感觉跃上心头。

作者手记

❶ 去坝美，就是为了享受静谧闲逸的田园生活，漫步田野，和当地人聊天，吃吃农家菜，参与日常劳作，甚至在河上裸浴一番，要是再赶上一场壮族歌舞盛会，那就真是一段完美生活了。

❷ 坝美的最佳季节是3、4月间，桃花、油菜花盛开，那个时候民俗节日也特别多，端的是要风景有风景，要风情有风情。

景洪

——澜沧江边的小城

解读 景洪

国家园林城市，为西双版纳傣族自治州州政府所在地。属亚热带季风气候，长夏无冬，干湿季分明。年平均气温在21℃，年平均降水量在1500毫米，境内森林覆盖率为84.46%，城市绿地覆盖率为46.65%。景洪为多民族聚居地，生活着傣族、哈尼、基诺、布朗、瑶等13个民族，少数民族人口占66.17%。景点有曼听公园、民族风情园、热带植物花卉园、野象谷等。特产有橡胶、普洱茶等。

隐居指数： ★★★

		交通指数：★★★
风景指数：★★★★	民风指数：★★★★★	气候指数：★★★★
环境指数：★★★★★	生活指数：★★★★	美食指数：★★★★

澜沧江畔

地理位置： 云南省西双版纳傣族自治州

总体评价： 边陲明珠城市，特别适合避寒过冬。植被丰富，每天呼吸着热带雨林吐纳的清新空气，像是住在一个天然大翡翠里。

亮　　点： “骑大象养孔雀,头顶香蕉脚踩菠萝，伸手就能抓到好吃的菜，姑娘是行走的花朵到处飘啊飘。”西双版纳物产丰富，对于爱下厨的吃货来说，景洪拥有丰富的亚热带原生自然食材，各个村寨有定期赶集，这个绝对是安居的加分项目。市郊周边的多数村寨尚未被旅游开发，是周末散步郊游好去处。

缺　　憾： 地处西南边陲，交通不便，虽有机场，但国内直飞航线不多。没有四季之分，只有旱季与雨季，旱季室外闷热，雨季连日降雨。

对于一个在长江以南地区长大的娃来说，过冬是件咬牙切齿的事，尤其是在没有取暖设备的学校里。到了西双版纳后，才感觉到长沙武汉的气候是多么恶劣，没有对比，就没有奢望。我的人生理想是定居一定得在云南，夏天待滇西北，春秋住大理，冬天就迁徙到滇南去。版纳一年到头都是短袖拖鞋当道，国内大部分地区都比不上它，三亚的冬季还有段时间要穿外套呢。

我到的三月份，版纳天天是碧空万里，酷晒难当。到了四月，气候突变，晴空日渐少，连空气的味道都不一样，草木混着泥土的哄哄气息，这意味着，热带的雨季就要来了。两天后，雷雨隆隆而至，西双版纳下雨，一下就是好几天几夜，不停歇地下，下得澜沧江的河水都变了颜色，水位迅速上涨，淹盖住旱季时裸露出来的河洲和沙滩。

旅舍的铁栅栏围墙外，攀援生长着几丛野生的牵牛花和娥眉豆，还有挖掘机爪牙下留情的一棵野生木瓜。我一直觉得西双版纳的植物多产奇葩，充满特异功能，一棵藤上开好几种颜色的三角梅、还有绿茄子、还有多色牵牛花、叶大如舟的王莲、长在几十米高空奇香的寄生兰花。雨季一来，花草长势迅速。小区里的香蕉树似乎一夜就“嗖”的长了一大截，一场雨下来，它就默默地多长了两轮青青的小香蕉。大雨不出门，窝在旅舍里看到电影《青木瓜之味》，电影里有好几节青木瓜切丝凉拌的桥段，于是我们出门看看围墙边那棵木瓜树，看果实长大了没有。没想到过去一看，我们最众望所寄的那个大木瓜，已经掉落在地上了。不知道算不算是瓜熟蒂落。把它捡了起来，发现旁边攀援在铁栅栏上的野生娥眉豆也到收获时机了，我们摘了一大把，有的还带着蝇头小虫子，娥眉豆和木瓜一齐兜回来。豆子交给刘阿姨，我们学着《青木瓜之味》的刀法把木瓜给开膛破肚了，擦丝，浇上薄荷蒜茸剁椒，泡醋，包好保鲜膜放进冰箱。午饭照例是打卤面，饭前来一碟酸青木瓜丝，清清爽爽。

旅舍里的自行车还没买回来，唯一的一辆折叠车是在二手市场买来的，刹车已经不好使了。这辆破旧的单车，我们管它叫小红，小红像一匹任劳任怨的骡子，虽然笨，但给了我们不少方便。我们骑着它去附近的"乐家家"大超市，去勐腊路看夜景逛夜市，去周边寨子里晃荡。小红带着我去过曼斗村，景洪客船码头，新、旧版纳大桥，澜沧江某个无名码头，景洪水电站……

不管入驻哪一个城市，我都很少去旅游点，且不说旅游门票有多贵，光是一拨拨神色紧张左张右望，恨不得把路费本钱都看回来的游客，和一溜所谓"传统旅游纪念品"其实都是义乌货的商贩，就让人大倒胃口——我宁愿骑着车去转一转寨子和菜市场。

热情如火火焰花

傣家村寨

小贴士

交通 可乘飞机到达，也可先到昆明，再转乘长途汽车到达。

美食 景洪的少数民族食品极有特色，特别是傣族风味自成体系，傣族美食有香茅草烤鱼、香茅草包蒸鸡、酸笋煮鸡、菠罗紫米饭、酸笋煮螺狮等，哈尼族美食有竹筒烧肉，鸡肉稀饭等，布朗族美食有包烧鲜鱿、卵石鲜鱼汤等。

住宿 景洪住宿选择余地较大，有高中低档宾馆。有两家青年旅舍，分别是北岸青年旅舍（0691-2219177）和曼丽翠国际青年旅舍（0691-2126210），多人间每晚30～40元/床。如果租房的话，市区一居室月租600～1000元。

景洪雨后常见的双层彩虹

我有时候出门连地图都不带，骑到郊区，尽往小巷里钻。有一次骑到马路尽头，面前只有一条通往芒果园上山的小径，我壮壮胆子进去了。小红很不争气，上坡骑不动，下坡没刹车不敢溜。累得我苦不堪言，又渴又乏，虽然身边都是伸手可及的芒果，但它们都还是青色的。看着这些圆滚滚的青芒果，肯定又酸又涩，我咽了咽口水，默默地找出山的路。在上坡阳面，视野稍微开阔处，我见到了一户农家，细细的竹篱笆围了起来，门口还有一块菜园子，种着苞米和番薯。篱笆里间隔种着木瓜，屋旁一棵高大的老龙眼树，树荫遮住了大半个屋子。屋里敞着门，有人在看电视，放的还是湖南台的节目。屋里人似乎听到了外面的动静，起身走了出来，是个奶奶，我在吃傣家饭时学过几句傣语称呼，我便用傣语向奶奶喊了一句“奶奶，你好！”奶奶高兴地从上到下打量我和单车小红，看了好几遍，说了几句傣语，当然我一句也没听懂。我试着用普通话跟奶奶说我很渴，想讨点水喝，怕她听不懂，还附带咕咚咕咚喝水动作。说完我看看奶奶的神情，她似乎是听懂了，搬出身边的板凳，摆着树荫下，示意我坐下，然后转身进去了。

奶奶出来时，不仅拿了一杯水，还端着一盘子切好的青芒果出来，青芒果削去了皮，切成条块，旁边还摆着一碟酱，类似之前吃过的喃咪酱，奶奶端到我面前，大概是不太会说普通话，只是说“吃，吃”，我不敢辜负奶奶的一片美意，拈起来一块尝了尝，味道并不像我想象中的涩口，酸酸的，吃下去后满口生津，甚至还有回甘。

从北岸旅舍出发，穿过客运码头，骑过新版纳大桥就是市里了。我最喜欢骑经客运码头站，码头附近有一片绿化椰子林和草地，我有时就停下来，在草地上躺一会儿，专门等着客轮的汽笛声响起。客运站码头每天都有发往东南亚国家的国际客轮和货轮，轮船开动前都要响好一阵汽笛声“呜~呜~呜~”，我便想起纪录片《同饮一江水》来。我在版纳用闲散的时间把这部20集的纪录片看了两遍，还看了一遍《高棉杀人机器》。这片湄公河养育的土地上，土壤肥沃，物产丰富，有花朵，但也有苦难。这条蜿蜒经过六国的河流，默默地静水深流，不舍昼夜。

作者手记

❶ 西双版纳地区最佳的旅游时间在10月至次年6月。这里从来不下雪，即使在1月份，白天气温也很高。

❷ 要带上足够凉快的T恤和短裤，最好带一件薄外套，因为早晚会有点凉。一定要准备拖鞋，到了那边基本上每天都穿拖鞋。

❸ 这里的出租车大多为外地人承包，且经常出现宰客情况，不要包出租车去景点。出租司机一开始会给你个比较低的包车价，但是会强迫拉你去一些商业景点和购物场所。

大理

——岁月静好，现世安稳

解读 大理

风花雪月的都城，闻名于世的电影《五朵金花》的故乡，我国首批24座历史文化名城之一，也是全国44个重点风景区之一。大理古城东临洱海，西枕苍山，实乃依山傍水的风水宝地。至今，她仍旧保留着明清时期的棋盘式网格布局。城内主大街纵贯南北，街道两旁青瓦屋面，呈现出典型的白族民居“三房一照壁”“四合五天井”的建筑特点。常年气候温和，“四时之气，常如初春，寒止于凉，暑止于温”，干湿季分明。景点有苍山、洱海、崇圣寺三塔等，特产有话梅、扎染等。

隐居指数：★★★★★　　交通指数：★★★★

风景指数：★★★★★　　民风指数：★★★★★　　气候指数：★★★★★

环境指数：★★★★★　　生活指数：★★★★★　　美食指数：

大理古城的酒吧

地理位置： 云南省大理白族自治州大理市

总体评价： 一座兼具自然美景和人文气息的古城，舒适而又几乎没有都市气息，早已被文青们瞄准了，属热门隐居地，可谓屌丝们的天堂，文青们的乌托邦，小清新们的天空之城。这是一座文化包容性很强的古镇，古城人民路、果子园、才村、双廊这几块地集聚了全国各地天南地北的牛人怪咖。

亮　　点： 山水环绕，淳朴安详，大理是公认的田园城市，四季良蔬供应不断。常年阳光明媚，名副其实的日光之城，空气清新，天空高远。铺面虽贵，而民居房租物美价廉，有不少带院的白族民居出租。满是历史感，但绝不破败落寞。教育和文化氛围浓厚。坐拥苍山洱海、满城志同道合的邻居街坊，这不正是旅人们苦苦寻找的“理”想国么？

缺　　憾： 冬天春天风大，冬季的大理也有些冷。地处云贵高原，相对干燥，要一段适应期。外来长居人口多，难免鱼龙混杂。拜旅游大潮所赐，旅行团像风一样从大理门前掠过，让小城少了很多闲适和安逸。

大理古城，城小，人少，路不复杂。

这样的城是适合闲逛的。

街道横平竖直，主街也不过十几米宽，一两公里长，青石板铺地，建筑不会超过三层楼高，街边流水淙淙，每隔几米就有一张石凳，虽不精致，倒也实用，路边的银杏树和榆叶梅长势茂盛，遮住了十字花窗。

银杏树叶黄了，古城街头一片美丽的秋天景色

身着白族服饰的姑娘

拐进小巷，更是别有一番乾坤，低矮石墙，碧绿藤萝，三角梅援着门楣盛开，咖啡店和客栈门脸都不张扬，却都透着别样气质，一两家精致小铺，三五个寻常路人，这样的街道绝对与奢华无缘，却处处透着温情。

古城有四面城门，东门洱海，南门双鹤，西门苍山，北门三塔，据说城内有9街18巷，但除了博爱路、复兴路还比较热闹之外，其余的，甚至都有些过于安静了。

随便拐进哪一条街巷吧，比如银苍路，平等路，又或者叶榆路，一塔路，眼里皆是青瓦白墙，三坊一照壁，四合五天井，前伸重檐，粉墙画壁，山墙屋角，水墨图案，一派清雅。以前，大理一带有俗语，说白族人“大瓦房，空腔腔”，意思是说，白族人即使饿着肚子也要节衣缩食盖漂亮房子。现在，这些漂亮的“大瓦房”便成了我们眼中最美的大理标记。每次走过它的身边，总会忍不住特意多看一眼，围墙上的鹅卵石，照壁脚下的花坛，仿佛彼此都存着一份心意相通。

银苍路上，有被挂牌保护的古民居大院沙家院，天井里青苔滑腻，白墙边翠竹已老，甬道深深，转角处一口古井，深不见底，寒意森森。这幢当年大理商会会长沙意的宅邸，算起来已经有一百多年历史了。据说，沙意当年为躲避战乱逃到大理，后来靠自己漂布染纱的手艺在大理古城取得立足之地，为了挣得盖房的银子，沙意甚至连一件好衣裳都没穿过。如今，这幢飞檐斗拱直指天际的

大宅里，沙家后代七个小家庭济济一室，五代同堂，其乐融融。最年长的杨老妈妈已经年近九旬，他们珍视祖产，把它称为“祖宗打赤脚漂布盖出的房子”。

明洪武年间，周氏先祖周能敕封大理指挥使，奉命督建大理城，而今，他的后人也住在古城银苍路上，虽然周家大院已经破败，但门头依然保留着龙凤和(莲)连升三级的五层镂空雕花，图案繁复，玲珑剔透，官宦人家的气势依稀可寻。据说，周家大院的大门上，原本还刻有“大夫第”三个大字，门前有石鼓、拴马桩、下马石，周家大院一共有三个大院加一个花园，真不知道周家的祖辈挨了多少“空腔”的煎熬，才建成这座四合五天井的大宅院！只是，那些曲折的遭遇，又如何经由那窄长过道、门廊雕花、天井地上零星的水渍来缓缓回放？好在，庭院里花草繁盛，一派生机勃勃，粉白、艳红的茶花都开着，静享这绵延百年，却又弥足珍贵的安闲生活。

若想热闹，喜欢凑人气，就转去复兴路吧，反正古城不大，随便从哪个巷口出来，走两步就到了复兴路上。

复兴路是一条步行街，北段安静，南段热闹，小酒吧遍地开花的“洋人街”在中段。那些酒吧，一家一个样貌，一家一种装修，有些很摇滚，有些很异域，有些很怀旧，难得的是，生意都好，酒保都英俊倜傥，调酒技术高超，小妹皆笑靥如花，在灯光下如蝴蝶翩跹。随便找一家，推门进去，沿吧台而坐，或干脆就在廊前，花间一壶酒，或者咖啡，喝得热闹也好，沉闷也行，总有相貌娟好的女子三三两两从面前飘然而过，长裙摇曳，齿白唇红，美丽明晃晃地耀眼。抬眼望见不远处的苍山，忽然间，一种幸福感便在街头无声弥漫。

但其实，洋人街上也不光只有热闹和招摇，比如启德唱片，比如漫

小贴士

交通 可乘飞机或火车到达。可先到昆明，再换乘汽车到达。大理人把古城叫“大理”，而州府和市府所在的新城叫“下关”，从下关火车站坐8路车可直达古城西门，客运站坐4路车到古城北门。

美食 大理白族的餐饮色彩纷呈，如同大理的文化一样多元化。大理古城的人民路号称美食一条街，无论中餐、西餐还是当地的白族风味菜肴都可以让游人大饱口福。洋人街（护国路）和博爱路上则主要以西餐和酒吧为主。当然有的酒吧或者咖啡厅里也经营当地特色的菜肴和小吃。梅子井酒家被认为是大理古城最具特色的饭店。

住宿 大理古城有很多富有情调的民居客栈、青年旅舍可供选择，条件都很不错，且价钱实惠，多人间每晚约40元/床。如果长住的话，也可商量月租价格，参考价格为普通客栈大床房或标间800～1200元，多人间床位300～400元，包水电网络等杂费。如果在古城内租房，单间月租1000元左右。

林书店，前者像进了庙堂，后者像到了自家书房——总之，一个转身，就逃离了凡尘俗世一般。启德的碟大多数是外文的，店里总在放着各种各样的外文歌，听不懂，但旋律和气氛一听就知是与宗教有关，掌柜说那是纯粹的印第安曲调，五声音阶，我临窗而坐，始终不明就里，但又不知为何，身心舒泰，在音乐造就的幻影里沉溺。漫林的书偏文学、艺术，甚至还有《纺织史》这样的冷门书籍，店里客人总是不多，整整两面墙的书，看久了，也许，便能跳出红尘万丈。

和“洋人街”一街之隔的小巷名叫红龙井，有清冽苍山泉水从小街上被引进古城，自此穿街绕巷，古城里便叮咚之声不绝于耳。红龙井号称“艺术巷”，有擅长波普的陶艺坊，有专心小清新木工艺品的而美工作室，有素斋一然堂，还有大庚和他的“濮茶坊”。除了卖普洱茶，大庚还帮别的茶商布置茶室，比如茶室里该添置些什么器具，如何充分利用现有资源节约成本，如何营造整体风格等等。总觉得大庚每天都很闲，今天品坝糯，明天喝润泽，后天又换一样古树红茶，对比着金丝滇红来喝，而后在周记里写“从叶底上来看，的确偏厚实舒展，汤色上也较为清透，但入口之后偏清……”时光就这样被一寸寸泡掉，做足了噱头却又不着痕迹。古城的夜晚，大庚身边总有几个喜欢喝茶的朋友，醒茶，出茶，润茶，冲茶，捧一盏符合心境与口感的好汤，茶事无住，回甘绵绵。

从复兴路往南走，往东拐，五华楼、人民路和护国路东段一带，摆地摊儿的渐渐多起来，卖新鲜石竹花的，卖烤饵块的，最惹眼的当属烤乳扇。这吃食的名字有些古怪，为什么能跟“扇”扯上关系？即使后来在双廊渔村亲眼看到人家晾晒乳扇，也还是不明白那样长长薄薄的条状物，有哪一分像扇面。大理人吃乳扇要涂了玫瑰糖，放在炭火上烘烤，一边烤，一边往竹签子上卷，拿在手上边走边吃，满口甜香。麻烦的是，玫瑰糖总是糊满嘴边而不自知，引得路人频频侧目，难免有些小尴尬。护国路东段，有白族菜馆一字排开，家家都自称砂锅鱼是招牌菜，一家的玻璃橱窗上书写着这样煽情的字：“吃鱼的小孩聪明，吃鱼的男人强壮，吃鱼的女人漂亮。”

这是在城的南边。五华楼上新装了LED大屏幕，一到晚上就循环放《五朵金花》，很热闹，看得多了，也有点无趣。便掉头，出了北城门，往才村码头走去，夜晚的洱海，水色潋滟，晚风也不疾不徐，拿捏得正好，月光正从东岸一寸一寸移过来，古城却在流动的花香中缓缓盹去，这时，你才会意识到，这里是一座皇城，又是一座佛国，既拥有风花雪月的诗意，又暗藏着云水禅心的淡定。

曾经，在复兴路街边听到两个外地游客谈论大理，其中一个道：“三线小城，就这样。”

哦，三线就三线，小城就小城吧，管它六百年前如何固若金汤，王威浩荡，又如何革囊渡江，一片狼烟——幸而那些都已尽数被风吹雨打去，三线，如今专门滋养如我一般的慵懒生活家，虽然家不在大理，却一个个似有根有底一般踏实。从这座小城里离开回来再离开再回来，大理，本就不是一个野心勃勃的城市，而我们，原本在一线城市里蓄就的那份咄咄逼人，终于也就蜕变成了温柔忍耐。

作者手记

❶ 古城不设门票，也不需要交纳所谓“维护费”。登古城城门和五华楼，需要单独买5～10元不等的门票。

❷ 相比丽江古城的热闹和喧嚣，大理古城便显得安静而质朴，只要不是黄金周和三月街期间，这里的餐饮、住宿都很便宜，而且很容易找到干净又便宜的旅馆。

双廊

——面朝大海，春暖花开

解读 双廊

一个遗落在洱海边的 世外桃源 ，位于洱海东岸，距下关35公里，被誉为“苍海风光第一镇”，三面环山，一面临海。此地的玉几岛、小金梭岛自然风光为洱海之最，两岛位于两廊之间的丽玲峰下，故名“拴廊”，清咸丰年间，人们认为“二岛”为“双”，所以将“拴廊”改为“双廊”。多年前，艺术家杨丽萍和赵青在此建造了别墅，由此引来了一批艺术家客居双廊。近年来，双廊出现了许多精致客栈，逐渐成为一个新的旅游度假胜地。

隐居指数：★★★★　　交通指数 ★★★

风景指数	★★★★★	民风指数	★★★★★	气候指数	★★★★★
环境指数	★★★★	生活指数	★★★	美食指数	★★★

地理位置：云南省大理白族自治州大理市

总体评价："苍海风光第一镇"，三面环山，门临洱海万顷碧波，古色淡雅，风情浓郁。

亮　　点：古人诗赞双廊"目极湖山千里外，人在水天一色中"，面朝大海，春暖花开，鱼翔鸟飞，花期不断，人居环境绝佳。

缺　　憾：上档次的饭店较少。有的地段卫生较差。生活配套设施欠缺。开发潮气焰日盛，双廊的白族风土人情、宗教文化也不可避免地被日益削弱。

从大理古城往双廊，差不多正好绕洱海半圈。

古城在西，双廊在东。站在双廊海边，一抬眼就是苍山，山顶早已染了雪迹，沉默地伟岸着，而脚下的洱海，水的碧波里满是闪闪银色，活脱脱一个小女人活泼的模样。

深秋与初冬接驳的午后，双廊的人们都各自在阳光里沉沦，酥软，时间便无端变得有些沉寂，迟缓。若在此时绕过玉玑岛上弯弯曲曲的小石径，很可能会遇不到半个人影，路的尽头是水波荡漾，无声，柔媚，偶尔一只雪白的鹭鸟在温暖的水面迷飞，高高低低，一条独木舟忽地从礁石背后划入视线，继而渐行渐远，连船桨撩水的咿呀声，也只能全凭想象。

双廊以前叫拴廊，名字土土的，但鹅卵石和青石板镶嵌而成的街巷，至今都无比清亮干净，沿着街道走进去，靠右手的一边，每隔几幢房子，就有一条细长巷口，视野窄窄地望过去，便能看见一线水色。

双廊那些很有趣、很特色的大小客栈，就藏在这样的小巷尽头。

还有艺术家们的居所。

杨丽萍和赵青的三幢后现代别墅，占了双廊玉玑岛上最好的位置，太阳宫、月亮宫和青庐，都是赵青的设计。条石、钢索和玻璃，在礁石之上交错相融，有个性，但突兀，毕竟不是土生土长的产物，总觉和整个双廊有些拧巴。

月亮宫有一条钢构的玻璃长廊，伸展在礁石最前端。据说，月朗水静的夜晚，杨丽萍常会面对苍山洱海，在此修禅打坐。青庐共有六间房，全部是复式，精致，优雅，但太有设计感的东西，难免就有了些拒人于千里之外的冷。更何况，青庐总在强调以最出尘的姿势严格地挑选客人……

不过，倒是很喜欢杨丽萍为沈见华的《双廊双廊》写的序："……其实到这里并不是遗世孤立，但浮躁的心必须安宁，你在这儿的确能体会到人生的静谧，能安于静谧的人有福了。恬静是心灵的氧吧，而停泊需要一颗朴素淡泊的心。一个明智的人应当找一个僻静优雅的去处，放松心情，放松生活，如此这般便知简单的生活如此馥郁，沉寂的人生如此芬芳，而双廊正是这样一个去处……"

沈见华也是客居双廊的艺术家之一，他在双廊租了临湖的半亩地，自建的房子名叫白居，离杨丽萍妹妹开的粉四酒店不远。一幢灰色的两层小楼，屋内像个LOFT展厅，空间高挑，开敞，屋外的阳台正对洱海，里面住着沈见华和他的太太秋秋、女儿莺莺以及小狗阿景。

沈见华不像杨丽萍和赵青那样予人"不食人间烟火"的印象，正相反，这个整天戴着金边小眼镜儿的上海男人，很热衷于跟双廊村民打交道，参与村子里的各种活动，免费帮村民拍照，还收了定龙、大力等若干白族孩子为徒，免费教他们摄影、画画。2012年春节，沈见华和定龙他们在白居搞了个"双廊白族农民画展"，红色的请柬上写着"特别欢迎奶奶大妈

小贴士

交通 可先到大理下关，下关客运北站有到双廊的专线中巴，从早上8:40到下午17:30，大约每隔40分钟一班，票价17元，这趟车沿线招手即停，若住在大理古城，可在古城东门附近路边等车。建议从古城骑自行车经喜州去双廊，这是环洱海骑行线路的精华路段。

美食 双廊的餐厅不多，这里的客栈都兼营餐饮，客栈的餐厅大都占据着最好的海景位置，看着星星月亮和碧水阳光吃饭，心情也会特别不同吧。玉玑岛入口往游船码头方向拐，有几家白族菜馆，其中渔村生活的生意最旺。玉玑岛上有一家"白族文化大院"餐馆，掌门人赵煜隆，是当地政府推荐的做鱼世家的传人。

住宿 双廊客栈很多，推荐海地生活客栈（0872-2461762），在大建旁村，有类似青年旅舍的多人间床位也有高中低档的房间，需提前较长时间预定；沧海一粟客栈（0872-2461718）档次较高，房价也高。有一家榕驿青年旅舍（18487508331），多人间每晚35～45元/床。

前来白居参观展览”。

与沈见华比邻而居的，是一个名叫林粲的广州男人。

2007年，建筑师林粲卖掉了广州的房子，买下了洱海边一块空地20年的使用权，他带着妻子梧桐和三岁的女儿其其，开始在双廊建筑自己的梦想。最终，这栋房子在2009年春节过后落成，林粲在露台下面的水中，放了一块铜匾，“寄蜉蝣于天地，渺沧海之一粟”几个大字闪闪发光。

小四合院正临海，半开放式，正堂两层，左右两厢原本都是一层，后来隔壁有一家建了三层，为了追求视觉上的协调，右厢也只得加高一层。露台在最接近洱海的地方，被有意设计成低于院子，这样，涨潮的时候，洱海潮水可以冲上露台，沿海边一排木板，躺椅，吊床，茶座，很舒服的午后阳光。

用林粲的话来说，这是一件质朴的作品，内敛，缜密，没有过分花哨雕琢的细节，他的理想就是建造一所梦想的家园和一个舒心写意的客栈。除了有得天独厚的自然环境和温馨质朴的院落之外，更重要的是一种对美好的坚持和无华的生活态度。

沧海一粟总共有9个房间，林粲一家自住的套房在主人长期外出的时候，也可以提供住宿。这里的每个房间都通风透亮，即使阳光猛烈的下午，房间里仍然凉爽怡人。客栈有一狗一猫，狗叫小黑，猫叫小白，小黑每天都故作深沉状，小白则没心没肺，上蹿下跳。而林粲自己，则通常都是宅在房间里看书睡觉，或是提着小卡片机四处拍照。这里既无电脑又无电视，他的生活简单，但很愉快。

2012年，林粲因为痛风病发作而滞留广州数月，立刻便有人"觊觎"他在双廊的沧海一粟客栈，询问是否考虑转让，"吓"得林粲赶紧出来表态——等康复到能够启程即回去。

玉玑岛外围和双廊边上大建旁、岛依旁这些小村子里，这些年不断有各路文青前来，建起了许多小客栈，全都隐约透着些小资气质，舒服，也亲切，是背包客的菜。

比如海地生活。

海地所在地已是双廊的最边角。客栈正在水边，三幢白族民居风格小楼，一号和三号楼各有院落，二号楼连一根篱笆都没有，就这样开怀迎海。此时，夕阳的光束正打在水面某处，二号楼的楼顶平台上坐满了人，都静静地，对着夕阳出神。

这里是整个双廊夕阳最美的地方，连小说家苏童都说，"在漫天金色的夕晖中，我被震撼了。"

"海地"有两个年轻的合伙人——家明和震伟。家明是江苏扬州人，震伟来自内蒙古。家明是客栈的创建人，他17岁开始背包闯荡，至今仍酷爱户外运动，好玩儿，有想法，但不喜欢操心琐碎细节，震伟正相反，坐得住，人又细心，这样的两个人凑在一起，堪称绝配。

"海地"符合背包族对于海居生活的所有想象——一面湖水，透明阳光，四季鲜花，清新空气，价钱不贵。这里床单洁白，做饭大婶亲切如自家姨妈，还有一条体型庞大性格温顺的金毛犬。

还有关键的一条，就是有趣。

家明在客栈附近靠海的地方打造出一块岩壁，喜欢攀岩者可以在那里可劲儿地捣腾，三号楼的门前，摆着一地的单车和翻扑在地的皮划艇，五颜六色，这是家明为"海地铁人三项"购置的器材。按照他的计划，"海地铁人三项"的参与者，要先从"海地"骑单车沿洱海环至挖色镇，再从挖色划皮划艇到"海地"，然后攀岩，不过我觉得，这对一帮跑到双廊来躲懒发呆的家伙们来说，几乎是"不可能完成的任务"。

但家明依然喜欢"不一样的感觉"，后来，他又租下了苍山半山腰处一幢别院，取名"高地生活"。家明和他的妻子就把家安在了那里，他们的家被松林环绕，一池鱼，一只猫，一条狗，外加四个善良的人。

不知有多少人艳羡家明"爱山的时候上山，恋水的时候拥水"。

乐活慢享，历来都是简单明了，却又如此遥不可及。

入夜，晚风拂过露台，树叶随风摇摆，想着双廊小村里的鸡鸣人迹，青色的瓦和檐上的草，我的心底也不禁起了暗涌——神啊，我也多么想在此拥有一间面朝大海春暖花开的房子，从此厮混水边，沉溺于山水相伴，看鱼翔鸟飞，花期不断，饥时食困时眠，听吟唱风格的CD，看翻得卷了边起了毛的书……真是一种好无聊又好有安全感的生活呀，在生活的路上拳打脚踢太久，且让我在双廊丢盔卸甲一回。

作者手记

❶ 双廊属于慢慢消磨时光的去处，完好保留了白族民俗，一边临海，一边靠山，村寨错落有致，青瓦白墙，千年白族生活，民风淳朴，平静美好。在小街上闲闲地逛悠，串门，聊天，是一件非常惬意的事情。

❷ 大建旁村有本主庙，逢初一、十五都有祭祀活动，白族大妈们早早就在大殿后面的厨房里准备祭品，一边聊天一边说笑，场面很有情趣。

❸ 双廊街边和一些客栈都有自行车出租，可以租辆单车往周边挖色、海东等地走走看看，但如果只在双廊活动的话，步行最好。

❹ 双廊以东20公里处的挖色镇，是另一处美丽的白族小镇，这里低调地隐藏着许多古迹，现在依旧保存在大理古城的白族"三月街"传统，最早便起源于挖色镇的大城沙漠庙附近，也因此，挖色现在每半个月一次的赶街异常热闹。

诺邓

——“四滴水”里的安居

解读 诺邓

国家级历史文化名村，云南现存最古老、保存最完整的一处白族村落，是云南著名的五个盐井之一，一度是滇西地区的经济重镇。解放后，海盐大量开发，诺邓失去了盐这个经济支柱，从此逐渐衰落。村中现有滇西最集中的明清古建筑群和明清文化遗存，保存着一百多座依山构建、形式多变、风格典雅的古代民居院落。民居依山而建，上边家的门口往往是和下边一家的房顶同高。诺邓火腿是云南三大名腿之一。

隐居指数：★★★　　交通指数：★★★

风景指数：★★★★　　民风指数：★★★★★　　气候指数：★★★★★

环境指数：★★★★★　　生活指数：★★★　　美食指数：

地理位置：云南省大理白族自治州云龙县

总体评价：诺邓村是云南现存最古老、保存最完整的一处白族村落，村子虽小，但底蕴深厚。

亮　　点：除了历史悠久，别有一番沧桑之美，这里还有纯天然美食和层层叠叠的四合院，民风淳朴，生态和人文环境绝佳。

缺　　憾：交通不便，几乎没有医疗教育设施。生活配套设施欠缺。

在诺邓的几天，是远离尘嚣的。

住在药师黄金彪家，已经快到北山山顶了，客栈的名字很朴素，叫古村吃住店，用泥巴捏了个招牌在大门旁边的墙上。门口有宽敞空地，大青树下，石桌石凳，粗陶茶具，来来往往的人，都可以坐下来喝上一杯。茶是黄金彪自己配的，古方药茶，味道苦苦涩涩，淡淡回甘，若喊苦，黄金彪就会像医生安慰病人样轻声细语地劝服说“苦点才好，润肺清热”。

喝完了药茶，便在村子里来回反复地走，沿高低不平的石板路，从北山走到河东，山下古盐井，山上玉皇阁，银匠旧居，道长月台。河东贡爷院里有屋梁焚烧痕迹，说是清代发生的火灾所致，奇怪的是，当时贡爷家中无人，火却仅毁一梁。文庙里的孔子塑像布衣芒鞋，邻家老爷爷一样，比内地大成殿里帝王衣冠、作势拿调的夫子可亲可爱多了。

古盐井，却是只剩两口四方小井了。工人们正在施工，在盐井四周砌出一个深坑，井边围蔽木笼。是呀，食盐早就不再是什么稀罕的物件了，也不再有马帮为了盐巴而跨越千仞高山，万丈深谷，于是，古老的“诺邓井”就成了标本，再也不会有人搭灶扯水，熬卤成盐。而就在上世纪五十年代，这里还有“国营盐厂”，每天早晨，从北山的村道俯瞰，山谷底部的盐厂冒出一股股白气，在苍绿的古树间盘旋萦绕。

住在河东万寿宫里的杨老爷子，总喜欢到盐井工地上来转转，我去的几次都碰到他。

诺邓人都说万寿宫是村里最古老的房子，特地去看却有些失望，房子肯定已经不是明时的寺庙建筑，看上去和普通民宅没有区别，年近八旬的杨老爹老两口住在这里。明嘉靖年间重修禅殿的石碑，就嵌在堂屋的墙壁上，系着红绸，供着香案，成了镇宅之宝。杨老太太慈眉善目，整天坐在家门口纳鞋底，杨老爹曾经中风，耳朵也背，行动不便，但是只要看到游客到来，他总是精神百倍地指着墙上石碑，声音洪亮地予以解读，老爷子总喜欢说，要不是为了守着这块石碑，他早就搬去跟孩子们住了。

诺邓的民居，分为北山和河东两部分，北山在山上，重楼层叠,河东在谷底，稍见平阔，因而河东的宅院宽大，而北山的院子小巧。相比之下，我更喜欢北山，前后人家楼院重接，台梯相连，古老的夯土院墙，虽破败，但却别有一种错落美。

杨大妈家的祖屋就位于北山半山腰处，墙上除了门牌号85，还有“云龙县文物保护单位”的牌子。一天下午，碰巧遇见她回祖屋祭祖，若在平时，这幢小巧的四合院落便是整天落着锁的。

这样的四合院，诺邓人称“四滴水”，意思是说前后左右屋面有四重瓦檐上下层层递接。诺邓在山上，房屋只能因山就势而建，正房与厢房、面房往往不在一个平面，无端便有了起伏的美感，小青瓦，夯土墙，虽不廓落，但檐头和滴水上的装饰却丝毫不曾马虎。梅花纹、福禄寿字纹、双凤、莲花，和屋瓦上厚厚的绿苔一起，就这样款款地映入眼帘。

沿狭窄木楼梯，上到空落的正房二楼，只见墙壁黧黑，祖宗龛和佛龛皆是凿墙镶嵌，陈年老木，加上烟火熏染，已看不出上面镂刻的花纹，但楼板却是新铺的，做工粗劣，和老旧的墙极不协调，墙角还堆着一些未及

小贴士

交通 可先到大理下关，下关兴盛客运站每天从早上7:30到下午16:30，共有14班车发往云龙，约4小时车程。云龙到诺邓没有班车，只能包面的或乘坐三轮车。

美食 诺邓村里没有专门的餐馆，家庭旅馆有两家，一个是古村吃住店，另一家是古井客栈。古井客栈院落较小，但系酿酒世家，气氛温馨古朴。古村吃住店门前大青树，屋旁就是世大夫第的青砖牌楼，空间开阔，感觉也很舒服。两家都只有多人间，20~25元/人，若搭伙吃饭，10元/餐，点菜另计。

门前石磨，门里安详人家

使用的复合板。

早在几年前，云龙县就计划按照“沙溪模式”，对诺邓进行抢救性修复，文管部门对具有保护价值的老房子进行了勘察，并分别挂牌，杨大妈的祖屋也在此列。“县上派人来勘察了好几次，还不准我们随便拆，也不能起新房子。”但勘察之后，谁来修复，怎么修复，却没有具体方案，经费也成了最让人头疼的大问题。后来，县里又提出租赁杨大妈的房子，由政府出资维修之后开办家庭旅馆，虽然每年的租赁费不过区区几千元，但对杨家来说，有人出钱修房子已经让他们满足，于是，维修便大张旗鼓地开始了。“谁知道，刚铺了楼板，施工队就不来了，说是县上换领导了，政策又变了，这一停就是一年，还不知道啥时候有着落呢。”望着眼前的“烂尾”工程，杨大妈有些无奈。

而我，却居然有些庆幸。若诺邓没有沙溪幸运，遇不上雅克博士和黄印武建筑师，那么，与其被粗糙翻修，倒不如就一直这样老朽，直到坍塌吧，至少，

它会老得干净，不至被廉价涂料污了沧桑，最后不得不沦为毫无生气的无聊摆设。

黄昏的时候，我一般都在黄金彪家门前的大青树下捧着一杯药茶闲坐，我喜欢看骡马驮着东西，沿着坑洼不平的石阶，三三两两穿过那道世大夫第的青砖牌楼，那让整个村庄更有了古旧生动的气韵。晚饭一过，来找黄金彪看病的人就多起来了，有老有少，我便跟在他身后充当“助手”，递递药瓶，拿拿药膏，山里人生病少，治疗的方法也简单，要么熬草药要么打点滴。

黄金彪是诺邓村里唯一的医生，祖传医术，南厢房二楼整个做了药房，百子柜也是祖上传下，色泽灰黑，几近炭化一般，阁楼上一包一包用旧报纸包着的，都是自己配制的药茶。黄金彪每天都很忙，走医出诊，夏秋季还要自己上山采药。黄金彪的妻子也懂医术，但她在村里小学承包食堂，每天早出晚归，平时基本不过问诊所的事情，丈夫出诊或采药的时候，她要给来家看病的乡亲拿药输液。十年前，黄金彪有过进中医学校进修的机会，可是却走不开，“我要是走了，村里有人病了怎么办？”黄金彪只得让妻子代替他去大理进修。“她进修回来了，又跑去搞食堂，浪费了。”黄金彪没有徒弟，两个女儿也都不大可能随他学医，因为乡村医生既辛苦又没有什么前途。“有时候我也不想做了，可是村里人病了，总得有人医，没办法，不能不做。” 他总说，下辈子我要做个穿鞋的医生。

夜凉了，整个诺邓古村就陷入无边的静，仿佛所有的声音都消失无踪，只有寂静轻轻敲打夜空，纯粹的黑暗中，我已不想辨识自己的方位，只是努力倾听这古老的夜的声音，心无所求……

作者手记

❶ 诺邓村子虽小，但底蕴深厚，村子里可看的东西实在太多，值得细细游览、品味。

❷ 诺邓古村民风极为淳朴，随便走进一户人家，都可以受到热情招待，记得要带着一颗朴素善良的心去诺邓，而不要将城市里斤斤计较、处处金钱的坏习气带进村里。

❸ 云龙有班车发往保山、六库，若要去腾冲和怒江沿线旅行，可以考虑从云龙乘车前往，但班次不多，记得提前确认时间和车票。

沙溪

——茶马古道的集市时光

解读 沙溪

历史悠久的千年古镇，茶马古道的重要驿站。这里山清水秀，气候宜人，物产丰富。古镇作为离盐井最近的茶马古道集市，曾被称为茶马古道的盐都。寺登街是沙溪的灵魂与核心，是一个集寺庙、古戏台、商铺、马店、古树、古巷道、寨门于一身、功能齐备的千年古集市。2001年人选《101个世界濒危建筑保护名录》，该名录中指出："中国沙溪（寺登街）区域是茶马古道上唯一幸存的集市，有完整无缺的戏院、旅馆、寺庙、寨门，使这个连接西藏和南亚的集市相当完备。" 特产有地参、松茸等。

隐居指数：★★★★★　交通指数：★★★

风景指数：★★★★	民风指数：★★★★★	气候指数：★★★★★
环境指数：★★★★★	生活指数：★★★★	美食指数：★★★

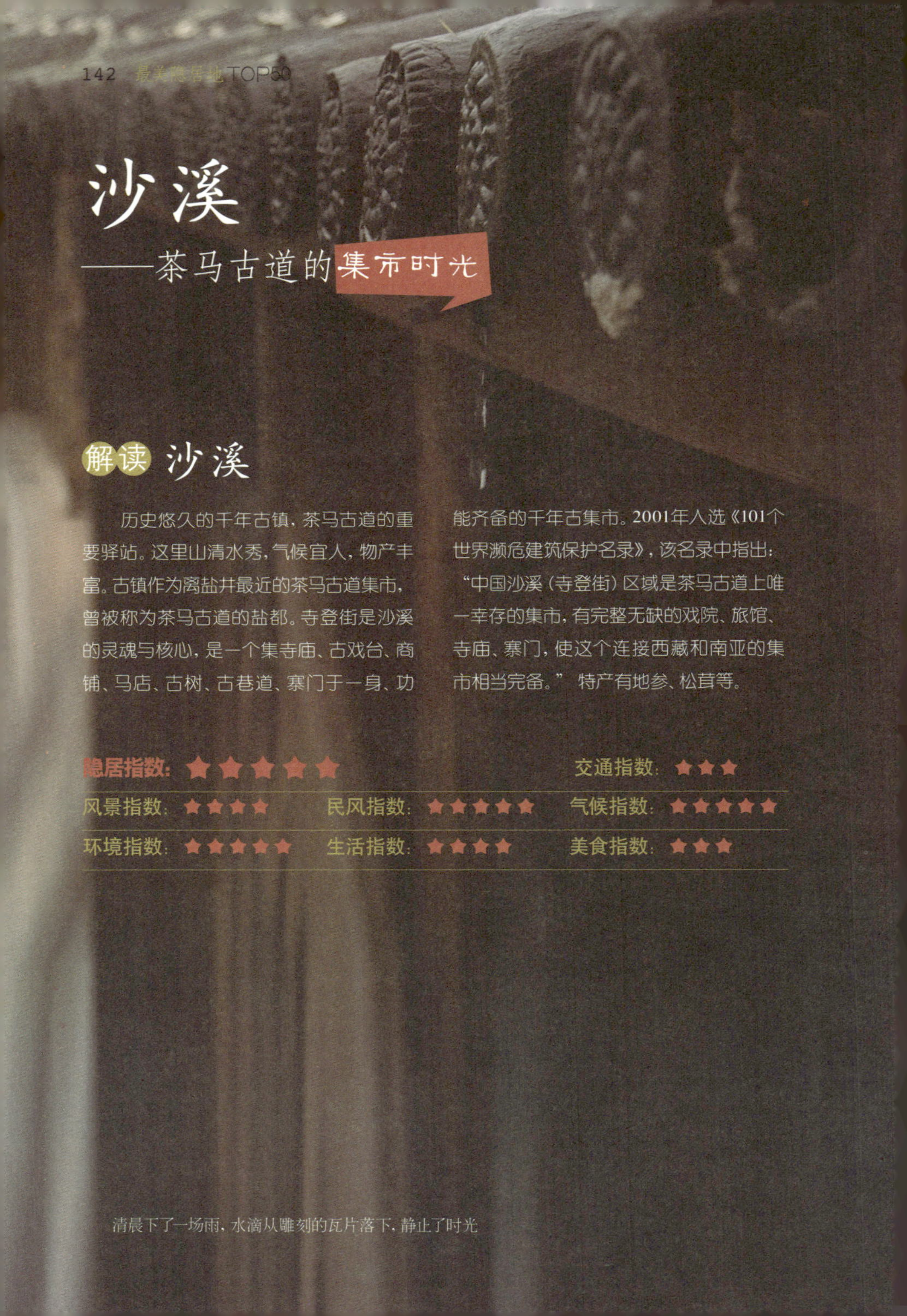

清晨下了一场雨，水滴从雕刻的瓦片落下，静止了时光

地理位置： 云南省大理白族自治州剑川县西南部

总体评价： 一个青山环抱的小坝子，这里山清水秀，气候宜人，物产丰富，它丰富而深厚的内涵，是需要静下心来慢慢品味的。

亮　　点： 没有嘈杂的人群扎堆，没有繁花似锦的古城辉煌，这里只有一个小小的四方街，却是那么的古朴、悠远。

缺　　憾： 文化和教育设施欠缺。

夜晚到达沙溪寺登街。街上路灯如豆，正是天光黯淡，马蹄声寂。四方街边几家咖啡店的红灯笼点亮了，加上古戏台的轮廓灯，站在路中间，兀自想象，几百年前，这里有三日一小集，五日一大集的热闹。兴教寺前，那盏当年由镇子上家家户户轮流点燃，声言永不熄灭的"天灯"，终于还是在某个早晨悄然熄灭，并且再也没有点亮过。

记得四年前来寺登街时，三家巷客栈的欧阳海育大叔曾经指给我看，兴教寺门前石狮身上果然有个圆形的小孔，那里面原先撑着一根红色木杠，上面挂一盏很大的油灯，防风防雨，村民轮流值守，每天太阳落山的时候，值守户便要往灯里加油、点灯，第二天早上把灯熄灭，再交给下一户值守。

那一年，寺登街刚开始收门票，为了帮我们省下门票钱，欧阳大叔特地在黄昏的时候带我们去四方街，暮色中的古街异样静谧，人迹稀疏，兴教寺的古朴恢宏之气迎面扑来，戏台下，只有几个少年在滚铁环。欧阳大叔指着门前那个点"天灯"的小洞说："那是寺登街的守护灯，夜里对面山上赶路的马帮看到它，就知道歇脚的地方到了，才有力气继续往下走。"

四年后，再来寺登街，这里的门票已经取消了，欧阳大叔的白发更多了，他的身形也益发消瘦。三家巷院内依然花木繁多，干净敞亮，早上起来，就见北京来的一对小情侣双双仰在躺椅上，听树上各种小鸟叽叽喳喳叫个不停。庭院里，石榴树花开得正盛，大理菊大得惊人，月季花也秀丽，欧阳大叔手工制作的绢梅花似乎一并散发着芳香，他的儿子正在院子里忙碌，打扫树叶，修剪兰

小贴士

交通 大理下关汽车客运北站每天从6:25到19:00每隔15分钟发一班车往剑川。丽江客运站每天有6班车开往剑川。昆明西部客运站也有班车发往剑川。剑川客运站门口有微面专门跑沙溪，客满即走。

美食 这里没有什么像样的餐馆，通常游客都是在客栈里吃饭，各家旅馆都有自己的特色，或白族家常菜，或西式套餐。四方街一带开了几家咖啡吧，供应咖啡的同时，也可提供简单的西餐。

住宿 沙溪的客栈有不同档次，既有当地人开的普通客栈，如三家巷客栈（电话：0872-4722171），也有青年旅舍，即马圈-46客栈（电话：0872-4722299），还有条件好些的客栈，如58号小院（电话：0872-4721358）、叶子的家（电话：0872—4722282）。

草——陋巷深处谁家院，何处门墙几度春？

提起沙溪，寺登街，不能不说黄印武，建筑师。他毕业于东南大学，留学瑞士联邦理工大学，2003年起担任沙溪复兴工程瑞士方代表，在沙溪做具体的建筑保护工作，一做就是八年。在充满了媚俗商业符号的古镇复兴运动中，黄印武和他的团队在沙溪，以考古式的严谨修复古建筑，力图完整地保护沙溪的每一个历史片段。

正是因为黄印武的努力，才让寺登街避免了沦为修旧如旧的"假古董"结局。

最典型的例子是兴教寺的修复。

兴教寺是我国仅存的白族密宗阿吒力佛教寺院，也是寺登街保存最为完整的古建筑之一，寺登街形成的原因，不是因为马帮，而是因为兴教寺，这里曾是千里奔波的马帮们精神寄托之所在。

兴教寺现在的格局是，沿中轴往西有门楼、过厅、二殿和大殿，依次构成三个院落，空间逐渐扩大，标高逐步提高。过厅位置原来是观音楼，1921年和兴教寺大门一起被土匪一把火烧毁，后来就在原来的位置简单建了几间民房。现在的门楼，在2003年以前一直是乡政府办公的地方，而大门的最早样式也无人知晓，对兴教寺进行修复，需要对兴教寺的大门进行重新设计。黄印武认为，四方街的整体性最为重要，所以不能因为兴教寺大门的重建而改变四方街的历史格局，他的新设计就保持了原有办公楼的大体样式，并在大屋面之下加盖了两间

欧阳大院的正门

四方街上的古戏台

小披檐，安排了哼哈二将站在檐下，这样，兴教寺便能与周边民居的尺度取得协调。

1915年，沙溪开办高初两等小学，兴教寺大殿两侧厢房被用作教室和宿舍。解放后，大殿周围檐廊被分割用作宿舍，大殿内改作礼堂，五方佛在破四旧的时候皆被推倒砸碎，只留下其中三尊佛的一张照片。幸运的是，大殿内的精美壁画，被当地村民抹上一层白灰保护了下来，虽说这样的保护方式难免会给壁画带来了很大损伤，但能逃过浩劫，已是万幸。这20余幅明永乐年间绘制的壁画在兴教寺大殿四周外山墙顶部，均出自沙溪甸头村白族画匠张宝之手，色彩鲜艳，宗教色彩极是浓厚。

从兴教寺出来，隔四方街正对着的就是魁星阁戏台，这是整个寺登古街的标志性建筑。古戏台建于清嘉庆年间，飞角高挑，却已经寂寞如斯。不过，现在来寺登街的游客已经明显比四年前多了许多，外国人、中国人，都在四方街、古戏台一带游走，用各种不同档次的相机，对准寺登街的每一个角落。古戏台下，依然有小男孩在嬉戏，一个小女孩儿坐在街面窗台上一言不发，老人坐在家门口默默抽着水烟，妇人们还在幽暗的屋子里纳鞋底。

四方街中央是株三百多年的大槐树，树影巨大，甚至遮住了兴教寺的门。现在，这里开了一家咖啡吧，老板张锡飞，老板娘叫小芹，都已两鬓斑白。老两口来自深圳，因为厌倦都市喧嚣而隐居于此，他们自制的咖啡和烘烤的面包很香，让人闻到就走不开。小店生意很好，经常连门口都支起桌子，游客们在此来来去去，聊天玩乐，活像当年那一批又一批的马帮，在傍晚时分，坐在小摊前喝酒嬉闹。

四方街四周，那些古老的民居建筑群现在都成了一些客栈、酒吧和商铺，都是近几年外地人来沙溪搞起来的，叶子的店、老街小屋、爱伦酒吧、沙溪老马店、58号小院、古镇鞋铺、语溪、木刻店……好在，寺登街上的酒吧都还安静，陈设上也都各具特色，黝黑老屋里，几把鲜艳油纸伞，几盏式样别致的灯，小书架，小摆设，古朴雅致，让人心安。

寺登街上最有名的欧阳大院也开始做起了客栈生意，自称“半院主人”的欧阳盛先每天都叼着烟斗，在属于自家的那半边院里悠闲踱步。

寺登街沉寂多年又热闹起来，欧阳家的后人也试图把大院变成仿古客栈，但自从2008年欧阳大院被评为世界濒危保护遗产之后，几兄弟之间便为家产而反目，争得不可开交，开发之事无限期搁置，欧阳盛先只得先将自家的两间房改做客房——而另外的半边院，依然处在无人打理，年久失修的状态，当年的琉璃瓦当更显古老沧桑，房顶上荒草更深，岁月流转，在这里体现得尤为明显。

作者手记

❶ 沙溪很小，若只是随便逛逛的话，半天足矣，但其实，它丰富而深厚的内涵是需要静下心来慢慢品味的。

❷ 寺登街有东、南、北三个寨门，却独独没有西门，这是因为商旅行路之人有忌讳，“西门”便是上西天的死亡之门，大有避忌。出了东寨门，远远就可望见黑潓河上的玉津桥。

❸ 欧阳大院是这里最吸引人的老民宅之一，被称为“茶马古道上的五星级马店”。现在，进去参观要付给主人家5至10元不等的费用。

泸沽湖

——女儿国仙境

解读 泸沽湖

被誉为“东方女儿国”，仿佛一颗硕大的蓝宝石镶嵌在丽江宁蒗县北部永宁镇和四川省盐源县泸沽湖镇的万山丛中。泸沽湖最神秘之处还要算湖畔的摩梭人沿袭至今的走婚制。摩梭人有着沿袭两千多年母系氏族阶段的历史，是当今人类历史上最后一个母系氏族部落，男不娶、女不嫁的“阿夏”走婚形式一直延续至今，这在全球都是绝无仅有的，所以泸沽湖的摩梭人享有“人类母系社会的活化石”之称。美食有猪膘肉、 苏里玛酒、酸鱼、烤鱼干、牛头饭、猪肠血米等。

隐居指数：★★★★ 交通指数：★★★

风景指数：★★★★★ 民风指数：★★★★★ 气候指数：★★★★★

环境指数：★★★★★ 生活指数：★★★ 美食指数：★★★★

地理位置： 云南省丽江市宁蒗彝族自治县

总体评价： 一个远离尘嚣的美丽湖泊，如诗如画的旖旎风光，亘古独存的母系氏族遗风，那些散落在湖畔的古老小村庄，恬静、安详，与世无争。

亮　　点： 湖光山色无与伦比，摩梭族的传说又令它平添几分神秘色彩，环境优美，宛如仙境一般。

缺　　憾： 由于地处偏远，基础设施相对落后，云南一侧的几个村落开发程度较高，游客云集，商业气息有些浓厚。

从泸沽湖回来后，一直都对那些所谓的旅游策划者们耿耿于怀，恨他们为何要热炒所谓"走婚天堂""摩梭艳湖"这样的名头，生生给这个如高原蓝天一样纯净的地方披上了脂粉外衣，满目俗怆！

只可惜了那一湖的蔚蓝，还有宁静美丽的村庄，淳朴亲切的人。

我以在城市里逛街、散步那样的速度，一个人走在泸沽湖畔的山间公路上，从里格到尼塞、小落水、达祖、里拜、洼夸、格萨、博瓦、五支洛、博树、扎俄洛、密洼、山南、舍垮、大落水……那些散落在泸沽湖畔的古老小村庄，藏族、彝族、纳西族、摩梭人、普米族共同生活的地方，恬静隐藏于湖光山色之中，虽历经沧桑历练，却仍对世界呈现出一张干净的笑脸和透明的心。

到泸沽湖的第一天，我住在里格，那些精致的客栈绝大多数是由外地人经营，基本见不到几个真正的当地人，里格在我的感觉里，更像是一个度假村——当然，这里的确很美，尤其是早晨轻雾缭绕之时，里格半岛若隐若现，宛若仙境一般。连接半岛与陆地的，是一条仅有两米多宽的小路。这里的临湖客栈，景色很棒。里格的生活实在闲得发慌，很多人白天闲着无事就绕湖转，晒太阳，到了夜晚，随便找个地方坐下，看星星看月亮。很奇怪，夜晚的天空一片晴朗，可是早上就偏偏云雾四起了。

从里格一直往西走，小落水村是云南境内泸沽湖边的最后一个村庄，顺着公路边的斜坡下去，宾玛家的客栈“格姆山下”是第一家。门前短篱，院子里开满了一蓬蓬的野菊花，小小的橙色花朵，密密麻麻挤挤挨挨，特别动人。宾玛的母亲站在门口，远远地就向我招手，我满怀歉意地说自己不是来住宿的，老人家叽里咕噜跟我说着什么，可是很难听懂，正迷惑间，宾玛出来了，笑着说：“我

妈跟你说，不住也可以进来坐坐嘛，喝杯茶，歇一下。”宾玛家的院子很大，干净舒爽，我们就坐在那里一边聊天一边晒太阳。

后来我才知道，宾玛是小落水村的村长。宾玛家有八兄弟，他是老四，这家客栈是兄弟几个花了十几年的心血建造起来的，也是他们给老母亲建造的家。宾玛家的八兄弟是由两个爸爸一个妈妈所生。现在，母亲早已经荣升祖母，在家里有着至高无上的威望，家庭客栈主要是宾玛和五弟、七弟在打理，老八还在念大学，其余几兄弟也各有各忙。兄弟们很团结，家里唯一的女人就是他们的母亲，打扫房间洗衣做饭，都是男人们自己干。

离开小落水村，过了杨二车娜姆博物馆，就是四川界内的达祖村，也是我喜欢的一个纳西古村，可能是宣传的力道不够，四川一边的泸沽湖，游客显然很少，但也更具有宁静的山乡韵味。进村之前是一段长长的山腰公路，能见到大半个泸沽湖，开阔、纯净、安宁，用多少美丽的词汇去形容都不为过。村口湖边，停泊着一艘小木船，、渔家正在将今天的渔获卖给客栈老板娘。不远处的小码头旁，有妇人正在洗衣服，平静的湖水泛起一阵阵的涟漪，见我来，脸上满是微笑友好。她叫拉初。后来她邀请我去参观祖母房，起初我有些犹豫，见我面有难色，拉初爽快地说“放心吧，不收钱”。一句话，让我好生为自己的防备心理感到惭愧。

小贴士

交通 丽江中心客运站每天上午有两班大巴开往泸沽湖大落水村，车程约7小时。

美食 泸沽湖的餐饮总体来说很方便，大落水、里格都有很多餐厅，以四川风味为主，还有一些小吃店，价钱都不算贵。在其余村落里可以在客栈主人家搭伙吃饭，特色菜肴当然首推猪膘肉，还有苏里玛酒。

住宿 泸沽湖的旅行住宿地主要集中在大落水村和里格村。前者开发较早，设施比较完善，湖边排列着一家挨一家的客栈和酒吧，可谓泸沽湖旅游的一个大本营，旅游团队大多在此安顿；后者较前者稍远，开发也较迟，但更受自助旅行者青睐。泸沽湖沿岸的村庄里几乎都有客栈，特别推荐在小落水、达祖、里拜、鸟觉、洛洼投宿，游客少，价钱合理，更重要的是，村子里有生活。

拉初家是一座典型的纳西族四合院，祖母房是正房，一间幽暗而神秘的木楞房，神龛在最显眼的位置上，神龛的前面是上火塘。我坐在火塘旁边的位置上，这是摩梭人家的规矩，女人一般不能坐在火塘上方正对着门的位置上的。祖母房的一个角落里，摞着两具完整的猪膘，有头有尾，像两只正趴着睡觉的活猪，摸一下，硬得像石头，有些部位已经发黑，看上去已经过了很久的样子。拉初说猪膘肉是存放的年代越久越好吃，甚至有"千年猪膘"的说法，她家的这两只猪膘都不超过五年。后来在格萨古村碰上剌次尔家杀猪，院子门口支着案子，大大汽油桶做成的炉灶里柴火噼啪旺烧上，上面一口大锅，开水早已沸腾，猪已经吹圆了，几个壮汉舀水的舀水，褪毛的褪毛，忙得满脸汗水，不到一顿饭的工夫，大肥猪就收拾得干干净净。我问这是要做猪膘吗？剌次尔说不是，是要庆祝新屋落成，猪膘肉一般都是在腊月里才做，那时便是"杀猪节"，是摩梭人一年里最重要的节日之一。

泸沽湖的第二晚，落脚在鸟觉，也就是游客们口中的赵家湾，这是我在整个泸沽湖看到的最美丽的一处湖湾，绝对可以用惊艳来形容。整个湖湾不过百余米，曲线极优美，一个码头，两方鱼塘，几户人家，几艘猪槽船，水边种着银杏树，金黄的落叶飘浮在水面上，随波忽远忽近，一条小船悠悠划过，荡起微微波纹，一抹夕阳把湖水幻化成一道道星光璀璨。极目远望，层叠起伏的山峦，层次分明，仿佛一幅浓淡相宜的水墨丹青，这是一个纯净、安宁到牵住你脚步的地方。

晚上在枫月莛日客栈客厅的火塘边取暖，泸沽湖的冬季，昼夜温差很大，白天阳光下可以穿短袖，可是到了晚上，即便穿上棉袄也不觉过分，不过只要点上一点火，周围立刻暖意融融。我和客栈掌柜枫月、莛日人手一本书，三人都不说话，只静静看书。这一夜的客栈，只有我们三人。枫月和莛日，二人都是佛家弟子，均落发居家修行，所以客栈的房间、过道上，都挂着枫月手书的偈子，教导人们一心向善，简朴生活。这座摩梭风格的三层木楞房，背靠后龙山，被青松、青钢树和杜鹃林环绕着，晚风劲吹，后龙山的树林发出沙拉沙拉很大的响声，还有湖水拍打岸边的声音。电视天线锅前些日子也被风吹倒了，收不到节目，掌柜也不忙着去修，用莛日的话来说，没有电视看更好，可以好好读书。我其实很想知道广东女子莛日和山东大汉枫月之间的故事，不过，每每看到他们贞静、安详的表情，我的八卦念头就会被打消。

早上，我从湖边慢慢走过，爬上后龙山，站在半山上俯瞰鸟觉，平静的湖水像镀了水银的镜面，早起打渔的小船在湖上诗意地飘荡着。船桨的每一次划动都泛起一片涟漪，划累了，打渔人就放下船桨，吹一声口哨或啸叫几声，远处有不知名的水鸟飞翔盘旋，我静静地望着湖水，另一个世界正在让自己的眼睛产生着幻觉……

作者手记

❶ 泸沽湖地区的治安状况很好，即使一个人徒步环湖也没有问题，不过，一离开里格，公路上就变得车辆、行人稀少，走着走着难免有些寂寞。

❷ 其实，一般摩梭人都不喜欢被问及走婚之类的问题，有些人为了应付游客，往往随口乱答，我觉得，到了泸沽湖，最不应该做的事情就是刨根问底追问隐私，还有些人抱着“艳遇”心态到泸沽湖寻找暧昧，那就更加不可取。

❸ 攻略书上说大落水已经开发过度，很商业，但我觉得开发过度的反而是里格，里格无论住宿还是餐饮，都比大落水要贵。感觉最好的是小落水村、达祖村和鸟觉村，不妨停留。

和顺

——浸润传统文化的古镇生活

解读 和顺

和顺古镇有六百多年的历史，曾被评为中国十大魅力名镇之首。全镇人口6000多，村人深受儒家文化影响，民风淳朴。村内传统民居多达1000多幢，其中清代民居有100多幢，被誉为中国古代建筑的活化石。和顺虽位于高原极边，但村落风貌、民居建筑、民间工艺均保存了中原汉族文化精髓，同时又是一个著名侨乡，外国文化的精髓与本地文化融汇出了有着和顺特色的地域文化。

隐居指数：★★★★　交通指数：★★★

风景指数：★★★★★　民风指数：★★★★★　气候指数：★★★★★

环境指数：★★★★★　生活指数：★★★　美食指数：★★★

地理位置： 云南省腾冲市

总体评价： 坐落在高黎贡山脉深处的一座汉族古镇，封闭、传统、安定，完整的保留了中国明清汉族文化的特色。

亮　　点： 环境优美，古韵盎然，文化底蕴深厚。村民知书达理，民风淳朴。

缺　　憾： 由于高黎贡大山的阻隔，无论从任何方向进入和顺，交通都不算便利。同时，由于旅游开发，古镇的安静已经日益受到挑战。

曾经读过一首诗：

在一个古镇上居住/如暮春的杜鹃把自己热烈的爱情/交给满山红一样/把自己的一生/长长短短的模印在/一个古镇/整个夏天的梅雨里/模印在它古老而阴魅的建筑和草里。

此一行，在和顺住了五天。这样一个有着最中国名字的古镇里，满是传统文化的关键词，小巷交织，溪流淙淙，男人儒雅，女人亲和，它的美，它的好，不经不觉间就在记忆里封印。

冬日的清晨，小镇的空气却并不清冽寒冷，甚至有些温润。推开客栈的木门，迎面便是清新的风，晨光淡淡地撒在石板路上。从亚元巷出来，拐个弯，慢慢往十字小街走，古镇的小巷虽弯曲，但不逼仄，街上行人不多，早起的老人背着手悠闲踱步，临街人家在门前升起了炉子，青烟向空中袅娜散去。

每天早上，镇子里最热闹的地方恐怕就是十字小街了，上午十一点前，这里都是小镇固有的集市，越接近，越能感觉人气在急速上升，两条呈十字交叉的街，斜斜地往后山脚下延伸着，那些卖草药杂货的、贩猪肉蔬菜的，都在向这里聚拢，虽说不上摩肩接踵，但绝对堪称热闹。集市上的东西很多，沿街两旁鱼贯排开，商贩中有从高黎贡山里挑山货来的豁牙老农，脸色古铜，笑容憨厚，但多数还是镇子周边的人，卖的也多是些自产的农家制品，琳琅满目，质朴实在。蔬菜还带着新鲜的露珠，柿子艳红，苹果半青，满满一大笸箩的毛豆腐长着长长

和顺小河上的洗衣亭

荷花飘香和顺古镇

和顺图书馆

的白色绒毛，看上去甚是惊人，但据说味道奇美。集市上自然也少不了锅碗瓢盆、衣物纸巾等农家生活物什，杂货铺里卖的最多的是香烛和黄表纸，在门前的钢丝床上一字摊开，在和顺，祭祀是一件非常重要的日常事务，祭家庙祖宗，祭各路神灵，家家的香炉每天都烟火缭绕。

八点半以后，小镇才会真正从睡梦中苏醒过来，游客三三两两前来，十字小街路口四周一下子就多了许多人，双虹桥附近更热闹，桥畔的图书馆里白天总是人头攒动，确实呀，一个边地小乡场，生生就建起一家图书馆，而且是在上世纪初那个风雨如晦的岁月里建起来的，这里的每间屋、每壁墙、每棵树，自然都弥散着一股神奇的色彩。但我更喜欢在黄昏的时候去图书馆，这个时候游客已经散去，图书馆又恢复了它本该有的宁静，戴眼镜的女讲解员站在前厅，笑容又文静又可爱，她会告诉你说馆里所有的桌椅板凳都是原有的，虽然想想还是觉得有点不大可信，但不得不承认，那些看上去陈旧的长条椅和大方桌，在黄昏的影子里依然透着不可思议的古韵。站在藏书楼里，与那些孤本、善本书籍静静相对，忽然间便有了想要秉烛夜读的冲动——这里竟然还藏有百衲本《二十四史》，我想它应该是商务印书馆1916年拼配的版本吧。“书贵初刻”，自出版以来，百衲本《二十四史》历经天灾人祸，现在已经濒临灭失，想不到，在这样的边地小镇，还能觅得其孤绝的身影。

但其实，现在真正来图书馆看书的本地居民已经很少了。实在因为太吵，白天游人如织，走马灯似地进出，人声喧哗里，根本就不是读书的环境，于是当地在旧馆旁边建了座新馆，专门作为阅览室，而旧馆，却因此而变成了一个纯参观的地

小贴士

交通 和顺古镇离腾冲县城8公里，有微面在县城和镇子之间专门往来，微面在腾冲县政府附近的广场上始发，也可以在腾冲一中、兴华酒店环岛等地方候车。出租车单程20～25元。也可以从县城坐5路公交车在三角地下车，然后步行大约15分钟到古镇。

美食 和顺古镇里餐饮店很多，主要集中在沿河的街边和存家湾一带，另外，镇子里几乎所有的民居客栈都可提供饮食。

住宿 镇上有许多民居客栈，高中低档都有。位于亚元巷的必美大院可能是和顺唯一一家没有标间的客栈，保留下了极其珍贵的旧时模样，1944年腾冲反击战时是198师的指挥部所在地。另外，推荐李家巷29号的三成号古民居客栈和中天寺脚的花大门民居客栈。除了黄金周期间房价涨幅很大以外，古镇上的客栈房价一直都还算实惠。如果居住时间较长，可与客栈老板商谈月租价格。

小巷口卖豌豆凉粉的老奶奶

方，一切都化为摆设。晚上七点，这里就闭门谢客，一片沉寂了。其实，细细想来，寂静的夜才应该是图书馆一天中最美好的光景吧，尘埃落定，铅华尽洗，当黑夜的影子弥漫整个小镇的时候，最宜点一盏青灯，泡一壶好茶，铺一卷古书，廊前树影斑驳，天边月冷星淡，那些泛黄的书页间，才会幽幽散发出时光所沉积的一缕馨香吧。

我也喜欢从十字小街往镇子南边中天寺和张家坡的方向闲逛，这一带基本见不到游客的身影，整个小镇只这一边还有百年前用火山石铺成的“灯芯路”，路面由三趟石板铺成，中间一溜大石板，两边都是些碎石板。以前和顺的规矩是，成年人走在路上，要是遇到长辈或小孩，就必须把中间的那一趟石板让出来，小镇的温良与谦恭，就在这样的小细节上不经意地显现。偶尔也会碰到一个当地男人牵着马从身边经过，小巷悠长，干净而温暖，铃声叮铃里，人和马就已经逶迤远去。从中天寺前行三公里，是镇

作者手记

❶ 建议在客栈里搭伙就餐，每家客栈都有自己的独门口味，既可吃到正宗家常土菜，也可以感受民居生活，同时搭伙吃饭往往收费便宜，一举几得，何乐而不为！

❷ 古镇里有几家居民自发成立的博物馆，它们不是旅游点，不会有旅游团队来参观，门票、简介上更无标注和介绍，但却非常值得一去，如李家巷内的耀庭民居博览馆。

夷关，当年，和顺的男人们就是跨过镇夷关前的石桥，一路过盈江，"走夷方"。多少鲜活的生命，就消失在这条满是狼虫虎豹、瘴烟疠气的路上，又有多少顽强的男人，凭着自己的勤劳和智慧，从报捷桥上衣锦还乡，并最终在故乡留下了高屋大院、庄重祠堂、平坦月台和古朴书斋。

从贾家坝顺坡而下，穿过一片浓密的树林，一直西去就走到了镇子西边清澈的陷河边。冬天的正午日头高挂，洗衣亭边的女人便多了起来，河水舒缓，女人们神情平静，河畔田野里白鹭也开始嬉戏了。女人们看到我在拍照，大多羞涩地低下头去，只有身边可爱的孩子，一直好奇地紧盯着我的镜头。陷河边上，从东往西一共有六座这样的洗衣亭，顶盖如伞，廊柱都伸进水中，有人说那寄托着当年那些走夷方的男人们无法言喻的感激，但其实，每次站在洗衣亭前，心中总有无限感慨和迷惑，和顺的女人们为什么执意要让自己的男人远走他乡，自己却甘愿白天守一口锅灶，晚上守一盏昏灯？有人说这是一种"精神断乳"，也有人说"走"是小镇世代的生存方式，宿命难逃——可是，真的是只有"走"才有希望，有出路，有奔头吗？那些纯洁善良、妩媚动人的女人们在漫长而遥遥无期的等待中变老，死去，而这些 "最温柔的公益建筑"，除了捣衣怀夫，又如何载得动和顺女子的孤寂和无望？想来，让人不禁红了眼眶。

黄昏时分，小镇上游客散尽，我的脚步停在了双虹桥边，这里有小镇傍晚最美的风景，此时，太阳恰在西山顶上，柔和的光线让桥边的两座牌坊都沁着温润的色泽，树影桥影倒映水面，暮色四合，乡村的田野开阔而辽远。老宅屋顶上的炊烟轻轻腾起了，农家酒菜的浓香从灶台上飘来，靠在石栏上，望着高远的天空，心中便有了无限的宁静与平和。

芒市

——慢城诱惑

解读 芒市

傣语为“凌云之城”，位于云南省西南部，是德宏傣族景颇族自治州州府所在地，境内少数民族有傣族、景颇族、德昂族、傈僳族等。属热带季风气候，全年气温较高，降水充足。芒市民族风情浓郁，自然景色秀丽，被誉为“孔雀之乡”“黎明之城”。景点有勐巴娜西珍奇园、五云寺、菩提寺等。特产有贡米“遮放米”、甘蔗、茶叶等。

隐居指数：★★★★ 交通指数：★★★

风景指数：★★★★	民风指数：★★★★	气候指数：★★★★
环境指数：★★★★★	生活指数：★★★★	美食指数：★★★★

清新安静的芒市

清晨，阳光初照，勐焕大金塔身披霞光，散发出摄人心魄的光辉

地理位置：云南省德宏傣族景颇族自治州

总体评价：小城的生活既舒适又典雅，既时尚又平静，既有物质的丰饶，又不乏精神的栖息地。

亮　　点：全年温暖，降水充沛，物产丰富，生活安逸。

缺　　憾：地处热带地区，高温多雨的天气可能会令怕热的人受不了。

歌曲《有一个美丽的地方》曾经唱遍了中国，也许是西双版纳的名气实在太大，以至于很多人都以为歌词中描写的是西双版纳的景致。然而这首歌却是著名词曲作家杨飞来到云南德宏州时有感而发的心声。而芒市，正是德宏州的政府所在地，芒市的那份美丽，比起西双版纳，更有着一份自然散发的大家闺秀的魅力。

乘着汽车进入芒市，首先吸引我眼光的，是那琳琅满目的时令水果，特别是那黄灿灿的菠萝，比平日里看到的大上许多，一堆堆地摆在路边，装在农用车上卖。下得车来，便迫不及待地去扫荡芒市的水果。正是缅桃和芒果上市的时候，长长的甘蔗和别处榨糖用的口感完全不同，软绵而清甜。朋友看我在他的地盘上放肆地吃，笑着说，别撑着了，我们还得去吃小吃呢。

朋友的车子开过芒市镇政府，来到建国路，在一条一点都不起眼、一点都不繁华的街边停住，在一家小吃店前坐下，也不问我要吃什么，直接就叫老板上两份泡鲁达。在这样一个阳光的夏日午后，用勺子大口大口往嘴里填着用冰镇露、椰片、面包干、炼乳精选组合成的泡鲁达，那份香、脆、冰、甜的感觉，直爽到心底里。再来了一份带着涮涮辣的傣族口味经典菜撒撇，已经很撑了，可面对着刚刚端上来的黄牛干巴，又忍不住大嚼起来。就这样，从街头吃到街尾，从阳光灿烂一直吃到夜幕降临。其实不只是我，且看旁边的那几个围坐着慢条斯理吃着的当地人，已经是又一次在不同的小吃店里邂逅他们了。

回想这一天的行程，竟都没有去到所谓的景点，就已经心满意足地在芒市凉爽的夏夜里沉沉睡去。

次日醒来，才开始惦记芒市的景点美色。

其实早在进入芒市，就已经领略到了德宏特有的风情。车窗外，到处是在和风中摇曳着的，高大翠绿的凤尾竹和那田边竹下傣族木楼，而后晃过的还有景颇族村寨，而村前寨后带斗笠或担着一肩物的妇女，在一袭长长的筒裙的包装下，扭出一路的情怀。

芒市的朋友，也真够哥们，二话不说，驱车直奔郊外，带我去看我一直念叨着的芒市附近的那目村，据说这是芒市附近最著名的也是风光最迤逦的“傣家乐”村寨。还在路上，朋友随意一句：这附近有泡澡的好去处“法帕温泉”，要不要先去泡一泡？就轻而易举地改变了我的行程。懒懒地躺在雾气蒸腾的温泉里，眯缝着眼闲闲地看天，蓝天下看天天高，看云云涌，此时的心境，无比的淡定，这份悠闲，一时间不能相信人在旅途！掬起一捧清泉，时间就如水般在指缝间滑落。

再一次在芒市的朝霞里醒来，好客的朋友又来了：我们这还有一个泡温泉更好的去处叫树洞温泉，没有人圈起来收门票，随时可以在大树底下惬意地泡，若有心事，

小贴士

交通 可在昆明乘坐高快车或飞机直达芒市。

美食 这里的餐饮和整个云南菜系完全不同，属于南亚饮食文化的范畴。不用去大饭店和正规餐厅，就在寻常集市上、小街边，那些色彩缤纷的小吃和菜肴，真是酸甜苦辣咸五味俱全。

住宿 芒市多为经济型宾馆，目前尚无青年旅舍。如果租房的话，一居室月租价格600元左右。

著名的树包塔

还可以把自己藏在大树发达的根系里一边泡，一边破解自己心底的情怀，释放工作中的压力。三言两语，我的心又被这位芒市的诗人打动了。于是在氤霪雾气里日复一日。

来到芒市，真的就心甘情愿地跟着当地人的性情，把自己的步伐放慢下来，享受生活。

再一次吃饱喝足了。慢慢地在街上晃着，想消化掉一肚子的美食，贪心的我开始抱怨，在芒市已经呆了三天，除了吃就是泡，享受着猪一般的幸福生活。都不干些驴子该干的正事！朋友笑着说，这还不简单，前面就是我们芒市一小，你进去看一看芒市著名的景点“树包塔”吧，然后再去财宝的聚集地——勐巴纳西珍奇园逛一逛！

如果说那座被严严实实地拥抱在树心里的古塔是因为小鸟无意中留下的菩提树的种子而变得很神奇，那么勐巴纳西珍奇园的珍宝群是不是也因为玉化树的加盟而更加价值连城？且不说园中各种珍奇的石头玉石翡翠，单说那高大的玉化树，就算不能私心占为己有，也可大饱眼福。并不华丽的外表里，露出来的是玉的晶莹，玉的冰凉，玉的色彩。有的，几亿年前的虫子还在上面，如今，一切成玉。唯有凝固前的那一刹，虫子蠕动的样子依然栩栩如生。

不得不离开芒市的时候，才发现这里有东方珠宝之城的称号，可我连珠宝街都还没去逛一逛，而我的朋友，一脸诧异地看着我，你不是下次有假时还来芒市的么？到时候再慢慢逛。

作者手记

1 芒市城区不大，街道干净整洁，建议步行到大街小巷走走逛逛，团结大道、芒市大街和胞波路是芒市的三条主街。夜晚，芒市广场和街心花园很热闹。

2 菩提街和五云路一带，集中了芒市最著名的几家佛寺，菩提寺、五云寺、佛光寺、观音寺，还有著名的树包塔、树神塔等等。五云路上有很多傣味农家乐，有时间不妨去品尝。菩提路口的芒市宾馆庭院里，还有一棵周恩来总理当年手植的菩提树。

3 勐焕街和目瑙纵歌路之间的丙午街，是一条全长不到一里的小街，窄窄的街道两旁一排遮阳伞下，支着一张张小木桌，围住一溜小竹凳长条凳，傣族撒丕、景颇冲菜、烧粑粑、蒸粽子、炒螺丝、酸巴菜……本地小吃应有尽有，且价格实惠。

最美隐居地TOP50

广西

宣威市
安顺市
都匀市
六枝特区
镇宁
关岭
龙宫
黄果树
惠水
长顺
丹寨
三都
平塘
独山
盘县
普安
晴隆
富源
紫云
兴仁
贞丰
罗甸
荔波
荔波樟江
荔波喀斯特
马岭河峡谷
安龙
望谟
兴义市
册亨
师宗
罗平
隆林
西林
冷水瀑布
土官旧署
金钟山黑颈长尾雉
清代岑氏家族建筑群
乐业
大石围天坑群
雅长兰科植物
黄猄洞天坑
岑王老山
田林
凌云
水源洞
天峨
南丹
龙滩大峡谷
穿河洞
莲花山
凤山
东兰
巴马
百色市
田阳
田东
澄碧湖
大化七百弄
河池市
都安
大化
丘北
广南
富宁
砚山
文山市
西畴
麻栗坡
马关
普者黑
三元洞
大王岩画
河江
那坡
靖西
德保
吉星岩
万福寺
平果
隆安
天等
大新
十八洞
扶绥
崇左市
左江石景林
龙州
花山
凭祥市
宁明
友谊关
上思
十万大山
东兴市
北仑河口海洋
高平
越
南
宣光
谅山
安沛
太原
河内
北江
贵
州
云
南
省

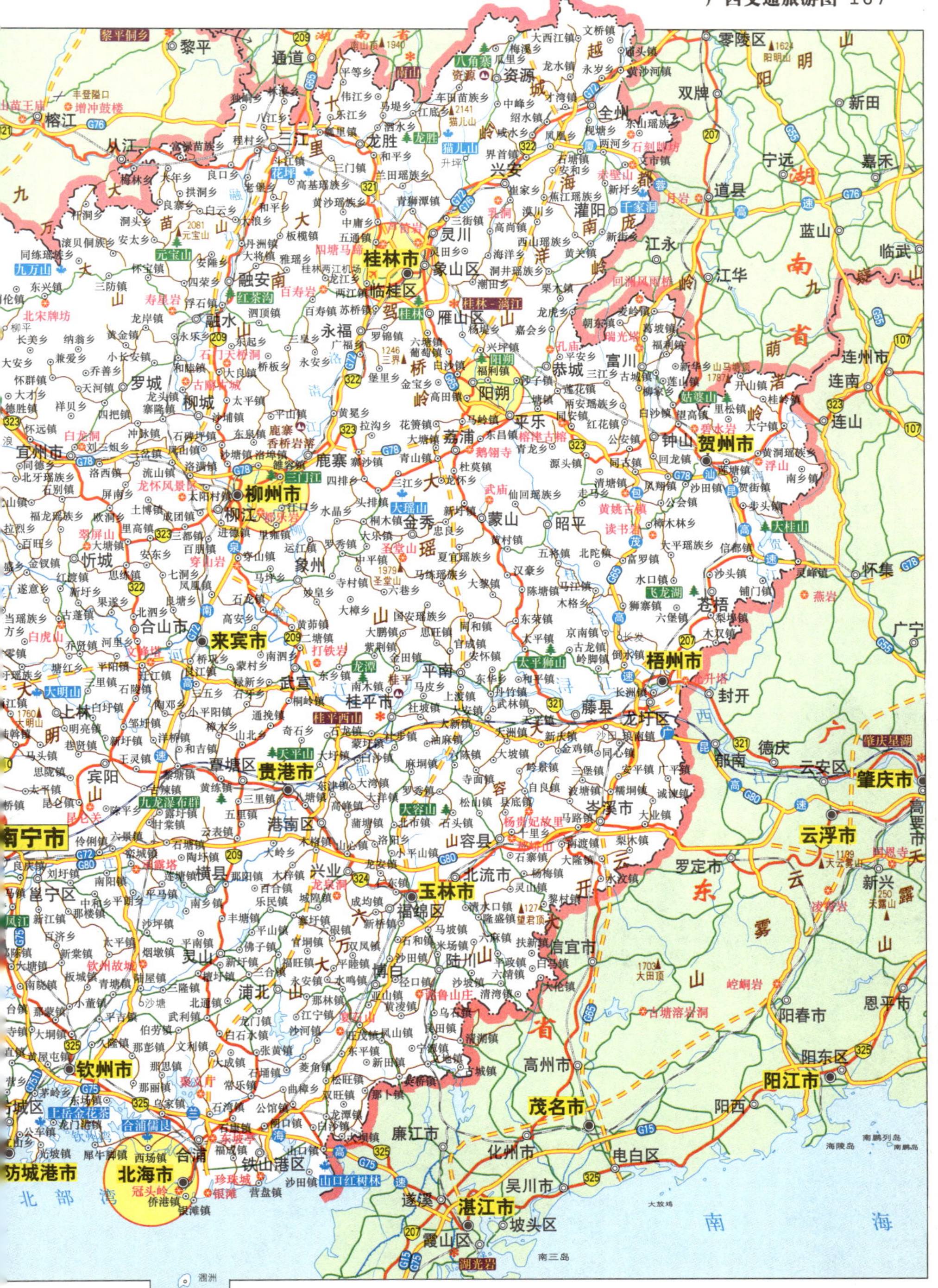

黎平
榕江
从江
三江
通道
龙胜
资源
全州
兴安
灵川
桂林市
象山区
临桂区
雁山区
阳朔
平乐
恭城
富川
钟山
贺州市
融安
融水
罗城
柳城
柳州市
柳江
鹿寨
荔浦
蒙山
昭平
金秀
象州
忻城
宜州市
合山市
来宾市
武宣
桂平市
平南
藤县
梧州市
苍梧
岑溪市
容县
北流市
玉林市
福绵区
陆川
博白
兴业
贵港市
港南区
覃塘区
横县
宾阳
上林
南宁市
邕宁区
灵山
浦北
钦州市
合浦
北海市
铁山港区
防城港市
廉江市
化州市
茂名市
电白区
吴川市
湛江市
遂溪
坡头区
霞山区
高州市
信宜市
罗定市
云浮市
云安区
肇庆市
德庆
郁南
封开
怀集
广宁
连山
连南
连州市
阳春市
阳江市
阳西
恩平市
新兴
江华
江永
道县
宁远
蓝山
临武
嘉禾
新田
双牌
零陵区
灌阳
北部湾
南海
广东省
湖南省

阳朔

——山水交融处

解读 阳朔

享有“桂林山水甲天下，阳朔堪称甲桂林”的美誉。阳朔位于漓江西岸，其水路上溯桂林，下达梧州、广州，常年通航。境内山峦叠嶂，地形错综复杂，石山星罗棋布，约56%的地区为喀斯特地貌，无数奇峰平地拔起，遍布于江河两岸。属中亚热带季风性气候，雨量充沛，日照充足，温和湿润，四季分明，年平均气温19.1℃。景点有西街、遇龙河漂流、漓江、月亮山、大榕树、龙门水岩等。阳朔沙田柚、金橘、板栗、柿饼被称为四大名果。

隐居指数：★★★★★		交通指数：★★★★
风景指数：★★★★★	民风指数：★★★★★	气候指数：★★★★
环境指数：★★★★	生活指数：★★★★★	美食指数：★★★★★

地理位置：广西壮族自治区桂林市阳朔县

总体评价：阳朔所拥有的自然风光，是桂林地界上最为出色的。光日日看这些风光，久而久之其他的风景便很难入眼。阳朔的日子是吃穿用住样样不缺，日子过得惬意舒坦，难免令人懒散度日。

亮　　点：阳朔风光好，易于居住，民风开放，能纳百家之长；河鲜出众，极是新鲜，入口则知其妙处；多年来许多入住者已经搭建起属于自己的建筑物，竟然意外地与自然贴合到了一处，很有特色；画山路一条街的餐馆，丰俭随意。阳朔的中国攀岩基地，可以前去一试身手。很多来阳朔的老外，都是因此从世界各地慕名而来的。

缺　　憾：旅游开发早，当地人的从商之心日重，忽悠人的情况增加，需自行把握；行船的人全在竹筏上装上了马达，少了许多味道；当地人说方言，也有慢慢说普通话的，一个字一个字地往外蹦；逆水游漓江的意思不大，不过有很多人会忽悠你去；白天的西街和很多小城镇的庙会街市一样，杂乱嘈闹，毫无特别之处。

没想过在阳朔这个地界慢慢住上些日子，只是住着住着不知不觉地就续了下去，这就有了两个月的阳朔时光。这日子过得散漫，散漫地可以叫我一接到编辑的电话就面带微红，又忏悔一次自己的懒散堕落，成日里不做正事，也失了每每主动向编辑报告完稿情况的初心。

初到阳朔的印象，与别人笔下的世界并无什么不同。住在西街，与别处一般无二的青年旅舍。六人间，下铺，把心里最稀罕的电脑抱出来联上网络，数小时离网的不自在立刻扫空。旅舍的大堂敞亮着，因天不热，挑了一个靠街边的座位坐着。打算是诚意写点东西的，谁能想竟是坐了半天也不知挪座。

犹记得住在巴厘岛时某个度假客人的言语，他说：“在七月和八月，你坐在这里，选一个靠窗的位置，就能看见这世间的七情六欲一幕幕上演。”他说的时间是澳大利亚人因了公众假期的缘故齐齐朝着巴厘岛而来的那一段，一个人来的和全家皆往的，喝酒的和没喝酒的，失恋的和热恋的，全都肆意地出现在巴厘岛的大街上。我却觉的，这一段话，是可以用在西街的。

温度似热非热，街面上的姑娘们来来回回地多数都穿着花裙。花裙略长，过了膝盖，有些单色有些像蜡染，裙摆一摇一晃地一路摇了过去。为姑娘们姿色做背景的建筑物们，颜色是暗的淡的，即便被贴上了颜色，也不过是一星半点，更显得姑娘们身上的颜色俏。姑娘们的一摇一摆，有男生相陪的，也有单人独行的，脚下都是缓着走的，时不时在小摊前头停一停，比照个镜子，拿个花簪，又接着往下飘。于是心里想着下雨天，微雨就好。等风细细索索地吹一点雨星子，看看人的表情变个来回。

西街的店面们，每日都喜欢上演“占地盘”的戏码，按时按点往大门口码餐桌餐椅。两边一起开花，就把整条街面结结实实地分去了大半，由着人潮从夹出的小道中移来动去。日光越往下走，现代化的痕迹就显得越分明。大部分店家都选的红灯笼和橘红色的射灯，将刚才半山半水的小镇形象顿时改了十成十。刚入街时候的风致真的就散尽了，不管是一点两点三点的小小山峦，或是圆润再沉稳的水，那些散落的彷徨的都跑得干干净净，全躲进了夜里头。灯光在人们的脸上留下短暂的记忆，中餐火辣，西餐招摇。张张台面上都少不了酒的身形，高矮胖瘦的杯子里各自相宜着，看到后嗓子眼难免发干发燥，很是有种“快到我口中来”的念头。

如此这般的闲坐半日，晚上再痛快地吃上一顿，渐渐地成了常态。不能不满足，做人总要知足的，即有着能下笔的片断，又有各种美食的相伴。也不去酒吧，睡得早起得晚，不觉三四日懒散地过去，开始惦记起了镇外的山光水色。有一日在旅舍里拉了个同伴，要看清晨薄雾下的“画廊翩翩”。订筏子是提早订的，收了订钱却不言不语，只早早地在门口等着我们，看那背影，也瘦也黑，一步一步却在晨里微润的石板上印得结实。水上起了薄雾，说是日出前就能散掉。才三个人，水筏子吃水浅，顺着水走得也快，没多会就把未醒的小镇抛在脑后。

撑筏子的人不怎么说话，只管将撑子于水上来回扯动，由着我们渐渐地看着风光又陷入发呆中。远处是一大片的墨，又有薄雾的影响，天光越亮越有一点点显形的意思——不骄不躁，它们的形状不尖锐不突出，温温地勾了出来。小风一吹，有天下任我行的丝丝豪壮，顿又觉得这形容不妥，倒也没豪壮到这个份儿上。只能算是贪欲，心里想着念着这一瞬的天地美色只有我们三人看得

阳朔西街，一条中西合璧的热闹小巷

见听得到。丝丝清晨的露水儿点了点肩头眉间，一晃湿了脸面。眼睛不得不往江面下的纯青色看，江水浅着，水藻卵石看得分明，就是分辨不出那些移来晃去的鱼儿是怎样的品种，日后又果然在餐桌上见到了几类，却造了一些个口福，惦记时也往餐桌上惦记起。两岸稳稳当当地沾满了山竹，浅浅深深从翠绿到深绿，层次不齐又全铺陈在江面上，让绿意越发盛了。

似这样随波逐流的行程，有点上瘾，大概每两周要来一次。求的或许是一份江面上独有的宁静，也或许是内心的宁静，听山水间的呼吸一次总归是不够的。行得多了，又惦记上了晚上的遇龙河。月光淡淡的，刚才被酒吧的喧闹激起的步子渐渐地缓了。早先物色过一段位置，靠江边，低着的堤岸旁。坐下，把夹脚凉拖扔到一边，脚丫子踏踏实实地朝水里一伸，就那样闲闲地坐定。视野放远些，山上飘起了淡雾，心里明知近处是竹远处是山，但也找不到那个分界线。夜幕大概是已经拉合了，唯一闹得出声音的只有流水了。水映散了月光，慢走缓流地过了脚面，朝着前方继续着。此时的山水比清晨更安静，原是想着总可悟些个人生大道理的，却仍是只是坐着静着发足了呆，直到脚面上的凉意丛生才渐转回屋。而那时，旅舍附近的摇曳招牌仍是璀璨的，音乐声仍响着。自那样的世界回转至此，如自仙境瞬时转入了红尘俗世，果然出世入世只在一念之间。

没去游客常去的攀岩，对自身体力实在太有见地。所谓身体的柔软度和手脚的灵活性，一提到这些，我就只能摊开双手耸一下肩，全然不具备这些能力。倒是站在下头看过热闹，那个聚集了攀崖爱好者的小酒吧和餐厅，他们的肢体都透露出一种被施展的魔咒，徒手上壁的能力总叫我望尘莫及。于是热闹是要看的，看一眼艳羡一眼，转头再被满街乱窜的食物给惹出点脾气，特别是米粉。

街面上的米粉可多，大排档也好，店铺也好，给的料仍算多。浓汤打底，配炸黄豆，配酸豆角或酸萝卜，总给你留点余地再加点什么。可选择切粉或圆粉。前者长而宽，后者则是圆桶装，本质上也无什么稀奇。吃法上又分汤粉和干捞，总也是经典的两种吃法。端上这么一碗坐在小木桌前，稀里哗啦吃上五分钟，差不多七成就该进肚了，余者可以慢慢地扫进腹中，总留了些斯文颜面。就见那档口的老板用手擦着肚前的毛巾，

米粉

小贴士

交通 可先到桂林，再转车或轮船到阳朔。

美食 在阳朔，吃是一大享受，阳朔的吃有四大元素：西街的西餐，叠翠路的啤酒鱼，分散四处的美味小吃，月亮山下的农家饭。西餐吃风格情调，啤酒鱼吃乡土，小吃吃的是人间烟火和价廉物美，农家饭吃的是新鲜和月亮山美景。只要把这四个重点吃遍，阳朔的美味之旅就不会有什么遗憾了。

住宿 西街上有多家青年旅舍，多人间25～45元/床，旺季需提前预订。有些咖啡馆和酒吧也顺带运营着几间客房，若是没有提前预订不妨多走几家。常住阳朔的话，一室一厅的精装修标准，价格大约在700元/月上下。

说汤可以添，不够吃还可以加粉再来。

也是不能放过火锅的，或越南菜，或西式简餐。日子久了，也知道该往哪里窜了，总是上午吃点粉或小糕，下午就奔着咖啡馆们轮流试一遍。晚饭再换个地方，贴着一旁有现场乐队演出的餐厅坐着，打打擦边球。入了夜则该干什么就干什么，求个舒坦就好。挑了个玩偶打算送给一家咖啡馆的老板娘，却又在酒后忘了送给了哪一家；相机常常随身带，却又总忘记拿出来照，事后回回都怨念一番照片怎能如此得少。

曾仿着别人，也租了一辆自行车奔走“江湖”。朝东边走了走，朝西边散了散，终是被纵横交错的小路打败，光问路回去就问了四回。但好歹在心绪不宁下特意停了停车，靠着河边略站一会儿，面前的田园风光仍是入画得紧，看着看着心上也愉悦起来。只是这番回到旅舍后，却再也没有租过自行车往外跑。要么跟着小车走，要么跟着一大队人马前行，单人独骑闯荡的事情当真是做也做不来。不是不遗憾的，又说要报仇雪恨，硬生生地被知道这段故事的同屋室友挖去了一家火锅店，白白地又送出了两张老人头。他们光吃还不算，你一言我一语说要替我报仇，总是将那条火锅鱼分得是干干净净。

作者手记

❶ 阳朔西街是名副其实的地球村，英语在这里已经成为公用的第二语言，西街上男女老少的英语或许比大学教授说得还地道。很多外语学校常年在阳朔开办，不出国门，享受真正的外语环境，授课老师大多为在阳朔久久逗留的老外。徜徉在中国最大的英语角，还有美食和美景相伴，或许学习和游玩真能结合得天衣无缝。

❷ 骑单车游阳朔实在很爽。租车价钱随客流量的大小有起落，平日租车一般都是5元/天，逢节假日15~25元/天，押身份证或护照即可。骑自行车，从阳朔沿遇龙河逆流而上，至遇龙桥，大约一小时左右。也可骑自行车转转附近的阳朔古民居和古镇。

❸ 遇龙河上的漂流组团人多，平日的水上竹筏走的是悠闲范儿，等到热天就改成打水战、冲水坝。金龙桥至朝阳码头为上游，朝阳码头至工农桥为下游。旅行车常跑下游，若是朋友多了一起去，上游比较安静些。遇龙河的三道桥很漂亮，其中富里桥被誉为最美的桥。

❹ 晚上西街闹腾得厉害，满大街都是打击乐的声音，若是睡眠有困难，还是住得远离西街比较好。

桂林

——自然和都市的融合

解读 桂林

著名旅游休闲城市。享有“桂林山水甲天下”的美誉。地处广西东北部，属山地丘陵地区，为典型的喀斯特岩溶地貌。属亚热带季风气候，气候温和，雨量充沛，无霜期长，光照充足，四季分明，气候条件十分优越。年平均气温为19.3°C。景点有两江四湖、象鼻山、七星公园等。特产有罗汉果、沙田柚、三花酒、辣椒酱、豆腐乳等

隐居指数：★★★★★ 交通指数：★★★★

风景指数：★★★★★ 民风指数：★★★★★ 气候指数：★★★★

环境指数：★★★★ 生活指数：★★★★★ 美食指数：★★★★

地理位置：广西壮族自治区桂林市

总体评价：一座山水都市，自然之美和都市繁华在这里达到了完美的融合。

亮　　点：清洁、安全、美丽、迷人的小城，值得好好品味。民风较好。生活设施齐全。两江四湖夜游，敢与水城威尼斯比肩。大桂林旅行圈的集散地和中转站，提供方便舒适的旅行服务。

缺　　憾：桂林阳光强烈，一天时间就能把外地人晒得脱皮。冬天有些潮湿寒冷，由于没有暖气，北方人会很不适应。

桂林，静静地在桂北一隅，用亿万年的流水滋养塑造了丽质天成的喀斯特山水。漓江一路迤逦而来，水绕山色，澄明无邪，不失大家闺秀之大气天成。那里有翠色招摇，田园牧歌，有古垣深巷，鸡犬相闻，有落英缤纷，碧水漫绕。那是一段淳朴、自然、简单、浪漫的时光，一种渗透灵魂的宁静的力量。

她轻轻松松容纳了三千宠爱在一身，却仍是一副淡然随性的姿态。

清代刘名誉著诗道：“我坐扁舟随意看，果然千朵碧莲花。”

POP MUSIC 中唱道“我想去桂林啊我想去桂林，可是有了钱的时候我却没时间。”

浪迹天涯的行者，纵览山水无数，却仍然被桂林深深打动。

桂林是个让人散淡的城市，由此，她的美和魅力的散发，也有些漫不经心。带着点真水无香的意味，像一个江边丽质天成、众人皆夸却不自觉于自己美丽的女子，自顾自地守着软玉温香的动人红颜，却过着平淡的朝朝暮暮的生活。于是，你被她的美浸透心灵而感到心慌的节奏，也是缓慢的。

宁静的滨江路，漓江温柔流淌

在桂林，远近的山峦像水墨般清淡，悠缓的漓江如同漫步。这个城市的居民一大早起来，也散淡着在山间水边打着太极拳，山水就像是市民的后花园般让人亲切。出租车、公交车都不紧不慢地按照小城的节奏开着。桂林人大都不急着做早餐，大街小巷的米粉店一统早餐天下。

城市格调的成长也是缓慢而从容的，不因日新月异的市政建设而显得突兀。十年前，榕湖边竹影摇曳，随着两江四湖景区体系完成，没有了原生态的竹影，也少了穿着背心的老头们在竹林躺椅上喝茶聊天的悠闲。城市规整得越来越好，自然的一面便被侵蚀。然而，当夜幕涌上，桂林市民们又回到湖边上乘凉吃小吃，票友们在湖心亭上表演桂剧，于是，人为的雕饰又渐渐被岁月洗去，原有的一份安闲以新的形式得到延续。

小城是善良而安全的，但凡问路，总会得到详尽的答案。蹓跶久了，看街上还有年轻的女孩子独自走路回家，总觉得时间还早，抬腕一看，竟然已近午夜。

小城不大，精华景点大部分由一条绿荫笼罩的滨江路连接起来。所以，欣赏桂林山水的最佳方式，就是闲逛。住在湖滨的旅店，晚上坐在水边享受一下凉风和桂剧，和市民们一起散步，早上睡到自然醒后，去微笑堂对面吃一碗老字号石记的米粉，然后一路逛逛繁华的中山中路和正阳步行街，一路吃过小吃来，靖江王城、伏波山、叠彩山、象鼻山和

小贴士

交通 可乘飞机或火车到达。

美食 桂林本土菜系偏香、辣、鲜、酸，名菜有白果炖老鸭、荔浦芋扣肉、马蹄炒鸡球、桂林荷叶鸭、玉竹煮牛肉、一桶漓江虾等，著名小吃有桂林米粉、尼姑素面、粉利、桂林水糍粑、豆蓉糯米饭、马蹄糕、汤圆、桂林田螺、酸泡菜等。桂林主要的食街散布在城市各地，如解放西路食街、美食城（汽车站左侧200米处）、三里店广西师范大学分部对面的大排档一条街、正阳步行街、中心广场八桂大厦5楼的好大妈饮食广场等。

住宿 桂林市区高中低等级的宾馆都很多，选择面很宽。相对而言，以中山中路（南门桥－博爱医院）和解放东路（十字街－七星公园）为直径的内环线是很适合住宿的，最佳地点在阳桥榕湖附近。那里闹中取静，环境优美，交通方便，距离市中心咫尺之遥。桂林有瓦当青旅、花满楼青旅、老地方青旅等多家青年旅舍，多人间25～45元/床。如果租房的话，一居室月租500～1000元。

漓江边悠闲的打着牌的阿婆们

七星公园相距不远，以解放桥为核心，举目可互相望见。蹓跶着一两天游览完这些地方，方能体会到城市后花园的精湛之处。

用不着丽质天成的桂林山水上阵，桂林的各种美食便已经能够自口腹直达灵魂，征服绝大多数人。桂林有街头排队成长龙的老字号米粉店，香气四溢物美价廉的各种水果，鲜灵灵的漓江虾、啤酒鱼，大盘大盘的田螺和各种酿菜，还有阳朔西街声名远扬的各式西餐。在眼睛享受了山水大餐之后，也从不会让肚子里的馋虫失望。

且不说名店名菜，光是街头巷陌的小吃就能让你乐不思家。暖暖的人间烟火，街头傍晚的习习微风，平凡的琐碎生活让人无限眷恋。放下所有都市的束缚和长大成人的紧张感，黄昏卷上，河面波光潋滟，一个一个铺子小摊逛过来，让这些小吃，带我们回到远方的童年。

桂林米粉不可不尝，全市几百家米粉店，家家口味不尽相同，骨头汤底是天不亮时就开始熬的，口味醇厚；甜美的鲜榨甘蔗汁从舌尖清甜到心里；各种酸泡菜颜色清脆鲜艳，长长一条脆萝卜在孩子的手中，一口一口，从街头吃到街尾；芳香四溢的水果，咸香软糯的老字号粽子更是罗列纷呈。

这是一座山水都市，吸纳了成都迷人的慵懒气质，更多了些山水的清丽。她让众多劳顿于喧嚣都市的人们感怀于她的美丽宁静，宠辱不惊。与此同时，她作为大桂林旅行圈的中枢，担负起越来越多的旅行服务和支持职能，成为大桂林圈的游客集散地。

桂林的美，在于意境。江水、山峰、树木、花草、民间的街巷、人间的烟火，清晨的雾、黄昏的斜阳，恰到好处地配合起来，就有一种夺人心魄的力量。"廓外青山山外城，山城如画画难评。"桂林，给久居喧嚣闹市的人们圆了一个久违的梦境。

与桂林城相遇而爱上她的人，那种眷恋，在干燥的地方或许会枯萎，在落雨的时候又会因为怀念而萦绕满窗。

作者手记

❶ 桂林城因为成名过早而使求新求异的旅行者们仅凭道听途说就产生了审美疲劳，因而她在这个纵横世界的旅行网络圈上的评价和名声，是低于阳朔的。由此，多数人往往只是将这儿作为中转站，失去触摸和感受这座城市的红尘烟火的机会。

❷ 桂林是一座发展成熟的旅游城市，旅游周边产品的种类也很丰富。买珠宝可以到挂有"国家鉴定处"牌子的珠宝店购买，而价格便宜的饰品则可以到磨盘山码头附近或者瓦窑国际旅游商品批发城购买，一定记得还价。不要在旅游区或者车站附近买旅游纪念品，最好去大型超市购买。

柳州

——品味慢城

解读 柳州

柳州位于广西中北部，地形为“三江四合，抱城如壶”，故称壶城”。柳州属典型的喀斯特地貌，民族风情也独具神韵，壮族的歌、瑶族的舞、苗族的节和侗族的楼，堪称柳州“民族风情四绝”。属中亚热带季风气候，常年阳光充足，雨量充沛，年平均气温达22℃左右。景点有柳江、柳侯祠、马鞍山、鱼峰山、箭盘山、蟠龙山等。特产有金桔、香菇等。

隐居指数：★★★★

		交通指数：★★★★
风景指数：★★★★	民风指数：★★★★★	气候指数：★★★★
环境指数：★★★	生活指数：★★★★	美食指数：★★★★

地理位置：广西壮族自治区柳州市

总体评价：小城很洁净很宜居，从繁华的步行街，几分钟的路程就能走到杨柳依依、鸟儿翻飞的江边。这是一座慢城，她只适合慢慢悠悠地生活，不急，不赶，悠闲地品，方能品出那份雄厚文化底蕴下的细腻与美丽。

亮　　点：柳州美食多，随便在街头巷尾的螺蛳粉店里，都能吃到口感极佳的正宗螺蛳粉，或约上三五个闺蜜或者哥们，就在那人满为患的大排档里围坐着来几斤脆皮狗肉。柳州的美景多，在市区里随意地爬一座有着石阶蜿蜒而上的山，二三十分钟就可以到达山巅。

缺　　憾：当地人平时讲的都是柳州话，相对于桂林话则有些生硬，外来人听着有些费劲。

“柳州柳刺史，种柳柳江边”，这是唐朝时被贬到柳州任刺史的柳宗元带领百姓在柳江边种柳时脱口而出的诗句，然而，当柳江边绿柳成荫时，这位用自己毕生的才华和心血，照亮了一方荒芜的清官却永远地倒下了。人们在原停灵柩处修建他的衣冠墓，又在他生前最爱的罗池旁修建罗池庙来祭拜他。罗池庙后来又称柳侯祠，历代都有维护。

每次回柳州，我都会去柳侯祠凭吊一番。穿过在树下石桌上对弈围棋的人群，在芭蕉、翠竹、奇石的意境中来到了祠堂。在二进中厅立着镇祠之宝“三绝碑”。哪三绝？韩文，苏书，柳事！当年柳宗元驾鹤西去，好友韩愈作《柳州罗池庙碑》以祭之。诗文因神采飞扬，感怀极深得以广为流传。北宋苏轼读其文，吟其诗，叹其事，挥笔书下该诗，于南宋年间由柳州匠人刻成碑。碑文书法雄奇深厚，被世人推为东坡书法第一碑。唐宋三大文豪的文采神韵凝于一碑，此乃世所罕见，故称“三绝碑”。站在这块经历了八百多年的沧桑变迁已断裂成三节的石碑旁，身边弥漫着墙外那片百年桂花林的花香，风中传来隔壁书院小孩奶声奶气的背诵：“人之初，性本善。性相近……”而此时的我盯着那分明是阴刻，却逐渐凸现的碑文，真的感觉到韩愈在吟唱：“荔子丹兮蕉黄，杂肴兮进侯之堂，侯之舩兮两旗，渡中流兮风泊之。待侯不来兮不知我悲。……”揣着一张传为柳宗元所书的“龙城石刻”的拓片走到后门出处，蓦然看见，柳宗元的衣冠墓静静地卧在不远处，正欲过去凭吊，却忽然想起什么停在门前。一回头，身后的大树地下，柳宗元的石刻像近在咫尺，一脸的慈祥。这是明代的作品，是我国现存最早的一块柳宗元石刻画像，想来也是柳宗元外貌最真实的写照了。

出得门来，两个约我喝茶的旧日好友早已立在罗池边的柑香亭里。感叹一番罗池现仅存数亩清涟上漂浮着几片落寞的树叶之后，我们穿过亭台楼阁小石桥，来到碧波荡漾，古树参天，杨柳依依的水上茶庄。此情此景，我不得不承认，柳侯公园真的是休闲的好去处。朋友不以为然，拽着我沿着青砖砌制的古城墙走进古城门，登临建于明代的巍峨雄伟的东门古城楼，只见清澈宽阔的柳

江就在我们眼前缓缓流过，纵然是冬日枯水期柳江河水依然丰满。

在东门城楼上我们开始指点江山，一一欣赏点评如奇石盆景般矗立对岸石山。南岸的马鞍山、驾鹤山、鱼峰山，东岸的箭盘山、蟠龙山，北边的雀儿山，西岸的鹅山，都无一例外地坐落在市区里独成一体并相互守卫，都是那么小巧玲珑而又高耸险峻，都是以山形来命名并以山为中心发展成一个有山有水、绿意盎然的公园。这些柳州的名山，柳宗元在《柳州山水近治可游者记》文中几乎都作了详细生动的描述，《徐霞客游记》中几乎对其面貌及特点均作详尽介绍，而每一座山几乎都入选了柳州古八景，且都有自己特有的深远文化背景。

一时兴起，我们决定去爬山。下得楼下，还定不下来去哪一座山。两个友人就在城门下辩论，一个主张去马鞍山，说那是历代游客寻幽探胜和登高望远的

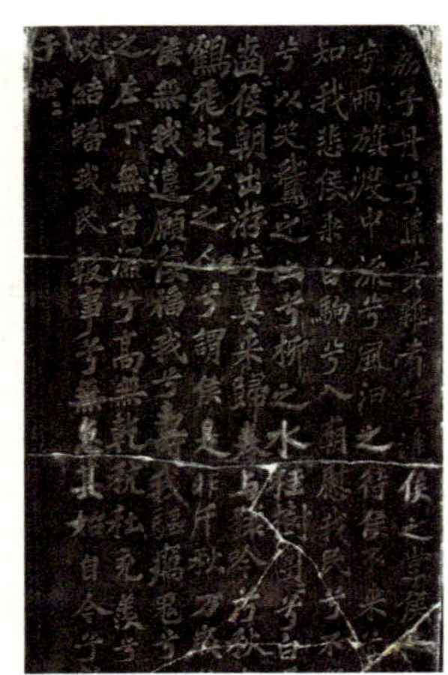

柳侯祠里，凝唐宋三大文豪柳宗元、韩愈、苏东坡的文采神韵于一碑的三绝碑

最佳去处，洞崖石刻到今天还留有历代名人游客的几十处诗文。另一个主张去鱼峰山，除了可观摩历代石刻，还可在会随柳江河水涨落的神奇潭水上划船。更何况鱼峰山还是壮族歌仙刘三姐生活劳动传歌、升天成仙的地方！东门里的青砖上有十来家古董古玩小铺子，我把玩了一圈，各朝代的方孔币，品相好一点的，也就一两元一枚。最后我蹲下来挑了十来枚，走向我的朋友，玩一玩抛币定方向。其实这些经典的石山，每座的登程也就半小时左右，但今天，我只想选其一，柳州是一座慢城，她只适合慢慢悠悠地游山玩水，不急，不赶，悠闲地品，方能品出那份雄厚文化底蕴下的细腻与美丽。

从东门城楼走过文慧桥，马鞍山已经在前方候着。不一会就到达山脚下。这里有一个天然的大洞，洞中被隔成几十个房间门面，卖的都是柳州奇石。柳州的奇石馆之多，奇石市场之大、私人藏石藏馆都可以堪称中国乃至世界之最。凉飕飕的奇石洞奇石市场着实让我放慢了脚步，因为好奇，我们不由自主地走了进去，一个一个门面的看，彩陶石、水冲石、碧玉卵石、黄腊石、草花石、印模菊石、彩霞石、莹石、松香石……我们能叫出其中一些石头的名字，更有许多闻所未闻。直到饥肠辘辘，才想起登山的事，也懒得理会，打马回头，又回到江北，只为了去青云小吃街吃一碗地道的螺蛳粉。都说不吃柳州螺蛳粉就不算到过柳州！油葱、酸

小贴士

交通 可乘火车到达。

美食 柳州美食口味重，偏辛辣，且擅于融会吸收各种外来风味。柳州的小吃首推螺蛳，吃法丰富多采，而螺蛳粉酸辣鲜爽的味道令人回味无穷。

住宿 柳州有较多普通宾馆，但无青年旅舍。如果租房的话，一居室月租金一般1200~1500元。

笋、腐竹、青菜、花生，再加上民间秘方熬制的螺蛳汤料，不怕辣的，淋上一层红红烫烫的辣椒油，个中滋味，怎一个爽字了得！

吃饱喝足，已是华灯初上， 我们从青云优哉游哉地散步到江边，我惊奇地发现，百里柳江，曾几何时已经打造成百里画卷。霓虹灯和万家灯火一并闪烁在江面，把柳江荡漾出满江的艳丽光芒。蟠龙山两个主峰顶矗立的双塔被灯火装扮得像两把插入苍穹的亮剑，晃晃悠悠的倒映在柳江里。边上那灯火通明处，正是柳江上最经典的一个景点——蟠龙山人工瀑布。但见气势恢宏而大气的瀑布横着连成一大片，仿佛是从天上涌出，顺势跌落柳江河，好一个美轮美奂的人间仙境！我叹气了，生活在柳州真的很幸福，出门即是景，和城市一起生活在青山碧水旁，从容享受着这份得天独厚的幸福时光。

当然，我们都还记得我们在马鞍山顶有一个约会，正是夕阳西下时，我们爬到了山巅，玉树临风，但见柳江曲似九回肠，半江瑟瑟半江红，那份嫣然妩媚，那份天水合一的大气令我们心动不已。怒江有个经典景点叫怒江第一湾，弯成一个大大的U字，金沙江也有类似的金沙江第一湾。而柳江，有一个世界独一无二的柳江第一湾，她与众不同的美丽就在于，她把城市湾在了她的U型臂弯里。高楼林立的柳州城北，被一弯碧水团团围绕着，使城北形成一个异常美丽的小岛。

柳州美景何其多！明儿闲了，我还要去郊外的“柳江人”文化遗址白莲洞，去钟乳石千姿百态的都乐岩风景区，去被誉为“东方奇观”的大龙潭公园……

作者手记

❶ 柳州“古八景”为：南潭鱼跃、天马腾空、笔峰耸翠、鹅山飞瀑、罗池夜月、东台返照、驾鹤晴岚、龙壁回澜。“新八景”为：都乐晨光、龙潭毓秀、白莲古洞、柳堤环翠、玉带垂虹、旋宫星海、彩泉清韵、雀山霞蔚。

❷ 鱼峰山是一座坐落在市中心最美丽的山，任何一个就算匆匆而过的上班族，只要微微抬头，看到山腰开满一树树粉红粉紫的花，就知是春天来了，看到山上叶儿变红飘黄，便顿觉秋天已至。

北海

——碧海蓝天的诱惑

解读 北海

国家历史文化名城。位于广西最南端，东邻广东，西濒越南，南与海南隔海相望，是一座具有亚热带滨海风光的浪漫城市。北海是古代“海上丝绸之路”的重要始发港。属亚热带海洋性季风气候，年平均气温22.9℃，冬无严寒，夏无酷暑，阳光充沛，雨量充足。有银滩、涠洲岛、星岛湖、冠头岭国家森林公园、欧美领事馆旧址等诸多景点，还拥有丰富的海洋资源，海产品包括珍珠、海参、鲍鱼、鱼翅、沙虫、石斑、对虾及各种贝类等。

隐居指数：★★★★★　　交通指数：★★★★

风景指数：★★★★★	民风指数：★★★★	气候指数：★★★★
环境指数：★★★★★	生活指数：★★★★	美食指数：★★★★

海天一色的银滩，海清沙白

地理位置： 广西壮族自治区北海市

总体评价： 拥有“中国十大宜居城市、全国人居城市生态环境范例奖、国家园林城市”等诸多美誉，空气清新，被誉为中国最大的城市氧吧，大气和水质均达国家一级标准，非常适宜居住和养老。

亮　　点： 北海三面环海，亚热带海洋性季风气候得天独厚，冬暖夏凉，空气质量优异；作为一个海边小城，北海民风朴实，生活成本不高，还有吃不完的热带水果和海鲜；这里的生活节奏不紧不慢，人们懂得享受生活，有号称中国第一滩的银滩以及中国最美的海岛之一——涠洲岛，还可前往斜阳岛体验世外桃源的渔家生活。

缺　　憾： 由于临海，北海会有台风光顾，夏季少不了狂风大雨；暑期旅游旺季时游人拥挤；经济和文化氛围欠佳，就业情况不甚理想；公交班次不多，常不报站；出租车和三轮车从业人员素质堪忧；这里还有独特的传销经济，传销队伍庞大。

冬天来了，候鸟南飞，当北国开始漫天飞雪，江南变得阴冷潮湿，当PM2.5濒临爆表，雾霾威胁下的各大城市纷纷告急，当你在凄风苦雨中捂紧大衣缩紧脖子拥挤在公交和地铁……画面切换到广西北海——这里依然蓝天碧海银沙，人们三三两两漫步在柔软细腻的银滩，享受属于自己的悠闲生活。

清晨五点半，城里的人们还沉浸在香甜的梦中，银滩上已经有了早起族的身影。天空尚未泛白，空旷的沙滩一片宁静，只不过一小会儿，不知哪里的广播放起歌曲，勤劳的小贩也纷纷准备开始出摊。提着拖鞋，赤足走在细软的白沙之上，地上满是沙蟹的足迹，远处的海水一点点一片片逐渐蔓延到脚下，凉飕飕，痒酥酥，感觉奇妙而惬意。看着霞光逐渐晕染天空，一轮红日最终从海面上冉冉升起，海水变得金光闪闪。游人三三两两来到沙滩，小贩们也挑着装满海产的担子开始叫卖，新鲜而忙碌的一天，就这样从沙滩上开始。

如果说银滩是北海的表面新装，那么珠海路老街就是北海的内在灵魂。与其他城市相比，北海有一种与众不同的特殊气质，尽管没有大城市的繁华和

热闹，却是那样恬淡闲散、与世无争，叫人非常喜爱，这种特质被老街诠释得尤为淋漓尽致。这条沧桑的街道已有100多年历史，改造后的风格修旧如旧，中西合璧式的骑楼建筑保存完好，古朴风貌依旧。穿行在骑楼下面，既不怕烈日炎炎，也不惧暴风疾雨，前人的智慧庇佑后人至今。清晨的时候，店铺开门很晚，老街空无游人。端午快要到了，骑楼下三三两两的当地人围坐在门口剥笋子包粽子，小声交谈着家长里短，此时的老街安详而清净。最爱夏日的浓密树冠，比老街还要古老的树木静静屹立在路旁，沧桑，幽静，还有阳光下散发出阵阵香气的不知名花儿，自开自落，闲看春秋。可是，当夜幕渐渐降临，老街却呈现出鲜活热闹的另一面，霓虹灯下，行人如织，穿行在老街的各家酒吧、咖啡馆和特产小店，逛得累了，自有琳琅满目的小吃来满足口腹之欲。

不过，北海最闪亮的明珠还得属涠洲岛。在中国国家地理评选的中国最美十大海岛活动中，涠洲岛名列第二，仅次于西沙群岛。目前岛上的开发还属农家乐水平，民风淳朴，物价也很便宜。抽个空暇时间，上岛悠逛几日，体验涠洲岛的渔家慢生活，是在北海最为快乐的日子。阳光下的石螺口海滩，蓝天碧海，水清沙幼，海水在光线反射下清澈透亮，美不胜收。清晨的五彩滩，大片大片的

北海老街，中西合璧的骑楼式建筑是一大亮点

海滩上尽情玩耍的孩子们

石滩，一坑一洼的海水，清澈透亮的水面在阳光映射下变得幽蓝幽蓝，玩一上午也不够。滴水丹屏的夕阳叫人沉醉，黄昏时分，绯红的太阳从天空徐徐落入海面，霞光映红大地和海水，渔船在水面飘荡，景色如梦似幻。不过，在涠洲岛最惬意的时光，却是骑车环岛游。清晨从竹蔗寮村出发，沿着鳄鱼山、五彩滩的方向一路骑行，参观天主教堂，再沿着五彩路来到贝壳沙滩、相思湖，最后回到滴水丹屏看夕阳，迎着咸咸的海风，快乐悠然轻松环岛一圈。

如果在涠洲岛玩得还不过瘾，那干脆再去斜阳岛过几天隐居生活。在距离涠洲岛9海里的地方，有一个恰似世外桃源的小岛，岛上隐藏着一个小小的斜阳村。斜阳岛的生活极其简单，没有浪漫的沙滩，却有许多珍奇的海蚀海积奇观和火山口景观；没有宾馆，没有医院，没有商店，没有

小贴士

交通 可乘飞机或火车到达。北海机场已开通往返于北京、上海、广州、杭州、深圳等多个城市的航班，还有到南宁和桂林的列车。

美食 北海虽然不大，酒楼饭店却很多。本地饮食受广东影响很大，口味偏清淡，讲究食材新鲜。外沙岛海鲜大排档是北海著名的海鲜食场，贵州路云南路的大排档也能吃到美味海鲜，当然，涠洲岛更是吃海鲜的好选择，在东方食街可以品尝口味纯正的广东美食，长青路上有野味烧烤一条街，屋仔村则有川湘贵美食一条街，侨港镇小吃街的鸡丝粉和越南卷粉不错。

住宿 舒适豪华的酒店多集中在北部湾和银滩大道，每晚200～500元不等，汽车总站、客运中心、北部湾广场附近则有很多经济型住宿，银滩附近的别墅区也有很多类似家庭旅社的住宿，平日房价基本在100元上下。北海住宿的淡旺季区别比较明显，黄金周期间一房难求（尤其是涠洲岛），务必提前预订。如果长期租住，一室一厅带普通家具月租约1000～1500元。银滩附近有很多家庭公寓性质的住房，比较适宜短期租住。

餐馆，没有菜市场，当然更没有小偷，却有纯净的空气和海水，淳朴的村民，顽强的仙人掌，慵懒的吊床，还最新鲜的海鲜，展翅高飞的斜阳鸡……你可以寄宿在村民家中，也尽可自带帐篷支在村民的屋前空地。清早起来跟着村民一起出海打渔，午后躺在吊床上睡个懒洋洋的午觉，小憩之后，到岛上唯一的简陋小卖部买一罐冰冻可乐，然后找村民租一根钓杆，前往海岸崖壁尝试海钓，或许还能收获满满呢。

在一个饕餮之徒的眼里，北海堪称吃货天堂。这里的海鲜种类非常齐全，只有你想不到的，没有你吃不到的——张牙舞爪的蓝花蟹，新鲜水灵的大对虾，活蹦乱跳的罗非鱼，肥美鲜嫩的石斑鱼，还有其貌不扬却鲜美无比的北海沙虫……每天都有不同种类的美味诱惑，我只想说，吃得简直太爽了！海鲜价格也很实惠，不管是酒楼排档，或者去菜场自己采购自己加工，那都是想象不到的便宜。除了海鲜，更叫人念念不忘的还是热带水果。在北海的水果市场，一年四季总是琳琅满目水果飘香，黄橙橙的菠萝，红彤彤的火龙果，金灿灿的芒果，还有木瓜、荔枝、山竹、榴莲等等，想起来就叫人流口水。涠洲岛几乎全被香蕉树覆盖，环岛骑行的时候，公路两旁茂盛的香蕉树迎风招摇。香蕉价格更是便宜得逆天，几块钱就提走一整抓。

蓝天、碧海、老街、沙滩、美食、美味……北海的日子就是这样活色生香啊！

作者手记

❶ 北海的早餐种类丰富，尤以汤粉最为普遍，清早出门，来一碗美味的牛腩粉、猪脚粉、鸡丝粉或粉肠煲，是许多北海人从小到大的饮食习惯。

❷ 北海前往涠洲岛非常方便，每天早上8:30和11:15都有去涠洲岛的船，下午14:30和17:15返回北海，正常是一天两班船 ，旺季则有增班。上岛前需注意天气预报。

❸ 在北海，不要轻信出租车和三轮车司机的花言巧语，切勿听取他们推荐去买珍珠或吃海鲜，十有八九是骗局。也最好不在银滩、侨港镇这些地方吃海鲜。

❹ 买珍珠最好去南珠宫，基本没有假货。可以到富贵路夜市买纪念品，但一定要大力砍价。如果想买珍珠粉，还可以去药店。

安徽

最美隐居地TOP50

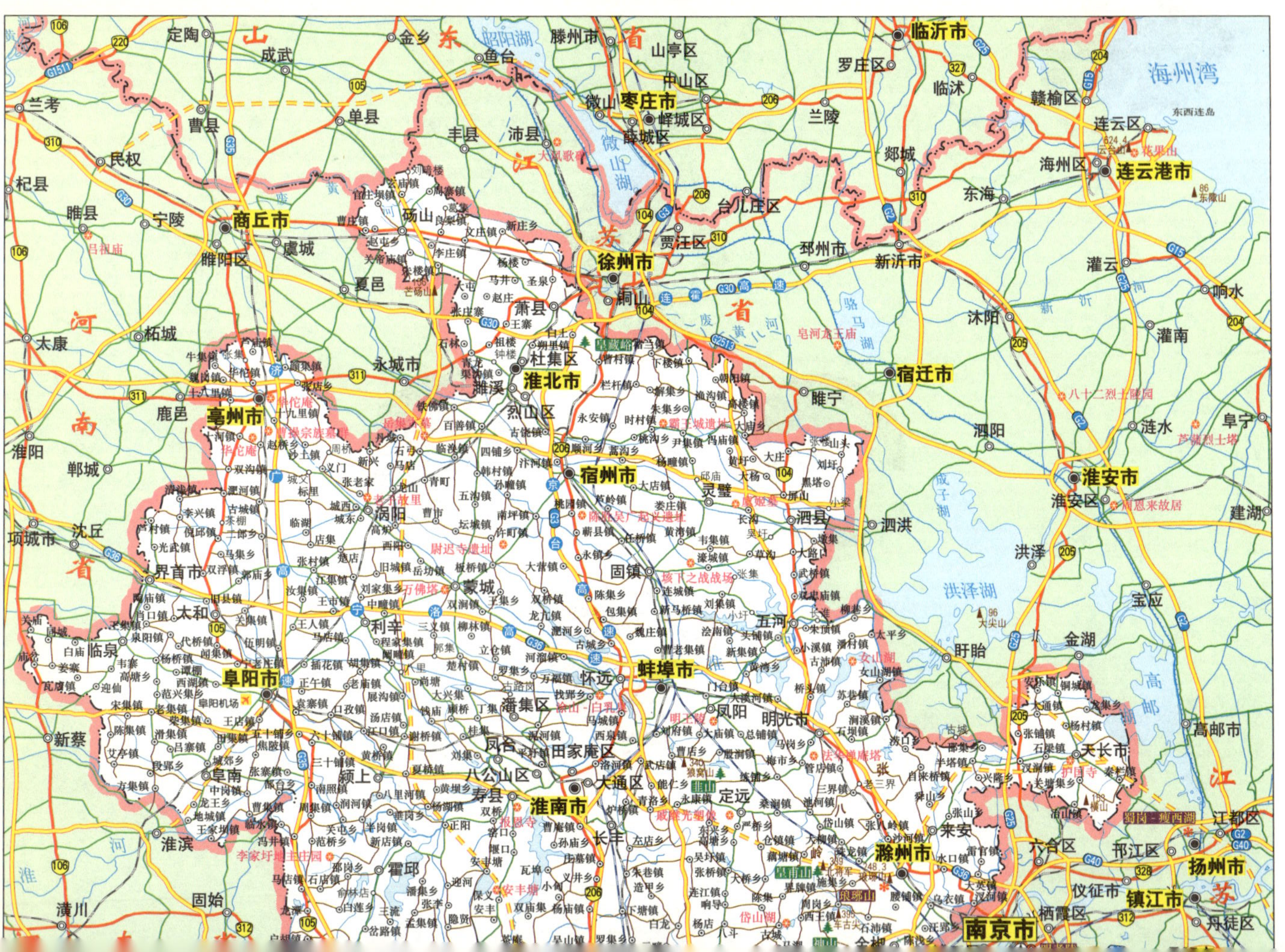

临沂市
海州湾
连云港市
连云区
海州区
赣榆区
东西连岛
花果山
东海
临沭
罗庄区
兰陵
郯城
山亭区
中山区
滕州市
微山
枣庄市
峄城区
薛城区
台儿庄区
微山湖
昭阳湖
鱼台
金乡
单县
成武
定陶
曹县
兰考
民权
杞县
睢县
宁陵
商丘市
睢阳区
虞城
夏邑
丰县
沛县
砀山
萧县
徐州市
铜山
贾汪区
邳州市
新沂市
灌云
响水
灌南
沭阳
宿迁市
睢宁
骆马湖
泗阳
涟水
阜宁
淮安市
淮安区
建湖
泗洪
洪泽
洪泽湖
宝应
金湖
盱眙
高邮市
天长市
江都区
扬州市
邗江区
仪征市
镇江市
丹徒区
栖霞区
六合区
南京市
来安
滁州市
明光市
定远
凤阳
蚌埠市
五河
固镇
泗县
灵璧
宿州市
淮北市
杜集区
烈山区
濉溪
永城市
亳州市
鹿邑
柘城
太康
淮阳
郸城
沈丘
项城市
界首市
太和
临泉
阜阳市
阜南
颍上
凤台
八公山区
田家庵区
大通区
淮南市
长丰
寿县
霍邱
潘集区
怀远
蒙城
涡阳
利辛
新蔡
淮滨
固始
潢川
山
东
省
江
苏
省
河
南
省

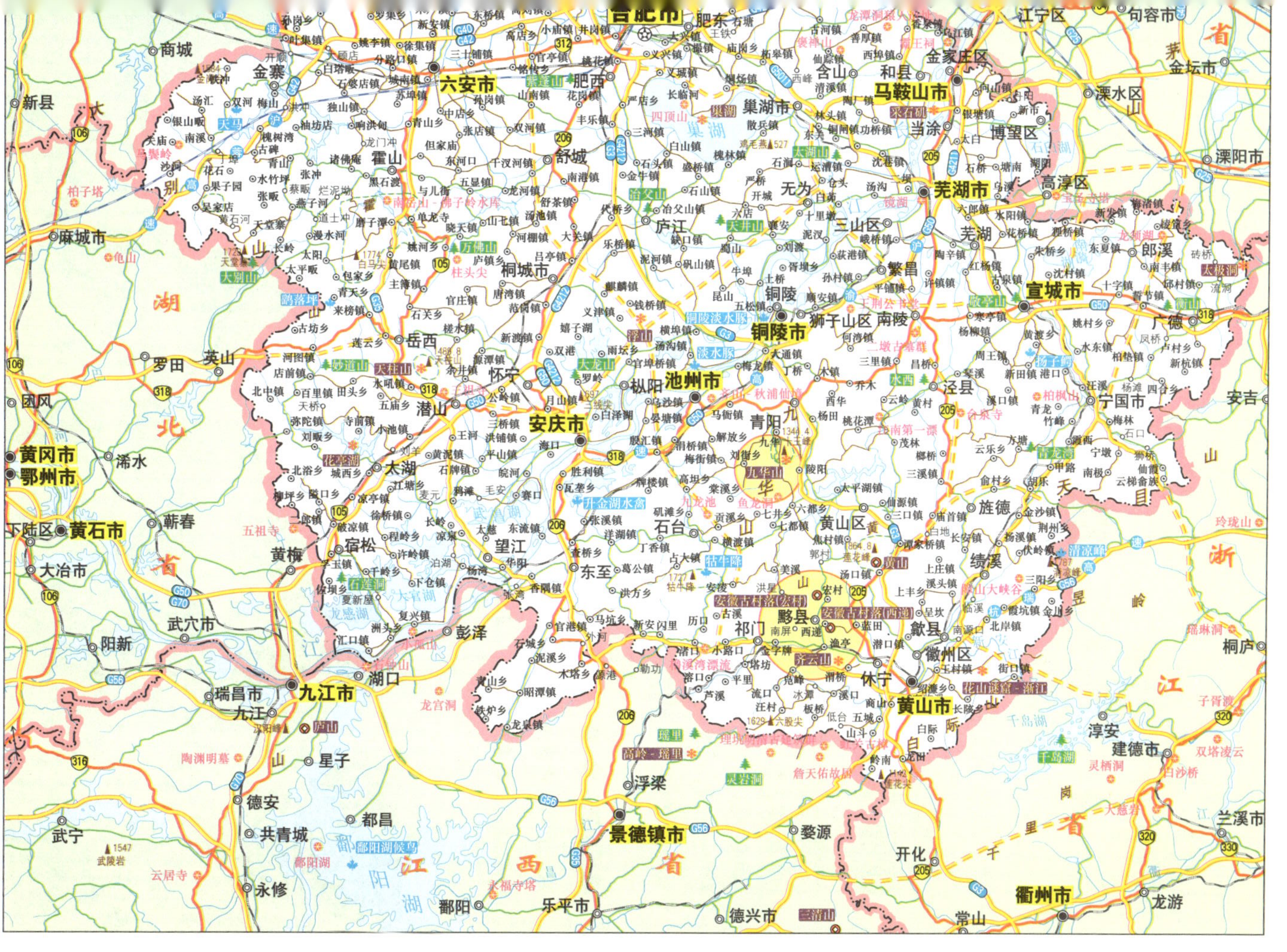
合肥市
六安市
马鞍山市
芜湖市
宣城市
铜陵市
池州市
安庆市
黄山市
巢湖市
桐城市
宁国市
九江市
景德镇市
衢州市
建德市
兰溪市
黄冈市
鄂州市
黄石市
麻城市
溧阳市
句容市
金坛市
和县
含山
当涂
无为
庐江
舒城
霍山
金寨
岳西
潜山
太湖
宿松
望江
东至
石台
青阳
泾县
旌德
绩溪
歙县
休宁
祁门
黟县
黄山区
徽州区
繁昌
南陵
郎溪
广德
芜湖
肥西
肥东
枞阳
怀宁
彭泽
湖口
都昌
星子
德安
共青城
永修
瑞昌市
武穴市
黄梅
英山
罗田
浠水
蕲春
阳新
大冶市
武宁
浮梁
婺源
德兴市
开化
常山
淳安
桐庐
乐平市
鄱阳
商城
新县
团风
安吉
溧水区
高淳区
江宁区
浙
江
湖
北
西
省
天柱山
九华山
黄山
齐云山
鄱阳湖
千岛湖

宏村

——穿过岁月长河的画里乡村

解读 宏村

世界文化遗产，享有“中国画里乡村”的美誉。位于黟县西北11公里处，距今已经有800年的历史。宏村依山傍水而建，最出名的地方是整个村子的仿生学“牛形”布局和它的风水灵气。当地属北亚热带湿润季风气候，冬夏季长，春秋季短，温和湿润，冬无严寒，夏无酷暑，最冷月份平均气温在3.7℃以上，最热月份平均气温在27.1℃以下。景点有南湖、月沼、水圳、敬德堂、承志堂等。特产有烧饼、手剥笋、姜糖等。

隐居指数：★★★★　　交通指数：★★★

风景指数：★★★★	民风指数：★★★★★	气候指数：★★★★
环境指数：★★★★★	生活指数：★★★	美食指数：★★★

地理位置： 安徽省黄山市黟县

总体评价： 最具代表性的徽派村庄，依然保留着大多数中国乡村中消失或改变了的古老民俗人文风貌，达到了自然和人文的和谐交融。

亮　　点： 村内的自然水系为全村增色不少，特别是月沼和南湖。民风淳朴，村民待人热情。很多家庭都开设旅馆，高中低档都有，客栈装修基本保留了古民居的风格，小而精致的风情客栈数量很多。每天都有多趟班车通往黟县及附近的西递、黄山等。物价比较低，花很少的钱就可以享受到原生态的旅居生活。

缺　　憾： 交通相对来说不够方便，门票价格较高，商业化强度偏高，重要节假日游人量太大，食宿接待及游览质量的满意度要打折扣。毕竟只是一个村庄，缺少医疗和教育、文化设施，生活设施还不完善。冬季有些湿冷。

2000年，宏村和西递一起作为最具代表性的东方古村落被列入世界文化遗产名录；2001年3月，以宏村为背景的电影《卧虎藏龙》一举获得了奥斯卡大奖，让世人对这个东方古村落充满了一探而快的期待。

宏村，始建于南宋绍兴年间，旧称弘村，清乾隆年初，因弘村犯了乾隆皇帝的名字“弘历”之讳，遂更名为宏村。它的村落规划最出奇的是自然水系，历经八百年沧桑变幻，至今仍能发挥正常作用，其规划巧妙位居徽州古村落之冠。另外，宏村内的明清古建筑保留完好至今的还有140多座，可谓跨越明清两代的徽派民居建筑博物馆。

宋时，宏村的水系规划者利用宏村的地形，引西溪水入村，借用水流的自然力量，使得村中处处有活水。元时，汪氏七十四祖玄卿公的孙子思齐公和他的原配夫人胡重遵从祖先遗志，决定在村中泉眼附近建祠堂（乐叙堂）、开月沼，这样整个村落的水系网络有了雏形。随后在村南又挖掘了南湖，这便是宏村完整的“牛形”水系网络的形成。经过了宋元明清诸朝持续性的建设，宏村形成了奇特的“牛形”村落：村口的两株古树为牛角，村中月沼为牛胃，南湖为牛肚，村中九曲十弯的水圳为牛肠，村落中的屋舍建筑为牛身，四座古桥为牛腿，犹如一头水牛安卧于南湖之中。

随着宗族的繁衍壮大，新的马头墙及屋舍渐起，村落范围也逐步扩大。屋舍延伸到哪里，水圳也跟着流动到哪里。宏村独具智慧的人工水系，解决了族人饮用、浣洗、防火的需要，并且为这种人工水系建立起了一套用水制度，其中规定每日八点以前，村民在牛肠，也就是水圳内取饮用之水；八点以后，水圳内的水用作浣洗及其他用途。

宏村的奇特不仅仅是水系，还有穿越了数百年风雨的徽派民居，以及生长在其中的鲜活民俗，它们形成的村落整体让人着迷、留恋。以月沼为中心，散布在它四周的祠堂、老宅星罗棋布，高低错落，屋脊相连。灰与白的视觉冲击，像指下琴瑟奏出的一曲祥和安定的古风小调。在老巷中游走，水圳中的流水从来不曾歇息，流过了月沼、汪氏宗祠、树人堂，流过了承志堂、乐叙堂、汪大燮故居、南湖书院。

随着潺潺流水，信步踏入松鹤堂。这是一处有意思的老宅，当然也改成了客栈。院内的老宅和回廊之间有一方形水池，两面水榭相对，见得粉墙黛瓦、大红灯笼和回廊边喝茶的情侣，极有情调。松鹤堂的少堂主王

在月沼畔写生的学生们

小贴士

交通 可先到黄山市，再从黄山市长途汽车站（旅游集散中心）转乘旅游公交直接到宏村，车程约两小时。

美食 宏村几乎每家农家客栈都提供餐饮，但专门的餐馆不多，主要有老街饭店及村外的安安菜馆。特色小吃有月沼附近的御膳饼、南湖附近的宏村烧饼、月沼边的唐氏姜糖。

住宿 宏村提供住宿的地方很多，如果想体验明清宅屋，可以住在居善堂（0559－5541218）；如果想感受南湖晚上的清新，可以选择湖沁楼客栈（0559－5541287）、荷塘月色客栈（0559-5541467）。多数客栈标间价格为每晚100～200元，如长住的话，也可商量月租价格。宏村有清和月青旅（0559-2171731）、老房子青旅（0559-5545888）等青年旅舍，多人间每床50～60元。

在古宅承志堂经常可以碰到青春美女

艳带我看过她家的房子，她说松鹤堂建于清同治八年，是她爷爷从宏村村民手里买来的。她家不算正式的宏村村民，所以宏村发展旅游业后，分红自然没有他家的份，老宅维护修缮也是他们家自己掏钱维护。不过因为客栈生意好，在宏村倒也是过得不错了。

一年四季当中，宏村游人如织，来这里写生的学生在徽州地区也是最多的，街前巷后三五成群的写生者也是一道独特的风景。记得那年从南京来宏村写生的时候，月沼边已经不让学生们写生了，听说是嫌学生们呆得时间长，而且只收半票，坐在那里半天，挡着游客的路等等，匪夷所思啊。至少我被拦过一次，只好进到汪氏宗祠对面的唐氏姜糖店里，才画了份完整的速写。如今依然这样，那些学生换着法儿躲进月沼四周的巷子、屋舍里，术业精神可嘉啊。

不觉得宏村有多少令人印象深刻的特产，而徽菜在宏村并没有一家有名气的店，西溪边的安安菜馆不错，可惜就餐环境大打折扣。众人传说中有名的宏村烧饼，在屯溪的街巷中早已是比比皆是。不过这宏村烧饼的样子，焦黄如蟹壳般大小，馅料有梅干菜、芝麻、瘦肉等。一口咬下去，脆酥生香。另外要说的就是月沼附近的御膳饼，虽不是宏村传统特产，却口碑甚好。

这一次，没有在宏村过夜，也无心在人潮中细赏那冬瓜梁上的木雕。过了西溪，回望，雷岗山下，羊栈河、西溪蜿蜒穿过宏村，汇流于南湖，倒映着宏村层层叠叠的粉墙黛瓦，灯火烟村千万家，只觉得这幅山水古村落画，竟然散发出了一种富庶、大气、从容、优雅的气息。

民居客栈的风情小院

作者手记

❶ 宏村住宿点特别多，服务都相当成熟，基本没有差的，只有更有特色的。

❷ 宏村各桥头有验票的工作人员，如果在村内住宿而临时出村的话，要带好自己的门票。

西递

——品味大静之美

解读 西递

世界文化遗产，素有“桃花源里人家”之称。位于黟县东源乡，在县城东8公里。西递建于北宋，距今已有900年的历史。当地四季分明，温润宜人。村内现存有明代民居建筑1幢，清代民居建筑122幢，加上西递村的民居在住房设计、室内装饰、环境美化、资源利用方面都体现了极高的水准，特别是民居中的三雕尤其精美，所以西递也就有了“东方文化的宝库”“世界上保护最完好的古民居建筑群”等美誉。景点有追慕堂、大夫第和绣楼、西园、瑞玉庭等。特产有烧饼、苞芦松、石头馃等。

隐居指数：★★★★　　交通指数：★★★

风景指数：★★★★	民风指数：★★★★★	气候指数：★★★★
环境指数：★★★★★	生活指数：★★★	美食指数：

石牌坊

猪栏酒吧客栈，这里原来就是养猪的地方

地理位置：安徽省黄山市黟县

总体评价：村落风景独好，气候温润而民风淳朴，徽文化风情浓郁。

亮　　点：西递的民居生态环境及文化环境较好，适宜居住。适度的商业环境及合适的客栈状况让西递在古老与现代之间取得了一个平衡。

缺　　憾：交通相对来说不够方面，门票等物价相对偏高。整体上没有宏村那么有味道，可能是村里没有宏村的活水的缘故。中等档次的客栈数量相对偏少。冬季有些湿冷。生活设施还不完善。

黟县西递，以完整的徽派古村落建筑群及鲜活的民俗风情为世界瞩目，2000年，它和同处黟县的宏村一起被列入世界文化遗产名录。它不同于宏村的地方不仅仅是它的村落风水，还因为这个山村中隐藏着一支李唐王朝之后，其宗族文化可上溯至李唐，近千年来，繁衍生息，薪火相传，可谓徽州古村落中珍贵的孤例之一。

话说北宋皇佑年间，明经胡氏的五世祖胡仕良因公从婺源去金陵，路过今日西递村的地方，发现这里山川形胜，风水秀丽，非常适宜居住，便举家从婺源考水迁到西递来，从此开始了西递近千年的繁华。而这明经胡氏，正是唐昭宗李晔的幼子。原来，唐末天佑年间，唐昭宗李晔之幼子为避朱温之乱，由近侍郎胡三护送至婺源考水，从胡姓，起名昌翼。后五代时期，胡昌翼考中后唐明经科进士，其子孙以明经区别其氏，始称明经胡氏。

西递村的风水与地形在徽州都是独一无二的。它的四周，十几座山头环绕如众星拱月，甚为奇特。村落布局为船形，高低错落的马头墙勾勒出了最动人的徽派风情。炊烟四起，落日中的西递最为温暖；而晨雾中的西递宛如仙境，山头在云端隐现，雁阵南北，如桃花源一般。村中两条溪流相去里许，穿村而过，汇于泮池。村口泮池为一村财气、文气所聚之地，其岸边原为明经胡氏宗祠所在，现在这里建起了一座西递行馆，行馆的正厅悬挂着明经胡氏的画像，提醒人们这里是胡氏总祠所在。

泮池边现存有一座建于明万历六年的“胶州刺史”牌楼，石料为黟县青，这是为明代西递籍进士胡文光所立的牌坊。这座牌坊既不同于徽州地区常见的四柱冲天式，也不同于歙县许国坊那般显赫至上，它石色古朴而雕艺精湛，岁月的风霜也难掩它的富丽堂皇。牌楼的正上方刻“恩荣”，花板上下刻有动物浮雕及文官、武将、八仙，题材及寓意都非常丰富。

过了泮池，从村口沿大路街进村，不多时，便到了追慕堂前。追慕堂里面供奉着胡昌冀等先祖牌位，四面墙上挂着胡氏家训等。不知内情的游客往往会被上面唐太宗李世民的牌位搞得脑子一时短路。认真地读了胡氏家训，惊叹李唐后人在迁至西递之后，仍能遵承祖训，在创业、为官、齐家、治学等方面的宗法

雨巷

西递行馆内的读圣贤书木雕

小贴士

交通 可先到黄山市，再从黄山市长途汽车站（旅游集散中心）转乘旅游公交直接到西递，车程约一个半小时。

美食 与宏村一样，每家客栈都兼营餐饮，可在所住的客栈就餐。

住宿 西递村里住宿的地方有很多，比较有特色有猪栏酒吧（0559－5154555）、官厅客栈（0559－5154356）等，价格稍高。望月楼(0559－5154022)是很多大中专院校在西递的实习基地，有上下铺床位。村里的普通客栈标准间低者每晚七八十元，多者一百多元。目前没有青年旅舍。

规矩依旧景然有序，这些规矩在今天依然没有过时。在家族文化的影响下，明经胡氏的后人多出仕宦、徽商大贾，明清以来尤为兴盛发达。

追慕堂两侧向南分别是直街和横路街。直街巷尽头临前边溪就是大夫递，为胡文照故居。这是一座三进院落四合院格局的老宅，门窗及冬瓜梁上的木雕极其精美，放慢眼光慢慢地去欣赏，便能想象古时的工匠是怎样来雕琢这美丽光阴的。沿着胡文照故居窄窄的木楼梯上到二层，楼梯休息平台的拐角处有个小小的木门，小而尺度宜人，充满了亲切的气息。阳光从天井上面透过玲珑的木雕窗射进二层厢房，光线是那样的柔和，木地板上的细尘响应着探寻的脚步轻轻翻起；燕子的泥窝建在雕梁画栋旁，它们飞来飞去间，岁月便逐渐苍老得一如这黯淡了颜色的木雕。

这里的方言较容易听懂，一些词汇的用法称谓甚至和粤语相近，你不能不惊奇中国乡土语言的渊远流长。比如：这里吃早饭的说法是吃天光了么？晚饭是吃落昏了么？而粤语里的大天光即天亮的意思，讲太阳下山、下雨、下雪之类也是惯用落字。由此便不难体会到我们的先民是如何迁徙、聚居、繁衍，才形成今日你中有我、我中有你的多样化的文明形态。

早起顺着小巷走，会看到村人端着饭碗在家门口吃饭，三言两语跟左邻右舍拉着家常。偶尔还能碰到婚礼，小伙子们沿着老巷噼里啪啦地放着爆竹，新郎新娘手捧鲜花，挽手走过千年的青石板路……

后边溪路上，阳光在马头山墙上画成了斑驳，潺潺溪水流过，母鸡在散步，狗儿在晒太阳，学生们在写生，妇人在溪中洗菜，马儿踏过青石板路，蛩音回响……这是一生难以忘怀的慢时光。

西递有大静之美，三言两语难以说尽。

作者手记

❶ 西递村口有邮局。大路街有租双人车的，半天10元。胡文光刺史坊附近有移动、联通营业厅。

❷ 西递官厅客栈是一处拍摄全景的高点，村南的山亭上也是一处全景拍摄点。

南屏

——追寻桃花源的传说

解读 南屏

国家历史文化名村。南屏村距今已经有1100多年的历史，原名叫叶村，后因村西南背倚南屏山，更名南屏村。南屏被誉为“中国古祠堂博物馆”，村里的宗祠规模宏大，家祠小巧玲珑，组成了一个全国罕见的古祠堂建筑群。因《菊豆》《卧虎藏龙》等多部著名影片在此拍摄，亦被称为“中国影视村”。这里山水秀美，人文荟萃，古风依旧，民风淳朴。景点有序秩堂、叶氏支祠、抱一书斋、冰凌阁、南薰别墅等。

隐居指数：★★★★　　交通指数：★★★

风景指数：★★★★　　民风指数：★★★★★　　气候指数：★★★★

环境指数：★★★★★　　生活指数：★★★　　美食指数：★★★

叶氏支祠大门上的匾额

地理位置：安徽省黄山市黟县

总体评价：生态自然环境较佳，客栈及饮食价格相对实惠，适合居住。

亮　　点：南屏的旅游业尚处于发展上升期，所以商业化较轻，更多的保留了古村的韵味。

缺　　憾：交通不够方便，配套基础及服务网点配置较一般。客栈各方面服务质量稍逊宏村及西递，上档次的风情客栈很少，多数还是学生住宿的通铺，条件相对简陋。

南屏原来只是个很不起眼的小山村，自元朝末年有一位叶姓人氏从祁门白马山迁来后，才有了较快的发展。到明代，南屏村已有相当规模，全村逐渐形成叶、程、李三大姓。清代时徽商兴旺，全村号称“十万富”之家的便不下20户，其中最著名的当属名震江南的“江南十二家”的李宗。

南屏至今还保留着8座祠堂，大多座落在村前横店街长约200米的一条中轴线上，其中有属于全族所有的“宗祠”，也有属于某一分支所有的“支祠”，还有属于一家或几家所有的“家祠”。宗祠规模宏伟，家祠小巧玲珑，形成一个风格古雅颇具神秘色彩的祠堂群。 至于影视村的来由，则是因为1989年金秋张艺谋和著名影星巩俐在南屏村7个月，拍摄的那部《菊豆》，后来该片荣获了法国戛纳电影节最高奖——金熊奖，这之后《风月》《卧虎藏龙》等很多电影都在此取过景，村中随处可见的电影剧照和道具无不在向游人昭示这个小村浓厚的影视文化气息，不过由于不断有影视剧组进驻，村中的古物不同程度地受到了破坏，如拍摄《菊豆》时，叶家祠堂的一块几百年前的木制地板就因剧情需要而被换成了青石板，真是可惜。

从黟县县城到南屏村大约8华里，要穿越层峦叠嶂的大山，不陡却很平缓的山，不过到了高处看山脚下那大片的油菜花，竟也能心生豪迈，加上些小鸟依人状的徽派小村，气势磅礴中融入了动人的田园水粉，这恐怕只有在徽州才能找到，南屏就是那小巧的田园水粉。南屏村并不大，不过因有三家大姓，当年在南屏互相攀比之风很盛，这也就为后人留下了大量的祠堂和古宅，特别是那纵横交错的72条深巷跟个迷宫似的，很容易就迷路了。

孝思楼的圆券窗洞

村口不远就见一祠堂上挂"老杨家染坊""的牌匾，心想这就是《菊豆》拍摄的主要场地序秩堂吧。祠堂中有序摆放着染布、晒布的台架、绞车、染池等道具，游人们都在此处留影，边上的外国游客见了也是阵阵惊呼："哇，菊豆！"如同当年一部电影《少林寺》轰动全国，掀起了一场武术热、少林热一样，《菊豆》则让老外对中国有了最初的认识，也让南屏从此走出群山，走向世界。再细看这序秩堂，分上、中、下三厅。因是叶家全族所有的"宗祠"，据说其大门的高度比村中其余7座祠堂都要高，同姓的一切支祠、家祠均不可逾越，这儿俨然成了一个家族精神教化的圣殿。再看大门上端悬挂着的"钦点翰林""钦赐翰林""钦取知县"等金字匾额，无不彰显着先祖的勋业，也能借此使子孙蒙受荣光。

再往里走，就看到了叶氏支祠，虽比序秩堂小了不少，不过看过《卧虎藏龙》的朋友一定不会对此陌生，那场章子怡、杨紫琼在雄远镖局比武的戏就是在这拍的。清幽方正铺满青石板的天井，夹着迷茫的淡淡的薄雾，在这么唯美的中国水墨意境中，杨紫琼用了十八般武器里面的至少八九种，最后还是不敌章子怡的剑术，实在好看过瘾。

又挑了些人少的小巷走了进去，想着独自寻找清幽的感觉，不自觉的竟然有些迷路了，村里都是些青瓦高墙，一时还真的很难分辨方向，正巧过来了个阿伯，便上去问路。阿伯看我就乐了，指着墙边的一块青石说："碰到这样的石头往右边那个

小贴士

交通 乘坐火车或飞机到达黄山市（屯溪区），黄山市至黟县每隔半小时就有一趟班车，黟县汽车站有直接到南屏的中巴。

美食 村里专门的饭店很少，每家客栈都兼营餐饮。

住宿 村里有一些客栈，普通标间每晚七八十元，好一些的一百多元，上下铺房间的每个床位四五十元。冰凌阁（0559-5164200）是极有特色的老宅客栈，在驴友中口碑极佳。孝思楼（0559-5164789）是南屏村巨富叶坚吾的故宅，四楼可尽览南屏村色。

南屏古民居不老的容颜

方向走就行了。”看阿伯说的跟玩乐似的，多少有些怀疑，可也没别的法子，于是到分叉口便去找有“泰山石敢当”的青石，就这样竟还真走了出来，到了村口的万松林，心想村民难道也是靠这青石认路，那晚上黑了灯岂不是出不来村了。

和徽州其他小村一样，南屏的美并不仅仅在于她的那些名号，也绝不是因为某个著名的祠堂抑或古宅。从城市的繁华里走出，沉入小村袖珍的山水，可能不经意间的一瞥，就会是一幅流动的动人风景。黛瓦白墙，炊烟袅袅，手执牛绳的耕夫，隐约间还能听到些鸟鸣犬吠，这些都是风景中美丽的点缀，也是这个小村不同于城市和其他村落最别样的迷人处。有闲暇，我想我一定会去那里多住几天的。

作者手记

1. 南屏村不大，慢慢蹓跶，两个小时就能走完，住一些时日才能感受到它的美。剧组一般在春秋两季在这里拍戏。
2. 村里有自行车出租，可以骑去附近的小村关麓看看，游人稀少，更小巧更徽州。

九华山

——濡染一份禅的气息

解读 九华山

佛教四大名山之一。西北隔长江与天柱山相望，东南越太平湖与黄山同辉。属北亚热带湿润季风气候，同时具有高山小气候特点，年平均气温13.4℃，年平均降水量2437.5毫米。

九华山春来迟，秋偏早，夏短冬长，而且海拔越高，这种四季变化的规律就越明显。现有寺庙90余座，僧尼近600人。景点有九华街、真身宝殿、化城寺、东崖禅寺、天台寺等。特产有九华佛茶、黄精、葛粉等。

隐居指数：	★★★★			交通指数：	★★★
风景指数：	★★★★★	民风指数：	★★★★★	气候指数：	★★★★
环境指数：	★★★★★	生活指数：	★★★	美食指数：	★★★

地理位置： 安徽省池州市青阳县

总体评价： 九华山风景绝佳，地域文化环境及配套设施、客栈经营条件比较成熟，各方面都非常适合旅居。

亮　　点： 九华山有佛寺百余座，故而民风淳朴而尚佛礼。九华街上有完备的配套服务设施，各大寺院几乎都可提供不错的食宿环境，物价适中。饮食多自然美味。在这里能住得六根清净，吃得回味悠长。

缺　　憾： 交通不太方便。重大节假日及佛教节日期间，山上香客摩肩接踵，徐徐而行，人流量太大，无论是食宿还是交通等多有不便。

大唐天宝年间，诗仙李白乘舟过长江，望见江岸上一山奇秀，高接云表，其数有九而状若莲花，便赋诗“妙有分两气，灵山开九华。”后来又写道“昔在九江上，遥望九华峰。天河挂绿水，秀出九芙蓉。”这座山便因此得名九华山。

穿过黄山的云烟，越过太平湖的万顷波涛，过陵阳旧地，便到了长江之畔的九华山下。这里奇峰突起，云蒸霞蔚，溪瀑纵横。唐开元年间，金乔觉驻锡九华山修行，百年示寂后被尊为地藏王，其修行所在的化城寺即九华山开山祖寺。此后，九华山又建起了多座禅院，僧侣数以千计，佛像万尊，天下梵境一时无出其右者。经唐宋元明清更迭，禅院尼庵几度兴衰，而香火始终不断。

到九华山的这一天，正好下着淅淅沥沥的小雨，从九华山柯村汽车站乘景区大巴沿九华河南上，一路山环水复，经九十九道弯之后来到逸仙桥边的“九华胜境”坊下。大雨也阻挡不了朝拜的人群，那是信仰，那里有菩提。香客们摩肩接踵，潮水一样涌入九华老街。老街两旁却没有层叠相错的马头墙，非常的简洁和纯粹，充满了一种简约的意境。

漫步在街上，看背着香袋的朝拜者络绎往来，足音嗒嗒不绝于耳，很多香客几乎见寺就进，见佛就拜。在这里，宗教更具一种普世的感觉，在千年的佛礼熏陶之下，当地人信佛念佛敬佛已经成为一种土生土长的朴素信仰。人们的生活亦佛亦俗，不知不觉中，都在做着与佛有关的事情。我想起祉园禅寺的上客堂宾馆，那前台僧人年轻俊美的脸，那空明静澈的眼神。他们在佛门客堂里做工，

小贴士

交通 可先到南京、合肥或黄山屯溪区，再转乘汽车前往。

美食 建议品尝一下佛教素食，这里的素菜取材于山里出产的百合、石耳、黄精、木耳、竹笋、黄花菜等蔬菜，配以豆腐、面筋、素油，运用炒、炖、烤等工艺烹制而成，别具风味，模拟荤菜几可乱真。各大宾馆和街头路旁的素餐馆都有各种素菜供应，推荐九华老街上的百年老字号曾福兴酒楼。

住宿 九华山的住宿可分为三个区域，一是九华街区域，二是旅游集散中心柯村站附近，三是九华山风景区山上部分。其中九华街区域生活配套设施一应俱全，交通最为方便，普通宾馆标准间一般每晚一百元左右。

潜移默化中便有了一份禅的气息。

南苑的万大哥说每年腊月二十八，他们这里家家户户都要过荤年，吃肉；第二天把锅碗瓢碟一收拾，腊月三十再跟和尚们一起过素年，吃素食。而一般季节来，在百年老字号曾福兴酒楼品九华素食是大多数游客的选择，或者任选老街上的小店，随意点上几样素菜，也能体会到佛门素食的滋味。

白鸽在化城寺的广场上低旋、飞翔，偶尔飞下来啄食着游客撒下的面包，放生池里红鱼空游无依，乌龟趴在水面上悠然自逸；太白书院前，李白当年手植的银杏也已经长成参天大树；街上香烛店、干货店林立，人们心安理得地享受着上天赋予九华山的特产。

沿着游步道过通慧禅林、闵公坟，穿过山林盘旋上行，便是去东崖禅寺的山路。山谷中的树林笼罩在迷离的雨雾中，苍茫不见近路，只听得到自己的脚步声和偶尔传来的一两声猿猴长啸。漫长的台阶之后，终于登上了东崖山脊上的石板平路，开始看到三三两两的香客。这条路左可去百岁宫，右可去东崖禅寺。沿右手的石径南去数百步，便到了东崖底下。崖上白云生风，崖下一狭窄石径贴崖穿云而过。这时候一位身材高大的和尚从对面飘然而来，走进钟亭里撞钟，那黄钟大吕般的激昂之音立刻穿透了云烟在山谷中飘荡，不知惊醒了多少梦中人。

白云横生，石径通幽，一转身便到了东崖禅寺山门下。只见那禅寺高耸在云壑幽深、山风呼号的东崖之巅，犹如一艘大舫停靠在云深处。禅寺始建于明代，到了清代时已经成为九华山四大丛林之一。寺院

登天台路上

建筑倒也依山就势，极尽工巧。殿外一声紧一声的风声，殿里反倒有种安静的气息，佛祖在上面闲坐，仿佛风月不曾打搅到他的闭目养神。

轻步绕到大殿外，遇到一个栗袍黄裤的僧人，我们聊了好久。对一个旅行者来说，日日青山，那也许是意境；对一个常在山里艰苦修行的僧人来说，那还是要看他的心机和定力的。不管怎样，我都佩服这些真正的出家人，为了朴素简单的信仰，就可以抛下红尘万千。下山的时候，他送出我好远。

那天去天台寺，跟着香客们沿石阶迤俪上行，抬头就能望见悬崖峭壁之上云遮雾绕的拜经台、天台，似在咫尺，却山路迢迢。前行不久，便到了慧居寺。慧居寺最出名的是大雄宝殿中有三尊艺术造型在全山首屈一指的佛像。穿过彗居寺高低错落的屋舍，两旁竹林潇潇，杉林层层叠叠，犹如塔林。林海外的云中，万佛塔、东崖禅寺、百岁宫隐约浮现，像极了蓬莱仙境。

再上行，山林渐渐地密了，光影斑斓，石径趋仄，行人香客都专注看着脚底的石阶，小心赶路。一位灰衣布履的年轻尼姑从后面上来，七步一合掌磕头，目光笃诚地走过山路天梯。峰回路转，前面峭壁上赫然见一座黄墙黛瓦的吊桥寺，吊桥通道即为翠云庵大殿的外廊，廊外便是云壑，险峻万千。吊桥寺下方，石径上青苔横生，临壑有摩崖石刻“江南第一山”，为民国十二年（1923年）安徽省省长许士英题。

这一路上有很多小吃店，沿路摆着两三口小锅，里面蒸些红薯、竹笋片、香干豆腐等，热气腾腾地吸引着行人的目光。不时有行人停下来买一两块红薯或是一碟竹笋，然后就在山道边大快朵颐。还有乡民提着装满了灵芝等干货的篮子沿路售卖，一个妇人提了一篮子生姜似的东西，还有跟荔枝很像但又比荔枝大了好多的野果，我就问那妇人这是什么，她说：“这个叫黄精，那个野果叫地藏果。”原来是地藏王菩萨在九华山修行时吃的东西啊。买了一个地藏果剥开，里面黑籽浆汁，放进嘴里一咬一泯，感觉里面有火龙果、猕猴桃和荔枝混合的味道。

离天台还有五里路的地方，山头秋色渐浓，红枫飘落，奇石也渐渐多起来了。关刀峰、仙人面壁石、小云门、观音慈航、叫天门、仙人击鼓……风起云涌中，仿佛正在举行一场神仙的盛会，今天可是观音菩萨出家的日子啊。

观音峰之上就是古拜经台，一上去便见人潮涌动，香火飘渺。拜经台是一座重檐歇山、黄琉璃瓦的寺庙，大雄宝殿四周有灵官、万佛、地藏诸殿相拱，寺院建筑群依山就势，结构巧妙而不乏气势。

漫长的石阶之后，终于登顶天台寺。那位女尼也上来了，额头已经磕得乌青，身后还有两位俗家居士也跟着七步一磕头。天台寺始建于宋代，坐北朝南，高踞天台之巅，南侧就是九华山海拔1344米的最高峰十王峰。

宋人吴潜曾有诗曰："一莲峰簇万花红，百里春阳涤晓风。九十莲花一起笑，天台人立宝光中"，形象地描绘了九华山旧志十景中"天台晓日"的无限风光。在天台之巅，御风而立，极目而望，只见群山苍茫，云烟飘渺，长江如练，仿佛心也跟着天地辽阔起来。

在九华的日子里，我看见在雨中飞翔的白鸽，放生池里空游无依的红鱼，恭恭敬敬上香的香客；大殿里金身佛祖无言的尊容，那山门下倚门沉默的青春女子，看千山外，云烟变幻；化城寺钟声一起，百寺皆应，漫山鸣响。于香烛飘渺之中，想起了地藏王菩萨金乔觉的誓言：地狱未空誓不成佛，众生度尽方证菩提。

作者手记

1. 九华老街在九华山腰的小盆地中，九华河穿流而过，四周青山环绕，恰似莲花瓣中的小小世界，历代以来繁荣不衰。这是九华山上僧俗最为集中的山街生活区，寺院、民宅、银行、邮局、学校、宾馆、超市、饭店样样不缺。
2. 九华山旧志十景为：化城钟声、天台晓日、东崖晏坐、天柱仙踪、桃岩瀑布、莲峰云海、平岗积雪、舒潭印月、九子泉声、五溪山色。
3. 每年农历七月三十日为地藏菩萨圣诞日，九华山都会举行地藏法会。

山东

最美隐居地TOP50

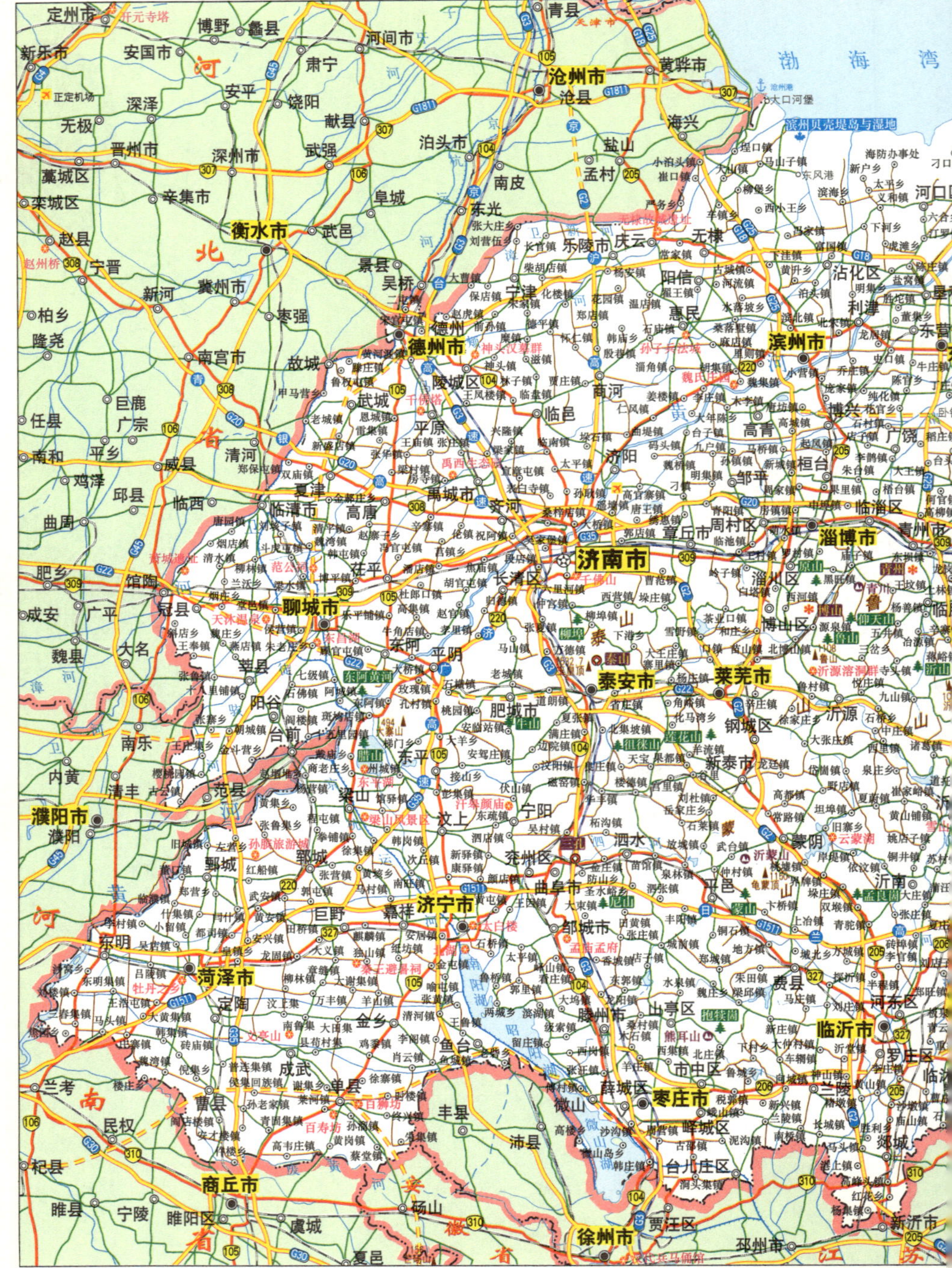
渤海湾
滨州贝壳堤岛与湿地
河北省
山东
河南省
安徽省
江苏
定州市
开元寺塔
博野
蠡县
河间市
青县
天津市
新乐市
安国市
肃宁
沧州市
黄骅市
正定机场
深泽
安平
饶阳
献县
沧县
无极
晋州市
深州市
武强
泊头市
盐山
海兴
藁城区
孟村
南皮
栾城区
辛集市
阜城
东光
河口区
赵县
衡水市
武邑
乐陵市
庆云
无棣
赵州桥
宁晋
景县
吴桥
阳信
沾化区
新河
冀州市
宁津
惠民
利津
柏乡
枣强
德州市
滨州市
东营
隆尧
南宫市
故城
陵城区
商河
博兴
巨鹿
广宗
武城
平原
临邑
高青
任县
清河
济阳
邹平
桓台
广饶
南和
平乡
威县
夏津
禹城市
齐河
临淄区
青州市
鸡泽
邱县
临西
临清市
高唐
章丘市
周村区
淄博市
曲周
济南市
馆陶
茌平
长清区
淄川区
肥乡
冠县
聊城市
东阿
博山区
临朐
成安
广平
平阴
大名
莘县
泰安市
莱芜市
沂源
魏县
阳谷
肥城市
钢城区
南乐
台前
东平
新泰市
内黄
清丰
范县
梁山
宁阳
沂水
濮阳市
濮阳
汶上
蒙阴
泗水
鄄城
郓城
兖州区
平邑
沂南
曲阜市
东明
巨野
嘉祥
济宁市
邹城市
费县
菏泽市
定陶
金乡
微山县
滕州市
河东区
临沂市
成武
鱼台
山亭区
罗庄区
兰考
单县
薛城区
枣庄市
兰陵
曹县
丰县
微山
峄城区
郯城
民权
沛县
台儿庄区
杞县
商丘市
砀山
新沂市
睢县
宁陵
睢阳区
虞城
徐州市
贾汪区
邳州市
夏邑

渤海
黄海
莱州湾
海州湾
庙岛海峡
烟台市
威海市
青岛市
日照市
潍坊市
连云港市
蓬莱市
龙口市
莱州市
招远市
栖霞市
莱阳市
海阳市
乳山市
荣成市
文登区
即墨市
胶州市
高密市
平度市
昌邑市
诸城市
长岛
黄岛区
东港区
岚山区
芝罘区
莱山区
福山区
牟平区
城阳区
李沧区
崂山区
海州区
连云区
赣榆区

蓬莱

——蓬莱群仙出没空明中

解读 蓬莱

位于胶东半岛最北端，濒临渤、黄二海，东临烟台，南接青岛，北与天津、大连等城市及朝鲜半岛隔海相望，自古就被誉为“人间仙境”。境内年平均降水量592.0毫米，年平均气温12.5℃。景点有蓬莱阁、水城、海洋极地世界、八仙渡海口景区、戚氏祠堂等。特产以海鲜为盛，如对虾、刺参、扇贝、牡蛎等。

隐居指数：★★★★ 交通指数：★★★

风景指数：★★★★ 民风指数：★★★★★ 气候指数：★★★★

环境指数：★★★★★ 生活指数：★★★★ 美食指数：★★★★

海边余韵

地理位置：山东省烟台市蓬莱市

总体评价：蓬莱近海，相当宜居。在这座小城生活，节奏比北上广起码慢上三倍。快递自然也来得慢，愣是叫人把性子越磨越有耐性。

亮　　点：海景好看，海水的节奏也是温柔的路线。叫人难忘的故事中，总有鲜味十足的海鲜料理。似北人的吃食，面食料理中的配酱很有自家的一套。海边空气润泽，呼吸起来格外畅快，心情也易好。

缺　　憾：交通不算便利，自己动手做菜的地方少，需采买。生活用品以实惠为主，不走精致路线。国家法定节假日和寒暑假是蓬莱阁人最多的时候。

到得蓬莱，身心俱疲。这一路行车颠簸，久不离开办公椅的屁股果然遭了大难，坐也不是，站也不是。也就莫怪下车第一个动作是伸腰拉长拉长身段，而不是将行李自车后搬出，爽利地奔住所整治一番。

我们来的时间不怎么对路，下午三时，住所附近小餐馆的媳妇犯了难，说采买食料的师傅还没回，若要吃食只能将就给下个面条。我们四人一日内驱车数百公里，喝水不怎么喝，吃也没吃好，只想来口热的入腹，连声喊着去准备就好。小媳妇去忙，厨后传来利落切菜的声音，又闻着面汤的热乎气，疲累一下子泛了上来，满眼满心只等小媳妇手里的那一碗。

蓬莱，不过是二哥想去的地方。自幼他爱看古书，摇头晃脑之下将沈括的《梦溪笔谈》暗暗记在心中。这一次要奔青岛去，他便非要匀出两日辰光往蓬莱偏一偏。沈括那厮在数百年前曾言："登州海中，时有云气，如宫室、台观、城堞、人物、车马、冠盖，历历可见，谓之海市。"这一景致在蓬莱城北的海上常常出现，然老天赏脸与不赏脸，不到时辰却无人知晓，只说歇息一下明日奔那里看看，当还二哥一个心愿。彼此逗趣，小媳妇捧着大汤碗就过来了。

蓬莱的面食，当地人都喜食，特别是早餐善用的蓬莱小面，更是在此城扎根足有两百余年。什么是蓬莱小面？面条用摔面，条细而韧，是人工拉制而成。要加鱼汤兑制的卤汁，加适量绿豆淀粉，配以鸡汤、海蜊子、木耳、酱油、香油、八角、花椒等佐料。四至五个小菜，免费供应，清新爽口，有一份切成碎丁的腌疙瘩头，一份用老抽调制的韭菜末，一份榨菜丁，一份辣椒酱。有余兴的还可配上一根酥脆喷香的油条，那般汤鲜面滑的小面曾被旧日的上铺同学久久难忘怀。他一日三餐，餐餐不拉，等到想家时，便去央学校餐厅的同乡给下一大碗面，但吃完仍显不足，定要再将蓬莱小面扯出来细细说上一遍，让我们耳朵里也硬生生摆下了这么一份美食。

然小媳妇捧来的却不是蓬莱小面，而是极简的白水煮面条，放了一些青菜和虾。端起来一尝，味道却是不错。被热汤的蒸汽一熏脸，四个眼镜全都从脸上移了位置，一时之间只听吸里嗦啰的一顿好吃好喝声。吃饱喝足，废了半日的力气醒转，可以上车直奔海边略折腾一番。又预估着体力早早定下晚餐的几个当地小菜，嘱咐小媳妇给费心准备一下。四人抖擞精神，往车上一摆架式，又上“征途”。

海的声音入耳得快，未及车走近便开始动作。等再行十余分钟，才算到了贴近海面的平地。波澜壮阔四个字虽是可以描绘蓬莱的海，却难免不够。借用清末刘鹗《老残游记》的笔触描绘自蓬莱阁观海的景色：“西面看城中人户，烟雨万家；东面看海上波涛，峥嵘千里。”

蓬莱阁在城北丹崖山，自峭壁上凌空欲飞的一座楼阁。宋代的朱处曾下笔《蓬莱阁记》，不怎么给蓬莱神仙传闻的面子，“世传蓬莱、方丈、瀛洲在海之中，皆神仙所居，人莫能及其处。其言恍惚诡异，多出方士之说，难于取信。”一笔藐视世间方士，可他笔下夸蓬莱却甚是用心——“层崖千仞，重溟万里，浮波涌金，扶桑日出，霁河横银，阴灵生月，烟浮雾横，碧山远列，沙浑潮落，白鹭交舞，游鱼浮上，钓歌和应。仰而望之，身企鹏翔，俯而瞰之，足蹑鳌背，听览之间，恍不知神仙之蓬莱也，乃人世之蓬莱也。”

人世不人世的，于今人也不怎么讲究了，便是神佛也不如从前那般敬得厉害，只留一个心思是宁可信其有不可信其无的那类敬而远之。只恨我们错过看蓬莱海市可能性最高的月份，便是见不到什么“群仙出没空明中”的。我们四人也不去蓬莱阁，只捡了处干净地方坐着发呆，看看海，吹吹风。眼见得夕阳开始

小贴士

交通 可先到烟台，烟台到蓬莱有快客，20分钟一趟，1个小时10分钟到达。

美食 山东菜实惠，不走精致路线。价格却也不高，一人一顿饭十余块钱可以解决。

住宿 蓬莱有不少宾馆酒店，标间多为一百多元，也有小宾馆的标间七八十元。有一家蓬莱背包客青年旅舍（0535-5600788），多人间每晚40～50元/床。渔家乐一百多元一个人包吃住，吃食上可以少费心思。当然也有独租的一室一厅，精装的大概在800元/月，粗简些的则是600～700元/月。当地民房的价格则更为便宜些，都是农民住宅自行出租的房源。

发威，余下硕大面积的红色挂在天际，欲落下处是黑色的海，近处则是波光粼粼的碎金们。我们且看着黑色徐徐吞下大片的火红色，吞得越厉害，近海的碎金们抖动得越勤快，真真是万叠晶光摇碎影。又渐渐有人冒出头来，却是那下海翻腾一把的游泳者。

同旁人搭讪，说怎的此地游泳者那么多，一眼看去足有三十余个，也不像是浴场。那人是个老者，牵着一个五六岁的女娃娃也在观海。他且说蓬莱邓州的人许多善水，平素游上五千米也不在话下。“有利害的老人家，都

面馆

可以在十一月份十二月份下海。看似吓人，都是平日里这样从小玩水玩大的，一日不游就心慌。”在他眼里，蓬莱长寿者却是大海给的面子：“从小就靠着海，靠海吃饭养活一家老小的可不少……”他那边开始上古代史，风度被自家孙女的随时捣乱给折了一半，仍是颇有文风，叫我们安静地听了下去。他说得得意，便说秦始皇挥鞭兴叹仙踪难觅，也说徐福登船东渡求仙问药，更说汉武帝求仙口称蓬莱仙岛，说罢神仙帝皇说建筑，又说蓬莱阁墙下的爬山虎绿色动人，说得夕阳彻底落山，才叫小孙女儿拉扯着归家。

因天色渐冷，我们也徐徐归住所。小城花灯开始初放，下午不怎么有人的街道被黄晕十足的灯光一暖，连带着散步走路的人也多了起来。那街灯为我们打下四道影子相随，一步步朝住所附近餐馆走去，且去看那小媳妇给准备了什么热乎菜，备了什么好酒，可令我们醉足而归。

作者手记

❶ 虽是近海，蓬莱的旅游纪念品也多是从他处进来的，故而价格上百也算正常，上千的价格则需谨慎。

❷ 汽车站旁就是北市场，许多当地菜农和果农在此贩售时令水果。市场到十一点多撤摊。

❸ 蓬莱久住可以自己采买海鲜，寻附近的餐馆料理，价格不贵，只清蒸或蒜蓉即可。

❹ 渔家乐多带着小院，夜晚可以就着夜色躺在椅子上看月亮，听听海，也是一桩美事。

烟台

——哏赳赳、筋道道的海蛎子味

解读 烟台

国家历史文化名城。地处山东半岛东部，北濒渤海、黄海，与辽东半岛对峙，与大连隔海相望。烟台属于温带季风气候，全年气候宜人，年平均气温12.7℃。景点有蓬莱阁、八仙过海等。特产有鲜鱼水饺、开花馒头、樱桃、糖酥杠子头火烧、盘丝饼等。

隐居指数：★★★★　　交通指数：★★★

风景指数：★★★★　　民风指数：★★★★★　　气候指数：★★★★

环境指数：★★★★★　　生活指数：★★★★★　　美食指数：★★★★

地理位置： 山东省烟台市

总体评价： 胶东半岛上一座平静的小城。海光山色秀丽，名胜古迹众多，清爽宜居。

亮　　点： 在烟台能感受到的情绪是多样化的，她是聪明的，睿智的，儒雅的，时尚的，热情的。但一切似乎都等待更多的时间融合成一种全新的元素。海滨娱乐生活更是丰富，也是许多人到烟台的首选，总是依山傍海，看着海蓝天蓝，再不忘喂给自己一口出色的海鲜料理。烟台气候好，冬无严寒，夏无酷暑，春夏两季最佳。

缺　　憾： 除了夜宵，几乎没有夜生活；入夜后的出租车并不好找，这一点要特别提醒；当地人工作勤劳，基本都做六休一，商场内平日的人流并不多；烟台夏天的蚊子太厉害；没有环境好的咖啡厅，唯有肯德基可选。

在青岛啤酒、雪花啤酒一步步占领中国大部分省市的市场后，人们似乎渐渐地忘了明明中国还有其他的啤酒可选择。虽然比不上比利时两百余种啤酒轮番上阵的场面，但就像在海拉尔的绿皮火车上必须尝一口三块五毛钱的海拉尔啤酒一样，在烟台，也要学着像老烟台人一样喝一喝烟台啤酒。

老烟台们都会说，现在的烟酒不如从前。这个曾被烟台人珍爱八十年的啤酒牌子被青岛买走，然后质量越做越差，从六十余年前满上海宣传的得意落到烟台的年轻人少有人捧场。牌子虽然一样，酒的品质已经变差，令人唏嘘不已。“你现在去青岛啤酒节，还有塑料袋装的青岛生啤，好喝吧？”老烟台挥舞着筷子说：“你哪知道以前我们喝烟台啤酒也都是这个路数。那个时候哪来的青岛啊，满大街的都是烟台啤酒。”老一辈的人仍记得看着球赛喝烟啤的享受，边喝边聊，星空下竹椅上坐着，时光转瞬即逝。

烟台人说话，是“带着一种哏赳赳、筋道道的海蛎子味，这是烟台最大的特色”，某人如是说。他们的话有时听来狠，听来自大，喜欢烟台方言的人却觉得那代表了执着和宽广的胸怀。我接触到的烟台人喜欢安静的生活，可若待久了熟络了，也就被请进那一个热热闹闹的圈子，顿时一人在烟台的日子灰飞烟灭了。一周五天工作日，三四次能被人叫去吃晚饭，或奔向美食城，或奔向谁家媳妇做的一手好菜。

烟台人好吃好喝，酒量也好，三杯酒下肚也开始摆龙门阵。这个说：“我告诉你，没有开埠就没有现在的烟台，可是谁还记得老烟台呢？”说话的这个人巴不得学着上海和苏州的做法，把烟台的老照片都集成册子，归置归置这座城市远不算长的记忆。那个说：“我老婆做的熏鱼特别好吃，下次大家伙去我们家捧个场，得行？”又有人跳起来夸赞饭桌上的菜好，喊着要给厨房间备菜的姐姐敬上一杯辛苦酒。饭桌上的话题不一，随兴而走。

张姓朋友有个果园，特意架在城市远郊，多年来一直培育着小而甜的新品种。烟台的天一直很蓝，可能是近海，可能是天气的确好，事实上来时路上一过潍坊就觉得烟台的天够蓝，也衬得面前大片的苹果树绿油油地可人得很。那一次去，手上的苹果是朋友特意架梯上树摘的。用袖子擦了擦，啃了一口，虽还未到成熟的季节，已有丝丝糖份在口齿中作怪。在朋友的心里，烟台的一座小山——毓璜顶成了朝圣地。“老烟台都知道的，早年的苹果种都是从什么基督教的传教士手中接过来的。”那些人漂洋过海而来，落了地，生了根，从此和烟台缠上。没人说得清到底烟台从中受惠多少，烟台的苹果、胶东地区的花边工艺、烟台最好的学校二中和烟台最好的医院毓璜顶医院等等都是他们用心良苦的标志。光是听这些话就觉得热闹，一一细细地记了点东西下来，回去翻腾起烟台的老历史。

不是没人提烟台的老历史，也不是没人搜集烟台的老照片老行当，但却不知怎的比起同时开埠的城市，烟台的格局似乎越来越往“安详无争”的方向走去。烟台的前辈们不是没有站在全国人民面前昂首挺胸的，可那些清末民初闯下的一系列中国民族轻工业知名品牌，如今尚

小贴士

交通 可乘火车或飞机到达。

美食 烟台的饭店都比青岛便宜些，当日新鲜的海货也是这样。不得不提烟台大学，周围一圈都是小吃美食街。余者散落在小城内，只有当地人带着才能找到。

住宿 烟台有许多宾馆酒店，高中低档齐备。有一家烟台国际青年旅舍（0535-6936988），多人间每晚60元/床。如果租房的话，一居室500～1000元/月。

烟台海滨还依稀能见到有历史的老房子

存的只剩了一个张裕葡萄酒。如今又有谁知道烟啤曾在如今的石门一路留下过上海经办处的历史？那些在一百年前成群结队来烟台度假的大兵们亲手拍下的烟台，似乎已经真的成为过去。那些顺着烟台东山一带布置的老别墅们，代表了烟台最为兴旺发达的上世纪二三十年代，那时这座城市刚刚被唤醒，烟台人也刚刚明白什么叫做海上贸易，什么叫做洋行。

可烟台不是一座很爱怀旧的城市，它宁静也热闹，它宜居也可人。但这座城市忘却历史的速度当真快如闪电。烟台曾有的古村落被城市化的口号越推越远，有些彻底消失成了照片中永远的忆旧片，有些还在，但也破落了，令人对着老照片遗憾万千。有时恨得狠了，便选择去夜里的滨海广场待会儿，感受星空下海边专属的闲散。

作者手记

❶ 烟台山景区是亚洲现存最大的近代领事馆建筑群，值得一观。这儿破旧的房子、狭窄的街道和山上红瓦白墙的欧式建筑似乎又把人拉回到了中国近代。当年有15个国家在烟台设立过领事馆，这些领事馆和政府官邸、教堂、邮局等建筑群大多集中在烟台山上下，建筑如今大多都保留了下来。

❷ 以烟台“福山菜”为代表的“胶东菜”是鲁菜的三大支柱之一，烟台福山市被命名为“鲁菜之乡”，碧绿羊排、芙蓉干贝、海肠子、红烧大虾、蓬莱卤驴肉是个中名菜。在烟台吃海鲜便宜味美，一定让你大呼过瘾。

❸ 烟台市区的南大街和开发区的德胜商城附近是烟台最繁华的两个商业区，大型商厦和超市很多，可带些海鲜干货回家送给亲朋好友。最奢华的就是从张裕卡斯特酒庄定购一整桶有年份的葡萄酒了，酒庄还可代为在海边的酒窖储藏三年，实在是很尊贵的购物体验。

威海

——环海路时光

解读 威海

国家园林城市，曾获联合国人居环境奖，被认为是世界上最适合人类居住的城市之一。地处山东半岛最东端，北东南三面濒临黄海，北与辽东半岛相对，东与朝鲜半岛和日本列岛隔海相望，西与烟台市接壤，西南与青岛市接壤。属于北温带季风型大陆性气候，四季变化较明显，雨水丰富，年温适中，气候温和，具有春冷、夏凉、秋暖、冬温、昼夜温差小等海洋性气候特点，年平均气温11.9℃，年平均降水量730.2毫米。景点有威海国际海水浴场、刘公岛等。特产有无花果、刺参、海参等。

隐居指数：★★★★★ 交通指数：★★★★

风景指数：★★★★★	民风指数：★★★★★	气候指数：★★★★
环境指数：★★★★★	生活指数：★★★★★	美食指数：★★★★

地理位置：山东省威海市

总体评价：威海是个不大的小城，最让人过目难忘的是她的清洁、清新和幽雅。

亮　　点：威海之美在于她的安静，街道很宽，行人稀少，远处是山，近处是海。由于得天独厚的地理位置，滨海却不潮湿。这里的海鲜和韩餐尤为出色。

缺　　憾：旅游旺季时人比较多。

那年年尾，工作的事情终于告一段落，我和妻迫不及待地想离开上海，在春节前找到下一个居住城市。最后确定威海，山东的一座海滨城市，市里人口不多，环境清幽。

威海市虽然三面环海，但其实真正能晒太阳游泳的海滩并不多。国际海水浴场则是一个绝对称得上地道的度假海滩，长约三公里的沙滩又细又软（在北方算是难能可贵了），沙滩边是人工种植的树林和木质小道，边上一条小清新的柏油路，面对着沿街而造的旅馆、大排档和商店。

"干净！"这是这片海滩给你第一个印象，也是最美的印象。

和南方的海不同，威海的海比较粗，没那么细腻。比如颜色上，没有清澈见底长满珊瑚礁的碧绿色，也没有洁白如雪的细沙滩。海面更不会平静如镜。如果每年都去南方捧着椰子，挖着凤梨，带着花环和晒成古铜色皮肤的大眼睛姑娘一起扑腾扑腾坐香蕉船，那么你也许会嫌威海的海太过朴实无华。海水的能见度不到一米，椰子树和吊床一概没有，坐着看书时太阳伞随时会被突如其来的海风吹倒，到处都找不到可口的Mai Tai鸡尾酒和瑞奇·马丁的音乐，穿着比基尼皮肤白皙的北方姑娘从来不会主动上前打招呼。

大海见证的爱情

这么说来，确实伤脑筋，用“热辣辣的夏威夷风情”去衡量海滩，这片国际海水浴场估计没有一样拿得出手。幸好海滩这种东西并没有“必须得这样才能……”的潜规则，某些时间、空间以及周边元素一旦调配得恰到好处，那么它们结合所产生的化学反应足以带给人们美妙的感受。

威海市区的格局，大致上是阿拉伯数字7的形状，拐角处为市中心环翠区，横的那块是我们所住的高区，竖的是经区，7字内圈是陆地，外圈被大海包围。如果我是导游的话，我会设计一条路线，从市中心临海的《收回威海卫纪念塔》开始，一路向北，沿着环海路直达我们家附近的国际海水浴场。这是一段约十几公里的路线，途经两个渔港、几处观海点，环山而建，紧挨着悬崖边临着黄海，甚至可以远眺渤海的柏油公路。

我的建议是吃完午饭开始，把下午的时间全都安排在这条路线上，最后将买好的新鲜海鲜交给国际海水浴场边上的大排档厨子烹饪，绝对不虚此行。喜欢徒步的则可以起个大早，从浴场反方向朝东出发，没有雾的天气可以看到令人窒息的海上日出，最后在渔港拎着活鱼活虾坐七号公交车回来大快朵颐。

唯一遗憾的是这一路没有任何土特产公司，没有神秘兮兮的购物中心，没有票价与国际接轨、管理具有中国特色的4A景区，更没有人拉着你吃二十五元一盘的咱家炒鸡蛋，所以我依然当不了导游。

威海市的东南北三面都临海，但和东面景区的地势不同，北面被一片小山间隔，除非走隧道，否则并不与市区相通。这也造成了环海路独一无二的景致，一面是直上直下的山壁，一面是陡峭悬崖和一望无际的大海。我并不是一个喜欢宣扬政府功绩的人，然而环海路的整体建设，是在中国各城市里最值得我竖起大拇指的工程。

不过请别误会，这并不是劳师动众做得人尽皆知、得奖无数或者气势磅礴的工作，只是利用那里得天独厚的环境，巧妙地铺了一条精致、干净的路，安置了几处免费、供大家歇脚的观景点而已。

精致、干净、公共、免费的规划项目，仅此而已。

过了统一路的葡萄滩，接下来的十公里路是其中最精华的部分，山势的关

威海渔业发达，盛产各类海鲜

系斜坡越来越多，而且每二三十米就有大弯。跟园林园景的设计不同，这里并没有三步一处景、十里不同天的格局。老实说就算把你转晕了，过弯后除了大海还是大海，什么若隐若现、欲说还休、犹抱琵琶半遮面一概没有，唯独存在于天

小贴士

交通 可乘飞机或火车到达。

美食 威海的特色美食是韩餐和海鲜。因为靠韩国最近，在威海尝到地道的韩餐并不难，火车站附近的皇冠小区和市中心财富广场都有很多特色韩国餐厅。光明路上有很多饭店和小吃店，特别是能找到韩国人开的小饭店，在这儿你一定能吃到最正宗的泡菜和石锅拌饭。因为靠海的缘故，这里的海鲜当然也是声名远扬，大酒店和小渔村的海鲜都做得很不错。

住宿 威海的宾馆较多，高中低档均有，丰俭由人。有两家青旅，分别为自由左岸青年旅舍（0631-5627770）、蓝屿时光青年旅舍（0631-5678393），多人间40～70元/床。如果租房的话，市区精装公寓1000～1500元/月。

在威海能吃到最正宗的石锅拌饭

地间的仿佛只有蓝天白云和宛如世界尽头亘古存在的汪洋大海。

如果你严格按照我为您精心安排的威海半日游行程，算上之前闲逛两个渔港和途中的小打小闹，此时的你应该驾着车慢悠悠地沿着环海路兜风，时间大约是下午四点半到五点，不出意外的话，你将在最初的几个弯道上看到黄昏时第一缕金色的阳光。

就个人而言，我认为在环海路上观海景最佳的时机，莫过于夕阳西下的这两个小时。要是运气好，天空还会堆积起薄薄的一层云，随着一路上逐渐浓郁的色彩逐渐化作一幕晚霞，延延绵绵地仿佛琴的余音一般绕到你的身后，轻轻淡去。

这样的景色如果没有硕大的空间和远不可及的地平线作背景，恐怕是无论如何也体会不到的。

由于弯道的关系，黄昏时分的海面被分割成一块块不同的画面，崖壁是框架，镶在中间的是色彩绚丽的海面，变幻莫测的晚霞和斜阳在不同角度涂抹上极富张力的橘色。城市里生活的人被楼宇、噪音间隔着，可能不怎么留意，夕阳似舞，几乎每一刻都有着独特的、不可模仿的身段，世间万物在那时都一起作着陪衬。这种看似轻描淡写的景观往往在刹那间抹

潮退，天空的金色云彩似一只展翅的凤凰，入袂轻风

去你所有的认知和感性，如同迎面重重扑来的一次穿越。

而环海路的每一处弯道，都把这种震撼无止境地扩大，宛如幻灯片一般向你展示着一幅幅集世间所有艺术大师都只能望而兴叹的作品，观赏的人除了紧紧屏住呼吸，别无他法。

此时此刻，把油门慢慢放开，将车停在某个观海点，顺着石阶拾级而下，沁凉的海风拂面而来，终于可以深深地吸一口气了，微咸，但通透全身。

在威海旅居的一年半，和妻几乎每周都会走一次环海路，尤其秋冬螃蟹肥硕的时候，即使走文化路可以缩短三分之二的时间。环海路的景色依旧每一次都能带给我们一些独特的、无法言语的东西，在心底中不断发芽，滋长。

言归正传，在黄昏时从市区的海港沿着环海路慢慢驶向国际海水浴场，这样悠哉悠哉地消磨掉下午的三个小时，从某种意义上（至少是对我和妻来说），是感知威海这座小城最具代表性的方式。把粘贴在这座古城的近代历史、文化标签撕掉，把宣传口号般的各式奖项、功绩捏成一团，把跟风似的某某之最、XX第一等层层剥离，统统塞进那条胖肚鱼粘糊糊的肚子里，剩下的是大自然真正赋予威海的，说威海真正赋予大自然的也可以，这和包装过后的威海城相比毫不逊色。

当然这仅仅是从旅居者的观点出发，毕竟冲着李鸿章邓世昌而来，或者冲着韩式美食人文而来，或者冲着投资房地产而来的一样大有人在。只是无论以什么出发点，当你来到威海后把喝酒泡脚夜总会鱼翅海参之类的稍稍延后，抽出半天的时间按我的规划试一试，走一走，我想你会更喜欢这座小城。或者，能让这座小城更喜欢你。

作者手记

❶ 六月份威海中午的平均温度已经超过25℃，可海水依旧凉得能让你龇牙咧嘴。一直要到七月开始，海水才渐渐变暖。在十一之后的秋天仍可下海，那时虽然室外温度有些凉，但海水却暖和得很。

❷ 在威海能够买到很多便宜的韩国货。位于威海旅游码头的三海韩国服装城和韩国名品城（原商业大厦）在国内享有较高的知名度，光明路的财富广场则是新近崛起的韩国城，里面也有很多韩国小店，以服装为主。

福建

最美隐居地TOP50

南昌市
永修
鄱阳
乐平市
德兴市
开化
衢州市
龙游
金华市
永康市
磐安
仙居
武义
缙云
丽水市
遂昌
江山市
常山
玉山
上饶市
上饶
铅山
横峰
弋阳
万年
余干
鹰潭市
余江
东乡
进贤
丰城市
抚州市
金溪
崇仁
资溪
南城
宜黄
乐安
黎川
南丰
广昌
宁都
石城
瑞金市
松阳
云和
龙泉市
景宁
青田
永嘉
温州市
瑞安市
平阳
苍南
文成
泰顺
庆元
浦城
武夷山市
光泽
邵武市
建阳区
南平市
松溪
政和
寿宁
福鼎市
柘荣
福安市
周宁
霞浦
屏南
建瓯市
宁德市
古田
罗源
连江
闽侯
福州市
长乐市
马尾区
闽清
永泰
尤溪
延平区
顺昌
将乐
泰宁
建宁
明溪
三明市
三元区
沙县
清流
宁化
永安市
东
海
浙
江
省
西
仙霞岭
武夷山
中国丹霞(江郎山)
中国丹霞(龟峰)
中国丹霞(龙虎山)
中国丹霞(泰宁)
三清山
鹅湖书院
仙人洞遗址
迎福寺
大若岩
楠溪江
百丈漈-飞云湖
龙泉窑遗址
南雁荡山
太姥山
白云山
鸳鸯溪
天宝岩
定海古城
大京城堡

台中市
彰化
南投
云林
嘉义市
嘉义
台南
台南市
屏东
高雄市
台湾省
澎湖
澎湖列岛
澎湖水道
台湾海峡
南海
莆田市
涵江区
秀屿区
仙游
泉州市
晋江市
石狮市
南安市
安溪
永春
德化
惠安
泉港区
金门
厦门市
同安区
翔安区
集美区
海沧区
漳州市
龙海市
长泰
华安
南靖
平和
漳浦
云霄
诏安
东山
龙岩市
漳平市
永定区
上杭
武平
梅州市
梅县区
蕉岭
平远
大埔
丰顺
潮州市
饶平
南澳
汕头市
澄海区
濠江区
潮阳区
潮南区
揭阳市
揭东区
潮安区
普宁市
惠来
揭西
会昌

鼓浪屿

——海岛，老别墅，美食，音乐

解读 鼓浪屿

位于福建省厦门市西南隅，与厦门岛隔海相望，素有“海上花园”之誉。属亚热带海洋性季风气候，雨量充沛，冬无严寒，夏无酷暑，年平均温度为21.2℃。岛上完好保留了许多中外风格各异的建筑物，有“万国建筑博览馆”之称。鼓浪屿还是音乐的沃土，人才辈出，钢琴拥有密度居全国之冠，被誉为“钢琴之岛”。景点有日光岩、菽庄花园、皓月园、毓园等。特产有馅饼、肉干、肉松、鱼丸等。

隐居指数：★★★★　　交通指数：★★★★

风景指数：★★★★★　　民风指数：★★★★★　　气候指数：★★★★

环境指数：★★★★★　　生活指数：★★★★　　美食指数：★★★★★

许家园墙上的鲜花

地理位置：福建省厦门市

总体评价：一个美丽的小岛，有老别墅，有美食，有音乐，环境非常宜居，只是旅游旺季时游客过多，显得有些噪杂。

亮　　点：优美的环境得天独厚。岛上没有机动车，也没有自行车，适合徒步闲逛。既有美景，也有浓郁的文化氛围。

缺　　憾：游客过多，特别是法定节假日期间。岛上缺少上档次的饭店。小吃很多，但北方人可能不太习惯这种口味。夏季较热。

在鼓浪屿上，有着“结庐在人境，而无车马喧”的安宁。徒步环岛路，一阵接一阵的潮湿鲜活的暖风，一个接一个的海滨浴场，一幢接一幢的老别墅老房子，让人目光迷离充满幻想，恨不得立刻搬到这岛上来成为居民。其实环岛路的好处还在于，走过鼓声洞，可以看到在涨潮时因波涛撞击会发出如鼓浪声的“鼓浪石”，庭院式的旅游度假村鼓浪别墅，还有华侨亚热带植物引种园，在这些通常游人较少到达的地方感受别样的小岛。

日光岩上眺望鼓浪屿

小贴士

交通 可乘飞机或火车到达厦门，再换乘轮渡上岛。

美食 在鼓浪屿，尤其是在龙头路上，到处都是美食的诱惑，小吃店一间挨着一间，流动摊贩一个接着一个从你眼前走过，喜爱美食的人根本无法抵挡那频频出现在眼前的各色小吃。推荐叶氏麻糍、丽珠沙茶面、壹柒玖土笋冻、Babycat私家御饼屋、原巷口鱼丸店、黄胜记黄金香肉松等。岛上的饭店多为海鲜大排档，许多客栈也可提供简餐，但缺少上档次的餐厅。

住宿 鼓浪屿虽小，但配套设施一应俱全，更有别处无法替代的美，而岛上风格各异的旅馆中定有你喜欢的一种。有一家鼓浪屿国际青年旅舍（0592—2066066），多人间每晚55～75元/床。推荐娜雅家庭旅馆（0592-2063588）、花堂客栈（0592-2067888）、留下1924精品客栈（0592-2221924）等，房价多在200～500元之间。如果租房的话，一居室月租约1000～1500元。

原日本领事馆旧址

沉迷于这岛对人们的吸引，外国领事馆和官邸建起来了，厦门周边的华侨富商人们来了，本地的望族名门来了。有纯粹的欧洲风格或闽南特色，绝大多数是中西合璧，一幢幢精致的别墅夹杂在这岛上平常人家的屋子之间，承载着这小岛许多年来的浮华与沧桑，呈现出一种遗世独立的美。漫步在那些宁静的街巷，少有行人，阳光随行，墙头探出的三角梅正艳，院门半开，诱惑着你推门而入。接下来，一个个传奇就将呈现在你面

鼓浪屿老别墅

前。越来越多的家庭旅馆和咖啡馆开在了这岛上的老房子里，任你想寻古、怀旧、温馨、小资或是浪漫，哪一种情怀都能如愿。

徜徉于那些安静古朴的街巷，在年代久远的老别墅里重温夕日的繁华，参观钢琴博物馆和风琴博物馆，登上日光岩一览整个厦门岛的美丽，尝一碗皮脆馅鲜的鱼丸汤，吃两个香甜可口的叶氏麻糍，这样的日子让人想起来都醉。常常跟自己说，等哪天中了头彩，就上这岛买幢老屋，开间小店，聊度余生。这样的想法终究只是梦，我只能一次又一次走上这小小的岛屿。

傍晚的时候从轮渡出发，夕阳洒在海面上泛起星星点点的光芒，如同绸缎的细碎光泽，小木船上的渔民悠闲地划动手中的木桨，阳光勾勒出曲线优美的身体，带着海水味道的凉风掠过脸庞，轻轻拂动头发，不由自主地沉醉其中。

几分钟的渡船很快过去，熙熙攘攘的龙头路是鼓浪屿上最热闹的街市，也最能体味小岛上市民的日常生活。走过卖鱼丸的小吃店，走过卖肉松的老字号，走过赶海回来的渔民的挑子，走上泉州路的时候，四周逐渐归于安静。拐个弯走到安海路，三一堂的尖屋顶赫然眼前。从笔山洞边上的斜坡往上走，不过十来米，路的右边一栋高大的建筑，门牌上大大的笔山路1-5号的字样，顺着楼前的窄小巷子右转，继续向上。很安静，听得见路边树上叶子掉落在地的声音，自己因为上坡的气喘吁吁的声音。两个人安静地走，没有说话，路边的围墙越来越高大，路势不断上升，一栋一栋老别墅风格迥异。林文庆别墅、亦足山庄、夜百合宾馆、观彩楼、春草堂，这些老房子在那个夏日黄昏的暮色中迎面而来，让我喜欢得措手不及。

鼓浪屿是个奇妙的混合体，很难找到简单确凿的字眼来形容它。惊叹于这岛的包容，小小的身躯上承载着那么多沧桑，数以千计的别墅散布在绿树成荫的各个角落，为它赢得“万国建筑博览馆”的美誉。在这小岛上可以不看地图，就由着性子漫无目的地走，鹿礁路、漳州路、福建路和复兴路，宁静中透露着不同寻常的高贵和大气；紧挨着龙头路的泉州路和中华路，有许多热闹集市边上让人不忍心搅扰的殷实人家；从笔架山和鸡母山麓上俯瞰这小岛的笔山路和鸡山路，被萦绕着音乐和文字的浪漫老屋填得很满；北边的鼓新路和南边的观海路上，则沉淀出岁月洗礼过后的历史痕迹。这个小岛便是这样，每处都给人些惊喜，每处都让人感觉无限痴迷。

这岛与厦门岛相隔不过几分钟轮渡，夜晚过去也极其方便。那夜我们在中山公园附近，突然生了要上岛的念头。坐车，过渡，上岸，不过半小时，双脚便踏在那岛上。深夜的渡船很安静，我们在二楼船尾的椅子上看夜色里的厦门，一点一点远离，海风吹打得人浑身惬意。看那些星星点点的灯，明亮闪烁，自己却在暗地里凝视，都是轻松。这样两个岛，一大一小，隔了几分钟的海水，深夜从一个岛赶到另一个岛，如此事情，在别的城市只是想想也就罢了。又想起有一次夜里上岛，那夜的月亮特别圆，陪着两人在岛上转了又转。这夜的玄月如钩，月色依然，生怕啪啪的鞋跟声惊扰了那安静，脱了高跟鞋拎在手上，双脚一寸一寸地量着这小岛的街巷。

作者手记

❶ 鼓浪屿环岛路长度大约为4公里，从钢琴码头上岸，左转到鹿礁路上，然后沿着海边步行，经过皓月园、大德记浴场、观海园、菽庄花园、港仔后海滨浴场、鼓声洞、美华浴场、鼓浪石、鼓浪别墅、华侨亚热带植物引种园、福建工艺美术学校校园、内厝沃、燕尾山、三丘田旅游码头、海底世界、钢琴码头。

❷ 鼓浪屿具有“万国建筑博览馆”的美称，数以百计的别墅散布在绿树成荫的岛屿各个角落，其中以漳州路、福建路、鹿礁路、复兴路、中华路、泉州路、笔山路、鼓新路等路段比较集中。

❸ 钢琴码头出口处有不少导游拉客，多是野导。建议还是自己买本《到鼓浪屿看老别墅》或《水月风花鼓浪屿》或鼓浪屿手绘地图，按图索骥。鼓浪屿这样的地方需要自己细细品味，除了地图，还可看岛上各岔路口的路牌，也可多问问当地人，他们都很热情。

泉州
——光明之城

解读泉州

中国海上丝绸之路起点，国家首批历史文化名城之一。位于福建省东南沿海，南临台湾海峡，是闽南文化的发源地与发祥地，历史文化深厚、名胜古迹众多，有“光明之城”的美誉，被国家文化部评为首届“中国东亚文化之都”，被联合国教科文组织授予“世界多元文化展示中心”称号，获联合国“迪拜国际改善人居环境最佳范例奖”。属亚热带海洋性季风气候，温暖湿润，光热条件优越。景点有开元寺、文庙、清净寺、天后宫、关帝庙、清源山等。特产有桂圆、茶叶、衙口花生、源和堂蜜饯等。

隐居指数：★★★★　　交通指数：★★★★★

风景指数：★★★★	民风指数：★★★★★	气候指数：★★★★
环境指数：★★★	生活指数：★★★★	美食指数：★★★★

泉州的茶文化

地理位置：福建省泉州市

总体评价：一座宜居小城，深厚的历史文化底蕴与浓郁的市井气息在这里完美结合。

亮　　点：城市不大，教育、医疗、文化设施齐全，宜于生活。多种宗教在这里和谐共处。虽然是城市，但仍有着较浓的人情味。小吃种类多，味道美。景点票价较低。

缺　　憾：地方工业较多，存在一定污染。

看过《小城故事》吗？泉州恰如电影里那个滨海小镇，带你在现实和记忆中游走，展示出的市井模样让人感觉真实而亲切。老街上，有橘红色的老砖房，在黄昏的余晖里流溢着有些温暖又有些淡淡怀旧忧伤的光彩，骑楼转角处有提篮挑担的小贩用闽南语叫卖，声调绵长而好听。夜市唱南音的台子上，面容清秀的女子怀抱黑色的南琵琶，咿咿呀呀地吟唱着一些外乡人听不懂的曲调，你可以说这是闽越遗韵，也可以说这是一座古城在沉静夜幕下的几分澎湃。寻常巷陌里，分布着形形色色的寺庙，泉州有“万国宗教博物馆”之称，最奇妙的是，小城里肃穆的寺庙紧挨着热闹的居民区，尘世与俗世仅一墙之隔。

泉州，这个厦门百里以外的小城，历史却比厦门悠久得多。泉州曾经有过非常辉煌的历史，在相当长的一段时间里，它与亚历山大港并列为全球四大港口，宋元时期的泉州曾是东方第一大港，“市井十洲人”。它也曾以“光明之城”和“刺桐城”享誉整个西方世界，“帝京须早入，莫被刺桐迷。”“刺桐城，云屋万家，楼雉数里。”唐时的诗人陈樵和宋元时代的《泉州府志》如是描述彼时的国际大都市。五千年前新石器时代的繁衍，三千年前青铜时代的发展，“海滨邹鲁”的名号，被称为“音乐活化石”南音和梨园戏，闻名中外的提线木偶和掌上木偶（布袋戏），“万国宗教博物馆”，郑和下西洋，就算这些都忽略不记，仅仅“海上丝绸之路”就给泉州留下道不完说不尽的故事。《马可·波罗行纪》中对泉州的赞美，更让人对泉州向往不已。“地下文物看西安，地上文物看泉州”，西安人吃羊肉泡馍的大碗是文物，泉州人更绝，住的老屋是文物、过的石桥是文物、逛的小街是文物、拜的寺庙是文物，处处透出一个“古”字。

单单是历史悠久就不足为奇，泉州的妙处还在于她无处不在的融合在城

熙熙攘攘的关帝庙

街头小摊儿

市文化之中的人情味。那些跌跌宕宕的街巷，石板路，红砖墙，翘屋檐，朱门深锁。安详的承天寺，大气的开元寺，肃穆的清净寺，文庙的灯会，古老的顺济桥，状元街的热闹，聚宝街的清静，西街、东街、打锡街、中山路的钟楼，美食一条街聚集了大多数当地风味小吃，状元街上则全是酒吧，茶馆开在古旧的大厝里，清源山上的夜宵可以一直吃到午夜。

除了故乡和居住的城市，这个小城是我最熟悉最热爱的地方，记不清有多少次徘徊在老城里的街巷舍不得离开，尤其迷恋那么几个去处依依不舍。

南门曾经是泉州最繁华之地，只看街名就足以说明。聚宝街，昔日的繁华和如今的清静；万寿路，朴实平常的李贽故居；顺济桥，犹如新桥恋人的定情桥；天后宫，供奉着神仙姐姐林默娘。那是道让人迷恋的城门，在夜深时攀上城墙，站在高处看暮色中的泉州，把自行车扔在聚宝街边，爬过已封闭的顺济桥头，走到那座古老的桥上，透过残缺的栏杆看黑暗中的河水如何被夜色和灯光点燃。

李贽故居装修过了，做了块大牌子在万寿路入口的一面墙上，很醒目。院子里做了故主人的塑像，一个儒雅但倔强的书生。一只猫儿在院里的石碑上，懒洋洋地眯着眼打量我们。我走近，它嗖地起身上了树，在绿色叶子间瞅着我。我走出院门，回头看它上了屋顶，在瓦檐间踱着猫步，好不悠闲自在。夕阳正洒过来，金色光芒笼罩了整个院子。

天后宫边上的秉正石花店，说起它只怕很多人要咽口水。石花蜂蜜和冰水，还有各式蜜饯、珍珠、水果和豆可选三种。当然也可以多加钱多选几种。我一口气至少吃两碗。以前这店在聚宝街上一间小屋里，夏天里每天络绎不绝的人几乎挤破门，现在终于搬了出来。当然了，小城内还有很多美食，牛肉羹、烧肉粽、面线糊、沙茶面等等，看看哪家小店生意最好，进去点上几样边上别人正在享用的，保准错不了。

清晨的后城最为奇妙。从百源路拐上涂门街，清净寺就在路边。这是我特别喜欢的地方，一面是人声鼎沸的闹市，一面是庄严肃穆的清真寺，一个小小的广场连接了圣地与俗世。坐在寺前的台阶上，恍恍惚惚，是冥想的极好地方。太阳刚刚升起，从清净寺的残垣上射过一缕光芒，给它涂了金色。这里是中国最古老的伊斯兰教建筑，寺里保存了一些拱北，还有一个礼拜殿的遗址。在海原跟当

小贴士

交通 从临近的晋江机场和厦门高崎国际机场到达泉州市区都只需1个多小时车程；乘动车也方便到达；早上6：00到晚上21：00之间每隔二十分钟有一班车在泉州与厦门长途汽车站之间对开。

美食 泉州菜属闽南菜，餐桌上唱主角的是海鲜，随意一家小餐馆味道都不错。不过最吸引人的还是遍布大街小巷的风味小吃，推荐秉正石花四果汤、国仔面线糊、远芳小笼包、东街钟楼肉粽。温陵路美食一条街是泉州小吃和餐馆最集中的地方，有店面190多个，经营者140多户，荟萃泉州的多种风味小吃。

住宿 泉州的普通宾馆标间一般一百多元。旧馆驿青年客栈（0595-22390817）是当地唯一的青年旅舍性质的客栈，多人间每晚40～50元/床。如果租房的话，市区一居室月租1000元左右。

李记茶馆的南音表演

地人聊天，他们有的并不知道福建的厦门和福州，但是一说起泉州，面露虔诚，多是因为这座带有土耳其风格的清真寺。

清净寺边上即是关帝庙。不过清晨6点多，前来烧香许愿的信徒就络绎不绝。年逾越古稀的老人，穿戴时髦的女子，点香磕头膜拜的样子一样虔诚。在边上呆呆地看，感觉自己是闯入圣地的莽撞者。

看过了清真寺和关帝庙，晚上该去文庙广场上听戏。自然是南音，明亮的舞台上几个装扮整齐的女子咿呀唱着，台下鸦雀无声的一众戏迷。这么些年来，我竟然是头一次认真坐在那里听南音，这一出叫《审月英》，身穿红袄红裤的月英，嗓音婉转动听，身形柔弱婀娜，神态妩媚中带着惆怅，不知不觉就入了戏。

后城的古厝茶馆不可错过，这里被称为泉州的一张名片。古厝意为老房子，是典型的闽南红砖屋，院子里两旁的回廊里安置着竹桌竹椅，很多绿色植物在院子里生长，生机勃勃的样子让人清凉了许多。一只陶缸里养了鱼，几尾红色的小家伙欢快地游曳。

闽南茶道似乎对姿势要求不那么严，但是讲古的风气很盛。旧时讲古在茶馆里必不可缺，可惜新派茶馆里几乎绝迹。古厝茶馆的名气，除了年代久远的红砖厝，古色古香的环境，每天下午的讲古也是如今茶馆里难得一见的。才不过一点，老人们陆续来了，在院子里坐着聊天，打盹。多是年逾古稀的老人，他们在等着两点半那一场"水浒"。讲古的桌子上放着先生的用具，整个院子期待他的到来。

承天寺是弘一法师度过晚年并圆寂之地，这里也有全国唯一的宗教图书馆。闽南人笃信佛教，许多人家中设有佛堂，寺院香火十分旺盛。人虽多，但寺院里却很安静。承天寺尤其如此，因此这也成了我最爱的寺院。最近一次去那里，是南方一月午后的暖阳，透过龙眼树叶子与叶子的间隙，洒在树下的青石凳子上，把我的脸也晒得有些发热。坐在树下的石凳子上，打量着身边被称做广钦佛教图书馆的那幢红砖老屋，有点儿不知道自己身在何处。慈悲，宽容，然后才有幸福，图书馆门口的墙上写着这样的故事，站在那里看了许久。

而始建于唐的开元寺中矗立着壮美的双塔，每年春天刺桐花盛开之时，历尽沧桑的双塔与娇艳的花儿相得益彰，这是"刺桐城"泉州最美的时节。

作者手记

❶ 城市不大，景点分散，出租车是较好的交通工具。

❷ 由于老城和新城相对独立，景点几乎全在老城区，建议住宿在老城。

❸ 位于东街后街的状元街在泉州的年轻人眼里已经是老文化和新时尚的结合之处了，这里号称酒吧一条街。另一个酒吧咖啡厅相对集中的地方是北门街的华侨新村。

❹ 有时间可去蟳蜅转转。蟳蜅是位于泉州市丰泽区东海社区的一个小渔村，这里的女人们头上戴着鲜花做的漂亮的簪花围，她们和惠安女、湄州女一起并称福建三大渔女，这里还有别具特色的民居"蚵壳厝"。

最美隐居地TOP50

贵州

四川省
重庆市
云南省
广西壮族自治区
黔西南布依族苗族自治州
大凉山
五莲峰
乌蒙山
金沙江
峨边
犍为
沿滩区
富顺
泸县
江津区
甘洛
沐川
马边
宜宾市
南溪区
泸州市
合江
屏山
宜宾
江安
纳溪区
赤水市
美姑大风顶
绥江
水富
长宁
高县
珙县
蜀南竹海
美姑
雷波
兴文
永善
筠连
叙永
石海洞乡
习水
昭觉
盐津
僰人悬棺
古蔺
布拖
金阳
大关
威信
仁怀市
彝良
昭通龙洞
镇雄
昭通市
鲁甸
毕节市
宁南
赫章
大方
黔西
巧家
威宁
草海
纳雍
织金
六盘水市
水城
清镇
会泽
平坝区
宣威市
普定
安顺市
东川区
六枝特区
镇宁
关岭
长顺
晴隆
紫云
盘县
普安
富源
沾益
寻甸
曲靖市
嵩明
马龙
兴仁
贞丰
安龙
望谟
陆良
兴义市
册亨
昆明市
师宗
罗平
隆林
澄江
石林
乐业
千佛塔
九乡
冷水瀑布
赤水桫椤
习水中亚热带森林
燕子岩
竹海
红军四渡赤水
可乐古人类文化遗址
韭菜坪
百里杜鹃
九洞天
织金洞
黄果树
马岭河
安龙招堤
仙鹤坪
泥凼石林
大洞竹海
碧云洞

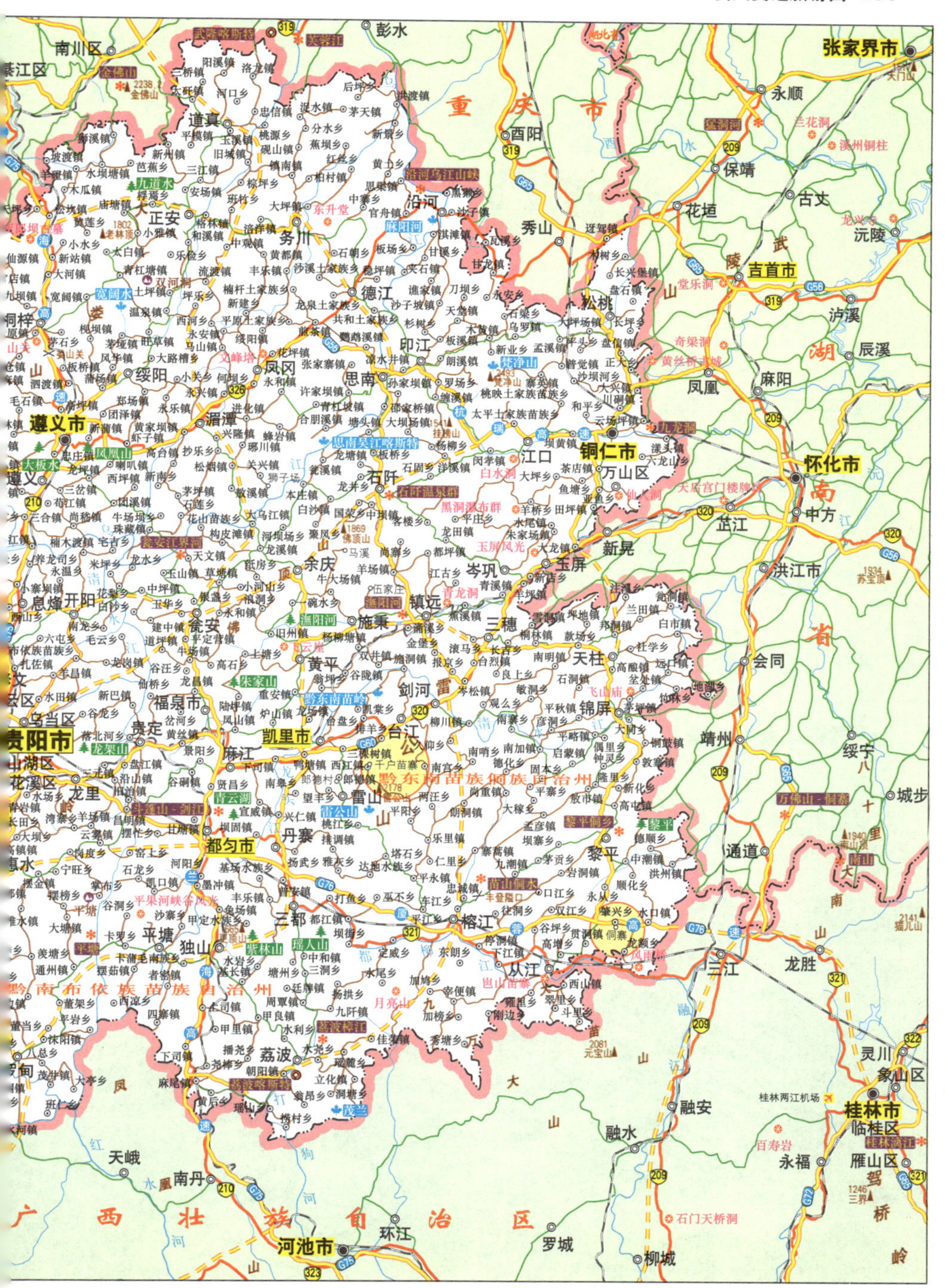
重庆市
张家界市
遵义市
铜仁市
怀化市
吉首市
凯里市
贵阳市
都匀市
河池市
桂林市
黔东南苗族侗族自治州
黔南布依族苗族自治州
广西壮族自治区
湖南省

肇兴侗寨

——鼓楼畔的婉约浪漫

解读 肇兴侗寨

全国最大的侗族村寨之一，素有“侗乡第一寨”之美誉，曾被《中国国家地理》评选为“中国最美的六大乡村古镇”之一。属中亚热带季风湿润气候，年平均气温16℃左右。寨子四面环山，建于山中盆地，占地20万平方米，居民1100余户，6000多人，全为陆姓侗族，分为五大房族，分居五个自然片区，当地称之为“团”，分为仁、义、礼、智、信五团。以鼓楼群最为著名，其鼓楼在全国侗寨中绝无仅有，被誉为“鼓楼文化艺术之乡”。特产有山茶油、侗乡雀舌茶、腌鱼、野山核桃等。

隐居指数：★★★ 交通指数：★★★

风景指数：★★★★ 民风指数：★★★★★ 气候指数：★★★

环境指数：★★★★★ 生活指数：★★★ 美食指数：★★★

肇兴鼓楼群

地理位置：贵州省黔东南苗族侗族自治州黎平县

总体评价：得天独厚的地理环境给了这座侗寨媲美江南水乡的自然资本，虽为村寨却宜居。

亮　　点：当地民族风俗和生活习惯保存较好。有山有水，自然环境较佳。民风淳朴，待客热情。

缺　　憾：夏季较热，冬季较冷。缺少医疗、教育、文化设施。生活设施不太完善。

进入黎平，好天气终于一去不返，黔东南的雨来了。不肯痛痛快快地宣泄一场，只有零零星星藕断丝连的缠绵。

在细雨迷蒙中踩着湿泥的路进入肇兴。颇为惊讶的是街边一家接一家密密麻麻全部是木楼客栈。原来肇兴早已不是那个藏在深山人未识的侗寨，原来旅游开发的大旗早已高高矗立飘扬，肇兴已经悄然开始了改头换面的新工程。

不得不说，这座侗寨的确具有得天独厚的自然优势。号称黎平第一侗寨，更顶着全国最大侗寨的头衔，坐落在群山怀抱之中，密集的干栏式吊脚楼错落有致，簇拥着仁智礼义信五座鼓楼，五座花桥，五座戏台，花团锦簇。更难得的是，竟然有一条河流穿寨而过，有水源滋养的城市都会散发迷人的风采，而一个小小的侗寨竟也奢侈得拥有一条河流的青睐。于是，风雨桥横跨河上，两岸木楼鳞次栉比，烟色迷茫中一眼望去，深山侗寨的风物景致隐约中可以媲美江南水乡之婉约浪漫。

除了肇兴，怕是再无别的侗寨有此风韵了吧。

侗族人居住的地方就有鼓楼，就有风雨桥，而肇兴的五座鼓楼更是全寨的灵魂依托，肇兴鼓楼群更成为独一无二的侗寨亮点。五座鼓楼代表着五个村寨，五个支系房族，彼此独立又相互密不可分，就像这仁智礼义信的名字，需要紧紧地团聚在一起，支撑着肇兴村落建筑的骨骼布局，而同时，这也是侗寨人赖以生存的精神力量。

在一家安静小巷内的木楼住下，小小的房间却也干净整洁，完全可以满足城市人的生活需要，旅游开发自然也带来了一些便利条件。当地人开起了客栈谋生，小饭馆里都有了英文菜单，一家一家出售民族手工艺品的小店里也能淘到一些另类的宝贝。这种感觉如此熟识，仿佛有一点像多年前的丽江或者凤凰，一块璞玉还没有完全打磨雕琢出成熟美艳的入世风采，一颗内敛晶莹的明珠还在深山暗藏。

远来的游客与本地的居民相安无事地共处。走在石子小路上，随处看到挂在窗边桥边晾晒的侗布，一位老奶奶更是手持木槌正在不断敲打布匹。侗家人至今仍然爱着他们传统的侗布服装，完全手工制成，天然染料浸染，晾干后叠在一起，涂抹蛋清后用木槌反复捶打，历经千锤百炼，终于闪现夺目的光彩，最后用牛皮熬胶浆染使其硬挺不褪色。这样的侗布再经手工一道一道细细的叠褶，大概要花费3个多月的时间才能做成一件侗家百褶裙。如此精雕细琢的手工产品，无疑让侗服身价倍增，他是侗家人引以为傲的节日盛装华服，也成为外地游客争相追捧的高档旅游纪念品了。

还有刺绣，真正手工的刺绣服饰已经越来越少见了，你还能在一些小店里寻到一些老绣片和那些绣给小孩子的帽子围嘴，虽然多少有些残破褪色，却依然在绣线的针脚色彩中透露出岁月温润的关怀。因为开发旅游了，一些老奶奶的手艺得以重见天日，手工织绣的肚兜、背包、鞋垫俨然成为小资情调

中一道另类的崭新时尚风潮。

肇兴村寨的路曲曲折折，但是似乎不论在怎样的方向迂回，总能邂逅鼓楼的身影，都是重檐八角攒尖顶，有七重九重十一重十三重之别，每座鼓楼旁都是风雨桥相连，古老的戏台镇守一方。桥内的廊壁之上还有绘画作品，展现的是侗族的古老风俗和神话传说。鼓楼中心有火塘，四周有条凳，这是村民们有重要集会的场所，也是平时休闲娱乐的中心广场。戏台一侧摆放着几架大号

宁静时光

芦笙，听说明天要去三江参加芦笙会了，今日还有人在此加紧排练，也去尝试着吹响一声低吟，回味的却是这芦笙竹管中散发出的冲天酒气。一位老奶奶笑着说，那都是男人们吹的哪。

一家嫁女儿的人家招呼过路的客人喝喜酒，完全不相识的陌生人却受到了主人热情的款待，桌子上摆满了侗家的传统佳肴，自然少不了那碗象征吉祥的血红，所谓血红就是大片的猪肉裹伴着生猪血，浓烈的血腥气在口腔中弥漫开来，赶紧来口米酒压惊，醇香清冽的米酒啊，更浓厚醉人的是侗家人待客的情谊。

席上的一位老奶奶俨然是辈分尊贵的长者，不想她还是一位歌师，有侗家人的地方就有侗歌，因为这芦笙赛，我意外的又观摩了一场练歌会。十余位歌手都是奶奶级的人物了，虽然她们可能很久没有练习而显得生疏了，虽然她们的嗓音没有小黄的少女们委婉动听，可是她们也在认真地快乐地享受着歌声。一位老奶奶在向我们讲述歌词的大意，说的是少女们在猜想自己将来嫁给什么样的人，婚姻会不会幸福。那么，这位老奶奶，您嫁得好不好呢，老奶奶颇具深意的一笑，重新投入到歌声之中。那是经过岁月历练的生命沉淀，犹如陈酿的米酒散发着醇厚迷人的幽香。在这样起起落落的旋律漂浮中，在那样淡泊睿智的面庞笑容中，一生的故事，欲说还休。

再出得门来，已经是夜色弥漫，竟然有一片彩灯照耀，将鼓楼和花桥装扮得霓虹灿烂。可是，这样的手段在城市的生活中早已习以为常了，在我眼中，多了这些炫彩时尚的包装手段，并没有升华侗寨本身纯美的自然气质，反而会将其推向媚俗的情调模式。如果让我选择，我还是喜欢那个摆在侗家饭桌上的，飘荡在侗族大歌里的纯朴无华的肇兴。

一位来自县城的政府干部承诺着这里将要发展得更好，有朝一日可能会真的被打造成另一个丽江或者凤凰，那时候会修出更宽阔的好路，会清理河道的垃圾，会成为相机镜头中更加完美的摄影佳作。只是，不知道那时候再来肇兴，侗家的米酒的滋味是不是还是一样的醇厚飘香呢。

小贴士

交通 可先到贵阳或者凯里，然后再转车到达。

美食 主街上有很多饭馆，不少都还有英文菜单。饮食以火锅类为主，酸汤排骨、酸汤牛腩等，点了火锅都有免费配菜，味道都不错，也很下饭。

住宿 肇兴到处都是家庭旅馆，价格也不贵，一般60～80元就能住有卫生间的房子。高档的宾馆也有，肇兴宾馆（0855-6130800），很标准的星级住宿，标间228元，可以打折到140元。当地还没有国际青年旅舍。如果常住的话，可与客栈老板商量月租价格。

作者手记

1. 肇兴有不少特色小店，出售当地的特色手工艺品，常见的有侗布、绣片、银饰等。
2. 距离肇兴不远处有个堂安侗寨，挪威人建了一家博物馆，村里有小面包车可以去，一般可找人拼车前往。附近还有一个纪堂侗寨，鼓楼也很有特色。

西江千户苗寨

——大山里的别样风情

解读 西江千户苗寨

全世界最大的苗族聚居村寨，由十余个依山而建的自然村寨相连成片。这里拥有深厚的苗族文化底蕴，苗族建筑、服饰、银饰、语言、饮食、传统习俗不但典型，而且保存较好。苗寨所在地形为典型河流谷地，清澈见底的白水河穿寨而过，苗寨主体位于河流东北侧的河谷坡地上。属亚热带湿润山地季风气候，年降水量约1300~1500毫米，年平均气温14℃~16℃。景点有苗族文化博物馆、苗寨建筑群、风雨桥、西江夜景等。特产有银饰、刺绣等。

隐居指数：★★★ 交通指数：★★★

风景指数：★★★★ 民风指数：★★★★★ 气候指数：★★★★

环境指数：★★★★★ 生活指数：★★★ 美食指数：★★★

西江夜景

许多苗族成年女人的头上，都插有塑料花儿

地理位置：贵州省黔东南苗族侗族自治州雷山县

总体评价：青山绿水中的美丽苗寨，完好地保留了苗族文化习俗和生活方式，可小住一段时间体味别样的风情。

亮　　点：民风淳朴，当地人受商业化影响较小。自然景色优美。

缺　　憾：旅游旺季时游客较多。缺少教育、医疗、文化设施。生活设施尚不完备。

依山傍水，层层叠叠的干栏民居密密麻麻地延伸而去，这里就是西江的苗寨，有千户壮观，也有小巷幽深，有登高俯视四周梯田开阔，有静坐风雨桥畔一条清溪荡漾，说什么天下第一，说什么贵州的丽江，全是浮华虚名。西江的美是清晨的薄雾，是傍晚的夕阳，是夜色降临后点起的千家灯火，是芦笙场上的鹅卵石花纹图腾，是一位苗女对镜梳妆盘起她的长发，是一家人在挂着腊肉的厨房里围坐吃一顿热气腾腾的火锅。

无论汇集多少的游客，无论还要修建多少房屋旅舍，也许某一日这里终将改头换面，那么需要改变的，只不过是另一种认知的方式。无关乎苗寨，无关乎这里的苗家人。

尽管名声在外了，游客纷至沓来了，一切似乎还是那么天然纯朴，盛装的苗女守在寨门口，端着牛角杯给进寨的客人劝酒，热情欢快的笑声撒落一地，香醇清甜的米酒滋味醉在心头。

芦笙场上人流攒动，顾不上看那些歌舞吹奏了，光是扑面而来的刺绣和银饰之风就在一瞬间席卷了所有人视线的焦点。苗家女子身上的头冠、银角、发簪、花梳、插针、围帕、项圈、耳环、胸牌、压领、衣片、腰链、 背牌、手镯、戒指，在黔东南终年阴郁难得见阳光的天气里熠熠生辉。而且我相信，如果要琢磨清楚她们身上每一种银饰的名称、工艺、种类以及精神内涵，那绝对可以修上一个学期的选修课，或者编出一本大部头教科书来。而此时此刻，这些苗家女子们，无论老幼，无论贫贵出身经历地位，在这身骄傲的华服衬托下，无一例外地散发出无可抵挡的自信和美丽。

大会终于散场了，芦笙比赛上拿了奖的村民捧着奖状揣着奖金匆匆忙忙地往家赶了，彩裙和银饰的盛装叮叮当当地很快消逝在一个个巷口，再走出来的就是头戴红花、身着滚绣花边的黑色家常衣服了。小巷深处有苗家酒厂陈坛飘香，有鼓藏头苗王的家，有微缩的小型芦笙场，有唱歌的台子刺绣的院子，青石台阶，家家吊脚木楼美人靠。

随意的走入一户人声喧闹的苗家木楼，一屋子酒气冲天，一屋子人醺醺然迷醉，一位苗女走出来，两个脸蛋通红得赛得过她头上那朵花。"我醉酒了"，她倚在门框痴痴地笑，摇摇摆摆地走开了。原来是正在办喜事的人家，没有什么隆重华丽的仪式，就是亲朋好友汇聚一堂，喝酒吃肉，一位大娘手提酒壶四处给人斟酒，自然也不会放过来访的游客，原来她就是今天新郎的母亲。喝一杯吧，有人给你嘴里塞进猪肉和奶糖，醺醺然了吧，大家随性地唱起歌来，在城市里有多久没有这样肆意开怀了，哦，看见了好文质彬彬的新郎，看见了新娘竟是个大眼睛的北京姑娘。虽然是一场苗寨的婚礼，新郎却是衣锦还乡，娶了一个北京媳妇。

风雨桥畔

在半山腰被清风吹散了几丝醉意，摇摇晃晃地走下山来，喝了一杯豆浆，吃了一份糯米饭，夕阳已经隐去了最后的霞光，夜色来了。

这时候我才明白家家木楼屋檐下悬挂的那造型古朴的灯盏原来并不只是摆摆样子，当对面山峰的房屋终于陷入了黑暗的包围，灯光便亮起来了。并不是如凤凰古城那样妖娆绚烂的彩灯霓虹，只是一家一盏，星星点点，微小却又自然。于是，为了这扇观景的窗而选的小房间在此时终于物有所值地派上了用场，可以瞥一眼窗外的千家灯火，只瞥一眼，便依然醉去了，一夜无梦。

离开西江的清晨是一个完美的清晨，先是薄雾缭绕，山上民居如坠云中，风雨桥下溪水氤氲，然后明亮而柔和的阳

小贴士

交通 可先从贵阳乘车到黔东南首府凯里，再转车到达西江。

美食 黔东南地区还是以酸辣为主，基本以腌鱼、腊肉、酸汤火锅为主打。另外西江街巷里卖的糯米饭、米粉等味道也很不错。住宿的客栈都提供餐饮，可以点菜，有土鸡、火锅、自酿米酒等。

住宿 西江住宿的地方很多，多是苗寨木楼，房间不大隔音，且比较窄小，洗澡热水以太阳能为主。最好的选择是进门后不远处过桥右手边半山坡的位置，修建得比较漂亮，位置视野好，倚在美人靠上看夕阳看夜景绝佳。黄金周旺季涨幅较大。有一家西江小楼青年旅舍，多人间每晚30元/床。另外推荐有家客栈（0855-3348896）、水之澜青年客栈（0855-3348799）、西江月（电话：15870286111）和佳景客栈（电话：0855-3348630），标间一般在100～150元之间。如果常住的话，可与客栈老板商量月租价格。

苗寨的婚宴

光缓缓地散开来了，照在那些新房子的黄色油漆上，明晃晃的耀眼。店铺开始逐渐开张了，米粉汤锅冒起热气，苗女盘好了一头长发插上今天的心情花。

一家理发店的生意格外的好，不乏有那些附庸风俗的游客也想要盘一个苗式发型，当中也插一朵鲜艳的绢花。这般猎艳的心情便也只有在这样的地方才可以付诸行动，即使周遭投来惊异的目光，依然洋洋得意自我陶醉。那便尽情地享受这一刻吧，因为一旦我们返回了自己的城市，便再也拿不出这样的勇气来装扮一场特立独行的人生。

一如还可以无拘无束醉酒的西江，适时地就醉这一场，明日又隔山岳，下一次再相逢却一定不止是山岳的距离了。

作者手记

❶ 春节期间是去西江的好季节，有歌舞表演，可观赏到华美的苗族服饰，也经常会遇到办喜事的人家，不妨进去喝杯喜酒。

❷ 苗家自酿米酒一般后劲儿很足，建议有酒量的朋友也要量力而行，适可而止。

❸ 无论哪个季节，黔东南地区都湿气较重，行前应多备几件换洗衣服以及携带方便的雨具。

最美隐居地 TOP50

内蒙古

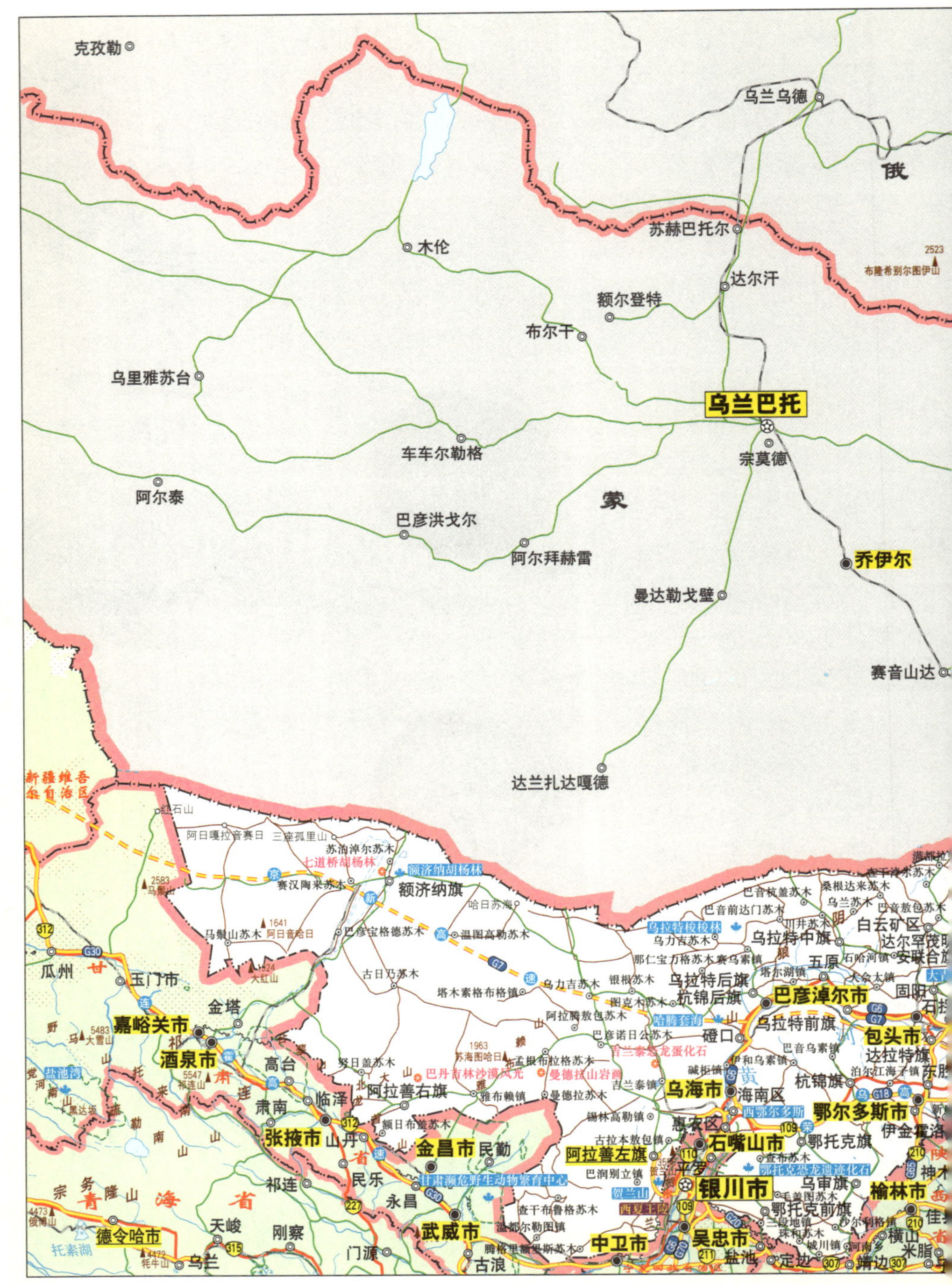
克孜勒
乌兰乌德
俄
苏赫巴托尔
布隆希别尔图伊山
木伦
达尔汗
额尔登特
布尔干
乌里雅苏台
乌兰巴托
车车尔勒格
宗莫德
阿尔泰
蒙
巴彦洪戈尔
阿尔拜赫雷
乔伊尔
曼达勒戈壁
赛音山达
达兰扎达嘎德
新疆维吾尔自治区
红石山
阿日嘎拉音赛日
三座孤里山
苏泊淖尔苏木
七道桥胡杨林
额济纳胡杨林
赛汉陶来苏木
额济纳旗
马鬃山
哈日苏海
马鬃山苏木
阿日音哈日
巴彦宝格德苏木
温图高勒苏木
古日乃苏木
大红山
塔木素格布格镇
乌力吉苏木
银根苏木
图克木苏木
阿拉腾敖包苏木
巴彦诺日公苏木
乌拉特梭梭林
乌力吉苏木
那仁宝力格苏木
乌拉特中旗
乌拉特后旗
杭锦后旗
巴彦淖尔市
五原
白云矿区
达尔罕茂明安联合旗
固阳
包头市
乌拉特前旗
哈腾套海
磴口
达拉特旗
杭锦旗
鄂尔多斯市
伊金霍洛
乌海市
海南区
西鄂尔多斯
吉兰泰恐龙蛋化石
巴丹吉林沙漠风光
曼德拉山岩画
阿拉善右旗
雅布赖镇
吉兰泰镇
锡林高勒镇
惠农区
石嘴山市
鄂托克旗
鄂托克恐龙遗迹化石
阿拉善左旗
巴润别立镇
贺兰山
银川市
平罗
乌审旗
榆林市
神木
西夏王陵
鄂托克前旗
中卫市
吴忠市
盐池
定边
靖边
横山
米脂
佳县
瓜州
玉门市
金塔
嘉峪关市
酒泉市
高台
临泽
肃南
张掖市
山丹
金昌市
民勤
甘肃濒危野生动物繁育中心
民乐
永昌
武威市
古浪
祁连
门源
天峻
刚察
德令哈市
乌兰
托素湖
青海省
盐池湾
大雪山
祁连山
黑达坂
甘
肃
省
G30
G7
G6
G18
312
227
315
109
110
211
307
210
2523
2583
1641
1424
5483
5547
1963
4473
4472

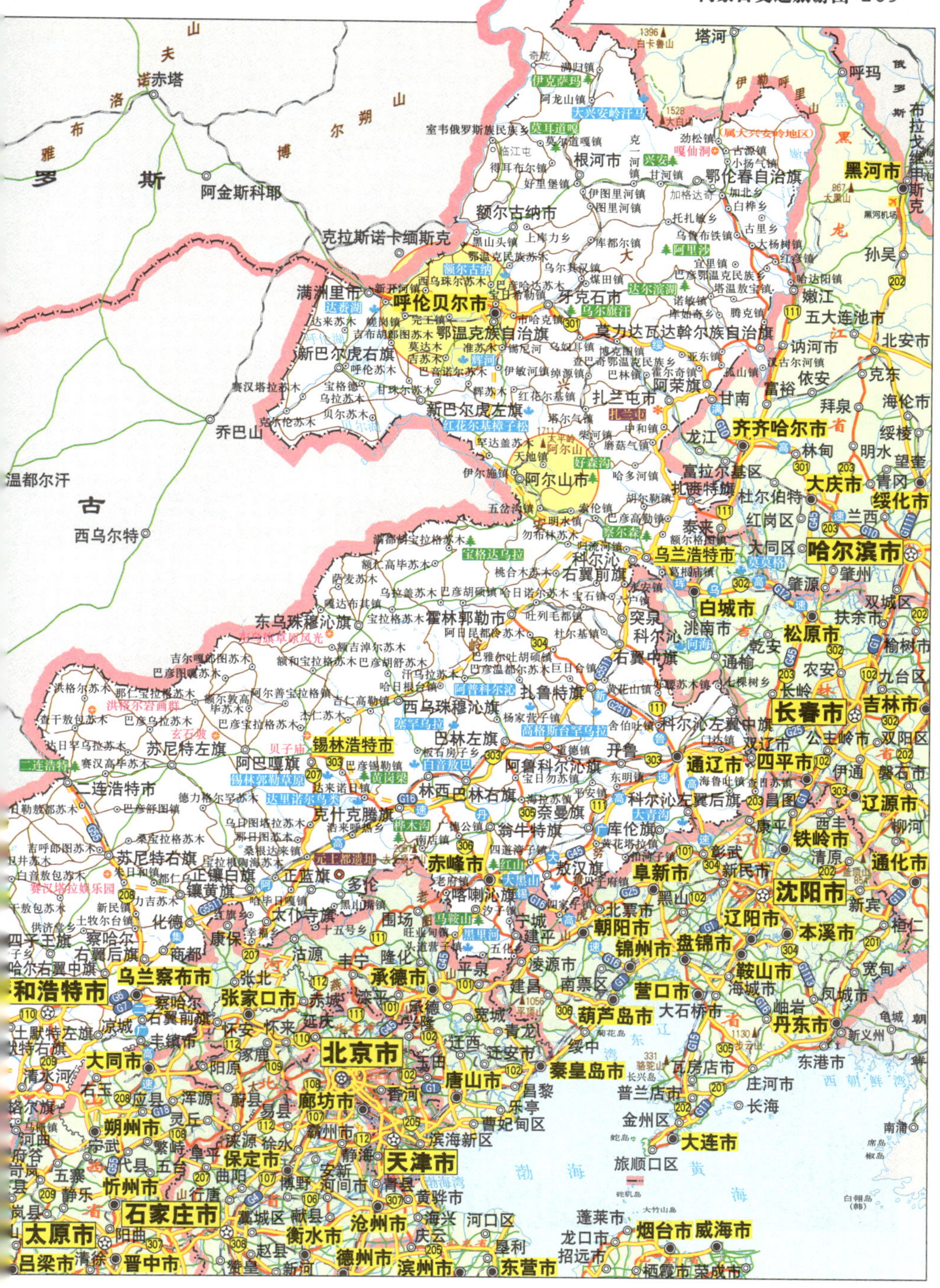
俄罗斯
阿金斯科耶
克拉斯诺卡缅斯克
满洲里市
呼伦贝尔市
额尔古纳市
根河市
牙克石市
鄂温克族自治旗
新巴尔虎右旗
新巴尔虎左旗
莫力达瓦达斡尔族自治旗
鄂伦春自治旗
扎兰屯市
阿荣旗
阿尔山市
乔巴山
温都尔汗
西乌尔特
乌兰浩特市
科尔沁右翼前旗
突泉
科尔沁右翼中旗
东乌珠穆沁旗
霍林郭勒市
扎鲁特旗
西乌珠穆沁旗
锡林浩特市
阿巴嘎旗
苏尼特左旗
二连浩特市
苏尼特右旗
正镶白旗
镶黄旗
正蓝旗
多伦
太仆寺旗
化德
商都
四子王旗
察哈尔右翼后旗
乌兰察布市
呼和浩特市
张家口市
克什克腾旗
林西
巴林右旗
巴林左旗
阿鲁科尔沁旗
开鲁
通辽市
科尔沁左翼中旗
科尔沁左翼后旗
奈曼旗
库伦旗
翁牛特旗
赤峰市
敖汉旗
喀喇沁旗
宁城
承德市
北京市
天津市
唐山市
秦皇岛市
葫芦岛市
锦州市
朝阳市
阜新市
沈阳市
辽阳市
本溪市
鞍山市
营口市
盘锦市
丹东市
大连市
瓦房店市
普兰店市
金州区
旅顺口区
庄河市
东港市
长春市
吉林市
四平市
辽源市
通化市
铁岭市
松原市
白城市
洮南市
齐齐哈尔市
大庆市
绥化市
哈尔滨市
黑河市
呼玛
塔河
漠河
孙吴
嫩江
五大连池市
北安市
讷河市
依安
克东
海伦市
富裕
甘南
龙江
大同市
朔州市
忻州市
太原市
石家庄市
保定市
廊坊市
沧州市
衡水市
德州市
滨州市
东营市
烟台市
威海市
蓬莱市
龙口市
招远市
晋中市
吕梁市
渤海
黄海
269

阿尔山

——大兴安岭魔戒之旅

解读 阿尔山

阿尔山系蒙古语，其意思为“热的圣水”。著名的四大草原在这里交汇，是一座草原怀抱中的城市。属于寒温带大陆性季风气候，全年 气温较低，年平均温度为-3.2° C。景点有阿尔山国家森林公园、五里泉、玫瑰峰等。特产有木耳、野蘑菇、牛肉干等。

隐居指数：★★★★ 交通指数：★★★

风景指数：★★★★★	民风指数：★★★★	气候指数：★★★
环境指数：★★★★★	生活指数：★★★★	美食指数：★★★

火山堰塞湖

地理位置：内蒙古兴安盟阿尔山市

总体评价：一座位于森林与草原怀抱中的边防小城，拥有绚烂迷人的山林美景和惬意从容的温泉享受。

亮　　点：森林覆盖率超过64%，绿色植被率达95%，空气中负氧离子含量非常高。当地温泉较多。夏季凉爽，适合避暑。

缺　　憾：冬季寒冷，且长达7个多月。景点之间距离较远，没有公共交通，需要包车游览。食宿价格稍高。

不知从什么时候起，阿尔山，这座偏远的边防小城竟然一夜成名了。

一些先驱者探路之后发布了大量秋景灿烂的照片，电视台开播了专题节目，旅行社登出了旅游专列，不过几年光景，一批批星级饭店建起来了，一批批摄影记者电视专题栏目组访问来了，成为了国家自由式滑雪基地，拉起了国际旅游节的大旗。阿尔山声名鹊起了。这，并不仅仅是它昙花一现的幸运，它的确拥有安享这种追捧的资本。

坐落在大兴安岭绿色森林的怀抱中，锡林郭勒、呼伦贝尔、科尔沁、蒙古国四大草原环绕周边，一条哈拉哈河穿流而过，天池、峡谷、石峰、深潭、湖泊、矿泉、火山岩分布其中，大自然中各项资源宝地几乎被它一一占尽。杜鹃花开的时候香飘万里，盛夏季节探寻峡谷深潭的清冽，秋天森林换上油画般绚烂的彩衣，冬季白雪飘飞的日子有温泉水暖暖相拥。这是怎样尽得自然恩宠的阿尔山啊，这是充满山水灵气的桃源圣地阿尔山。

一座国家森林公园将阿尔山最经典的美景囊括在内。虽然仅仅是窥到了广阔大兴安岭林场的区区一角，但你总算是踏入了森林的怀抱。

天池是神女的一颗眼泪，从空中俯瞰而去，这滴晶莹的眼泪就是阿尔山森林中璀璨的明珠。这是一座神奇的天池，久旱不涸，久雨不溢；没有河流注入，也无任何河道泄出；水质清澈，却从未发现有鱼儿生存；深不可测，据说与地心相通。火山爆发后火山口积水汇成的高位湖泊，凭空脱离开了土地的滋养，于是便凝生出了更纯洁神圣的气质。湖边的野草在风中摇曳，可湖水却看不到一丝潋滟，一旁的白桦树林里闪过红色衣衫的身影，游客一拨一拨地来来去去，冷冽的天池水波澜不惊。

哈拉哈河上游的峡谷中分布着卧牛潭、虎石潭和悦心潭，湍急的河水奔流而下，河床中奇形怪状的岩石丝毫不能阻挡水流的去向，喷珠溅玉而去。卧牛潭前大大小小的卧牛石如牛群安然休憩水中，虎石潭前虎群戏水嬉闹，一静一动中，你走到了峡谷的劲头，河面加宽，豁然开朗，两岸密密分布着针阔混交林，空气中流淌着仙灵般清新的触觉。这里有夏日冰川，这里有九曲回肠，溯流而上寻潭的峡谷之路是一场开辟处女地的探索之旅。

石塘林就是一座天然的火山熔岩博物馆，亿万年前的火山运动翻江倒海，沧海桑田，喷发出的熔岩流充满了山间盆地和沟谷，形成了如今一片长达20余公里的石塘地貌。在这些沟沟壑壑、绳索状、涟漪波状多气孔的火山岩石层中，却生长出了高大挺拔的落叶松和妩媚动人的杜鹃花。就在这岩间采一朵不知名的野花，别在发梢，别在耳边，一旁竟有清亮的水潭，俯身而看，顾影自怜。捡

阿尔山之夏

白桦林

一块火山岩，坑洼丑陋的面貌代表的却是数不清的岁月悠悠，抚摸叹息间，沧海桑田。

杜鹃花是蒙古人圣洁的母亲花，而阿尔山最好的杜鹃花都生长在杜鹃湖畔。这一片波光粼粼水天一色的圣湖也是拜火山所赐，但相比天池的清高冷峻，杜鹃湖要多了一些人间烟火。有野鸟成群的飞来掠过，有成群的柳根鱼竞相觅食，有湖边花树的倒影，有荷叶田田清香四溢。最美的相约在杜鹃花开的季节，四周怒放的花朵将这湾湖水也映彻得如霞似火，这样的浓烈，这样的深情，鸟儿鱼儿都已醉了，人呢，孰能不醉。

森林中央有兴安林场，已经废弃的小火车如今成为游客争相拍照留念的老古董，林场的实际功能在退化，成为供游客休息停留的中转站。一家一家的农家饭店生意火红，新鲜的蘑菇、木耳、蕨菜，不用任何复杂的烹调手段，都能新鲜滋润。鹿肉、兔肉、狍子肉、炸小鱼，粗犷中透着鲜活。所有的美食都是拜这片森林所赐，这就是真正的山珍野味。

离开喧闹的人群，顺着林间小路走向森林的深处，脚下踩着厚厚的针叶地毯，弯下身去总能在树根旁找到小蘑菇的身影。有什么飞快地闪过，轻轻地跑开，原来竟是脱缰的马儿在这里随意地放养。森林之中如此寂静，仰头看去，高大的树枝已经遮掩了大片天空，采几朵娇艳的野花，坐在砍伐后的树墩上尽情地发呆，思绪魂游天外。可是你也不能走得再远了，失去了方向感，没有遮住头脸的面罩帽子，森林深处的蚊虫势必会让你惨不忍睹的。

还是回阿尔山市内吧，这其实只是一座小镇，很袖珍的区域可以用双脚丈量。抬眼就看得见山峦看的见绿树，空气中充斥着还是来自山林的气息。这也是一座建设得很美丽的小镇，红顶子的西式小房屋，不宽阔却整洁的街道，老式样的火车站，还有，那骑着高头大马穿行而过的女巡警。这真是一座神奇变幻充满风情的小城。

夜幕降临的时候，你还有未完成的使命。阿尔山还是一处著名的温泉疗养地，蒙古语阿尔山的意思就是圣水。这里分布着大小42口泉眼，各类矿泉所含物质不同，疗效也各有区分。在星光闪

小贴士

交通 可先到兴安盟首府乌兰浩特，再转车到阿尔山。

美食 当地盛产各种绿色健康的菌菇和蔬菜，牛羊肉也是异常美味，值得品尝。

住宿 阿尔山市内住宿的宾馆很多，高中低档都有，普通宾馆标间每晚一二百元。有的宾馆可以免费或者优惠泡温泉，可事先打探清楚。如果租房的话，一居室月租500～1000元。

森林风光

烁的夜晚泡一场露天温泉，这是不是才算浪漫的真正含义。

有人说，阿尔山是一场魔戒之旅，红色的玫瑰峰，澈蓝的哈拉哈河，金黄的油菜花田，它的色彩变幻无穷，它的美景走不完也拍不遍。你想找到魔戒的闪光点吗，就在前往天池的登高阶梯上，不知道是否有人肯停驻脚步，回头望一望身后的风景。在远天明明灭灭的云层之下，碧绿的森林环绕着红色屋顶的小城，这一刻，变幻无穷的阿尔山露出了它本色从容的面貌，登高临下，回首一瞥，只有这一个刹那的机缘，便是这场森林之旅的完美定格。

作者手记

❶ 即使是夏天也要穿长衣长裤，林场中蚊虫非常多，尤其不要穿凉鞋，必备一些防蚊叮咬的药。

❷ 不要随便往林场深处走，容易迷失方向，而且林中有些有毒性的虫子，容易造成生命危险。

海拉尔

——草原腹地的快乐时光

解读 海拉尔

位于内蒙古自治区东北部，大兴安岭的低山丘陵与呼伦贝尔草原的接合地带，西接俄罗斯、蒙古，素有“草原明珠”之称。属寒温带大陆性气候，春季多大风而少雨，夏季温凉而短促，秋季降温快，冬季严寒漫长，年平均气温-2℃，年降水量350毫米。景点有呼伦贝尔大草原、西山国家森林公园和侵华日军海拉尔要塞等。特产有牛肉干、手把肉、蘑菇等。

隐居指数：★★★		交通指数：★★★
风景指数：★★★★	民风指数：★★★★★	气候指数：★★★
环境指数：★★★★★	生活指数：★★★★	美食指数：★★★★

山坡上的野花

地理位置： 内蒙古自治区呼伦贝尔市海拉尔区

总体评价： 草原之都，不是高海拔，却也是离天空最近的地方。隐居在这里，真正的"看庭前云卷云舒"。

亮　　点： 辽阔大地，清新空气，风吹草低见牛羊，还有优质奶制品全年新鲜供应。消暑胜地。羊肉纯正美味。市中心城市化发展完善，而且离典型草原路程近，一不小心散步也能走到草原去。

缺　　憾： 夏脖子短，秋脖子更短，冬季太长，从十月份直到第二年的四五月份，严冬酷寒，最冷时达到零下四五十摄氏度。本地极少产时蔬水果，基本都靠外运。

伊敏河畔看日出

有段时间，我最常听的两首歌，一首是Sainkho Namtchylak的《Old Melody》，另一首是代青塔娜的《往日时光》

海拉尔多雪的冬天
传来三套车的歌唱
尹敏河旁温柔的夏夜
手风琴声在飘荡

人生中最美的珍藏
就是那些往日时光
虽然穷的只剩下快乐
身上穿着旧衣裳

我做义工的呼伦贝尔青年旅舍和尹敏河隔着一条公路，在海拉尔往满洲里和额尔古纳方向的城郊路口，一栋独立有着尖尖红屋顶的小楼，后边是城郊的农村，有奶牛有羊群，有一匹骄傲的大白马，还有大片的黑土地，不但长蔬菜，夏季的时候还有大片的向日葵，对面有座大上坡，隔断了我们与城区。山坡是片宝地，看落日，采野花，是上逃票进反法西斯纪念馆的风水宝地。

海拉尔春天来得大张旗鼓，漫天的柳絮杨絮，飘进大厅客房，我们每天都要举着扫帚追杨柳絮，后来追出经验了，扫帚上沾点水，一扑即中，追了十多天，要是把那些杨柳絮收集起来的话，估计够做一床棉被。

山坡上野花烂漫，有一次我跟着阿昌上山，爬进铁丝网围着的反法西斯园区，发现一坡的大小山花，嫩黄色的野罂粟开得最招摇，这种花在草原上常开一个夏季，还有大朵的野萱草，就是金针菜，据说能吃，我采了一小袋花苞，一直没舍得把它们投进高汤。每次上山，阿昌是看望那些假坦克，而我则是直奔野花而去的，花采回来，插瓶摆着，宽敞的大厅就亮了起来，早上喝粥，桌上摆着一瓶山花，心情大好。

天上散落着白云，地上散落着草垛子

旅舍左边，老三和逊哥来时就开出了一畦地，向屋后的村长家讨来向日葵苗，再撒上一堆波斯菊种子，我来时，它们都已经钻出小苗了。门口有一小片地，看样子能够开垦出来种上蔬菜，到时候就可以自给自足。借来锄头，在我们的威逼利诱下，阿昌被迫干了半天苦力，把一片荒地开垦出来。买来一包小白菜种子，两块钱，看说明书是三四十天即可收获，能种半亩地，但是对于半亩地，谁都没有概念，我就只好信手撒种了，不是都说黑土地种啥长啥嘛。我们盼望着这五六平方米的小白菜，不但能供应自己，还能发展为青旅副业，至少也能扎两把去菜市场换根萝卜大葱吧。结果证明，这是真正的"小白菜，叶儿黄，两三岁时没了娘"的小白菜啊，阿昌在时，小白菜还有人每天早晚浇水，小白菜他妈阿昌走后，松涛嘉乐接班，但毕竟他们都是后妈啊，浇水浇得有一顿没一顿，种的密集营养跟不上，都长得畏畏缩缩的。小白菜前前后后被我们割了三四顿，折算一下回报率，不计人力，总算是捞回种子成本钱了。

海拉尔进入夏季时，日落特别

草原上的双层彩虹

小贴士

交通 可乘飞机或火车到达。

美食 来到海拉尔，建议尝尝手把肉等蒙古族特色美食。在俄罗斯商城西门前的一条街上各类小饭馆很多，有抻面馆、馅饼店、坛肉馆、冷面烧烤、手扒肉等，商城西门旁有一家锡林罕盖汗府，主营涮羊肉，旁边是一家金牛烧烤店。商城北门旁边有小肥羊和渝乡人家。晚上各种烧烤摊子非常多，在河东区的成吉思汗广场最为集中。

住宿 海拉尔分为河东区和河西区，一条大桥分割东西，河西区靠近大桥的三角地是市内最繁华的地方，购物餐饮设施较多，住宿方便，普通宾馆标间每晚一百多元。由于草原的旅游旺季主要就是7、8月份，房价涨幅较大而且房间还很紧张。呼伦贝尔国际青年旅舍（0470-2885857）多人间每晚45元/床。如果租房的话，市区一居室月租价格在1000~1500元左右。

美，火烧云和彩虹，是隔三差五经常出现的事物。彩虹还是双层的，挂在对面山坡上。呼伦贝尔每逢雨后必有彩虹，看得我们都屡见不鲜了。旅舍有个秘密基地——看日落的绝佳处。秘密基地入口在楼梯尽头的水箱上，推开头顶的一方木板，噌噌翻上去就能找到。那里是黑黢黢的楼阁，为了装热水器，楼阁开了个口子，通往另一个尖屋顶，我们就在这个尖尖的红屋顶上，看了好多次辉煌落日。大家一溜儿排开，骑在屋脊上，火烧云红透了半边天空。西边的落日晚霞映照着巴尔虎草原和蜿蜒曲折的尹敏河。

这边三四点就日出了，老三带着大伙儿大清早爬起来，翻过马路去过尹敏河边看日出，尹敏河一江水都是红彤彤的朝霞。我懒，而且我有得天独厚的地理位置，有段时间我住在三楼大房间里（作为一个资深青旅员工，当然要把旅舍里所有的房间睡遍），有时半夜醒来，起身拉开窗帘，迎面就是日出，大窗户望出去，日出和朝霞一览无余。三楼的大床房有个宽敞的飘窗，坐在飘窗上看清晨四五点钟的海拉尔天空颜色，渐变的蓝色，尤其美，就像远处遥望青海湖的那种蓝色，视野范围内能看到那座海拉尔标志性建筑大白塔，对着白塔我有过很多想法。我天马行空的想法可多了，那时最想的是“过了内蒙这一茬，我要去波密的松宗镇，开个米粉店，希望四月桃花开的时候，朋友们带着盐水花生和老酒来看我。”

作者手记

❶ 当地昼夜温差变化较大，应适当带长袖衣服，早晚方便增减。夏季草原上蚊子较多，可带些风油精，最好穿旅游鞋而不穿凉鞋。

❷ 商城主要就集中在中央大桥西的三角地地带，有一百商城、友谊商城、俄罗斯商城等。在一百南边有一条步行街叫做温州城，这里有不少出售草原特色商品的民族商店，建议到那种专为本地人服务的店里看看，有卖他们日常使用的物品，很有意思。

最美隐居地TOP50

其他

九江

——君子温如玉

解读九江

一座有着2200多年历史的江南名城，位于江西省北部，有江西“北大门”之称。地处赣、鄂、湘、皖四省交界处，鄱阳湖畔，庐山脚下，自古是兵家必争的军事重镇。属亚热带季风气候，年平均气温16℃~17℃，年降雨量1300~1600毫米，其中40%以上集中在第二季度。景点有浔阳楼、烟水亭、白水湖公园、南湖公园等。特产有武宁棍子鱼、桂花酥糖等。

隐居指数：★★★★★　　交通指数：★★★★

风景指数：★★★★　　民风指数：★★★★★　　气候指数：★★★★★

环境指数：★★★★　　生活指数：★★★★★　　美食指数：★★★★

地理位置： 江西省九江市

总体评价： 九江是一座宜居的小城。夏无大热，冬无酷寒，春秋两季更是行走的好时节。城内城外有山有水，烟雨朦胧时不逊西湖半点；也有历史传承之人文典故，半句诗文一行小联，可翻阅古今，也曾是战场纷争处，大小故事无数。

亮　　点： 在九江，过日子慢，工作慢，喝茶慢，行走慢。若能烧菜，开销不大，且湖鲜甚多，蔬菜类也极新鲜，全都是近郊的农家摆弄的绿色物产。

缺　　憾： 九江居住者，集周边小县之人，所用语言几乎为当地方言，就是年轻人也用此对话，故而言语上或有不通之处。咖啡馆少，小资情调难免追随不上。购物置衣的款式价钱均非上选，需依赖淘宝。九江的居所未必上佳，只实惠尔。

热水太烫，冰水太凉，很多时候是温水占了上风，顺喉而下，一时周身毛孔顿然伏贴，是为享受。在九江住着，便日日如饮温水，久而久之却有点儿温润的君子风范。

九江，数条水系的交合之地，这座小城从来都不缺水。有湖，最大的便是市中心的甘棠湖和南门湖。这两处湖面都是敞亮的，水随风动，风随水凉，于湖旁小站片刻，即便是炎炎夏日，燥心顿逝。古人早知道亲湖的好处，原先是设城于湖畔，出了南门就可见形似半月的湖面儿。那可是千百余年前的古浔阳，文人爱看皓月当空，爱看垂月之水，也为这湖面拟了一个爱称，唤作“景星湖”。又逢唐朝吏治清明，建桥安堤，分湖为南北二色，南为南门湖，北是甘棠湖。两湾碧水里，甘棠湖更获喜爱，清水不断，而南门湖曾不逢时，淤塞过许多时日，前些年方才疏通得当，仍回归碧色盈盈。

观九江之民风，甘棠湖最适合。小城的人们总愿意往湖畔的树下一坐，吹拉弹唱加棋盘行走，又有舞者助兴。九江人爱听戏，半是黄梅戏，半是当地的方言剧。放一个播放器，身前置一个麦克风，掐了掐手指尖儿，开始摆身段，做架势。先是三五个人旁观，继而是围成了一圈，听他咿咿呀呀地讲一场风云，诉一段苦衷。树下闲散的人们莫不如是，跳舞的也是，唱歌的也是，下棋的也有观棋者，自然也有那默默不语之人，只听只看，转头再对着湖面的小风儿迎面一下，如此一晃可就是一个上午。

这实实在在的小城民风剧目，却叫人极易想到《诗经》中的“蔽芾甘棠，勿剪勿伐，召伯所茇。”所谓甘棠，是西周召公姬奭听民生体民情的地方。他停车驻马，秉公断案，搭棚过夜。民众惜其故去，故而留着被他背倚后的甘棠树，不剪枝，不砍伐。而如今的甘棠树却早已不见，换之而来的是一些粗壮的法国梧桐树，自栽种活命以来已有十余年的光景。

烟水亭，在甘棠湖畔，很是好找。小城的公交车们，也都设了烟水亭的站台。白墙黑瓦的造型，与周边的八十年代建筑们略显不协调。九曲小桥，连着古韵小岛，行走于上，顿然有被隔绝于世的感觉。导游们的嗓子里不断冒出白居易和周敦颐的名字，提及后来的点将台，自然也少不了三国大都督周瑜的名号，这也可在亭阁的某块碑上读到。只烟波浩淼之间站着，却无论如何也无昔年战场征伐的感觉，倒觉得清秀无比，所谓出水之芙蓉，堪堪等开的心情。

古人封名，时有雅致。烟水亭所在的小岛，便有一个好名“浸月”，是北宋周敦颐的手笔，赞其“别时茫茫江浸月”，而烟水亭的雏形便来自于其子周寿守墓时的一句“山头不沟薄笼烟”。入夜时，它很美，翠照轩、听雨轩、亦亭、浸月亭、烟水亭、纯阳殿、五贤阁、观音阁的楼阁庭院都被宫灯一一勾勒出，气派也油然而生，断不像是小城之物。

沿湖独行，是一丝惬意，半两舒爽。前方总有石凳相迎，有着召唤下来坐坐的意思，似在说流水倩影，看柳枝拂面，度个半生又何妨？撇开南湖公园的太过热闹，总是孩子们叫嚣玩耍的地方，呆久的话耳边莫不如一场大仗。等至甘棠湖的岸堤交汇处，便是九江人很认的天花宫。小城的人们信奉此家送子娘娘，年年来争大年初一的头香。三面环水，柳荫扬波，这一番绿瓦红墙的确寻了一个好地方。清代同治年间的建筑，原先只祀奉送子娘娘，后来也添了佛祖菩萨的身影，总是佛家一道，多祭祀一位又何妨？却轻易进不去，除了初一和十五大开方便之门外，门儿总是紧锁，说是出家之人未必需得日日染世俗，避在院内诵经才是好。

天花宫外的小堤，便是李公堤，也叫苏堤，千年前分出了两湖。走在堤上，风光一时独好，恰似回到杭州。堤畔的柳树与梧桐参杂而立，各有数十年光景的魅力。密密的树叶儿直接将阳光遮拦了走，只留些星星点于地上，即便酷暑时节，身上也不觉如何燥热。湖面的风儿通透得很，顺着脸畔柔柔地走了一圈。柳丝儿基本都垂在水面上，春夏秋三季里精精神神地绿得十分惹眼。若是拉远了场景，立于甘棠湖看这堤岸，正好搭上夕阳的余晖余色，堤上的行人好似黄色剪影般，篇篇入画，张张都美。

顺堤而走，不多时是能仁寺。小城信佛者多且坚持，故而能仁寺这般唐代古寺还能保存至今。寺的前身是南朝的承天院，僧人们总有占尽天下宝地的习惯，但南北朝的战火烧得太旺，民众向佛之心也被扰，等唐朝的白云禅师再见承天院，早是苍芒无人瓦砾一片。他驻锡结茅为庐，募修了大雄宝殿和大胜宝塔，明弘治二年才改名能仁寺；清代，乾隆也曾赐《大清三藏经》于此寺。寺顶本可见湖光山色，可惜已是高楼间插去，遮拦住所有景致。做晚课的时间，寺内的阿弥陀佛时起时落，佛前几柱香味也密密地染了寺周一圈。

住在九江，如此绕湖一圈便是最大的舒服。这不亚于去一旁的庐山走走看看，闲住几日，也不亚于去东林寺拜拜佛祖，也不亚于前往星子县泡个半日温泉，总的来说，是心有所钟便可避世而往。但常住于此，真正令人动心的却是市区的美食。别看九江只是一座小城，未能按原定的期许快速发展，但饮食已经是相当出色。

烟水亭，烟波浩渺之地

东林寺前，正学之门

小贴士

交通 九江地处京九铁路沿线，火车极为方便。北京、上海、成都、海口、广州等城市有直达九江的航班。

美食 九江当地的饮食以鱼席而著称，讲究原汁原味、油厚不腻、口味浓厚、咸鲜兼辣。九江人嗜辣不逊湖南人，犹爱炒米粉和烧烤；武陵菜的鸭五件和川菜火锅在九江极受欢迎。

住宿 九江市区的住宿不算贵，1000元左右可以租到一室一厅（全配简装）。九江市区没有青年旅舍，大部分酒店的标间单日在150元上下，也有百元左右的旅舍。

九江市第一中学，是全市位置最佳的一所学校，就傍在甘棠湖畔的一座小岛上。这本是千年前大家周敦颐创下的濂溪书院，代代传承至今。濂溪书院的名字久有传承，但却如同今天的连锁进修学院，湖南最有，赣州也有，取得都是同一样名字。九江的这处濂溪书院，是朱熹曾题过记的。一中的环境不错，但其周边的美食更佳，这却又回到适才的说法，九江的美食也胜。九江人嗜辣，说起话来也硬邦邦，若是听不懂，就好似在言语上开了一场堂会，令人摸不着头脑。

一中正门朝外，朝着甘棠公园的方向走，两分钟之后就能见到美食的真颜。九江的湖鲜好，新鲜上等，所以人们特别喜欢吃鱼。做法是武陵鱼庄的好，鱼身料理得干净，不添杂物，全凭辣椒染色染味，一端上桌，即刻眉飞色舞，看着油汪汪的样子就心下舒畅。也有烤鱼，吃烤鱼不讲究精致，大盆大份，它们夜市的生意好，来的市民都穿得居家式，三个一群五个一伙。必然点啤酒的，一次性杯子里走一个来回就全灌入口中。九江人喝起酒来相当凶猛，一头一个干字，又能喝啤酒又能喝白酒，且不知喝完之后总蹲在墙角躲上半日，总半遮了憔悴面目才肯跳上计程车徐徐回家去。当然还有武陵的鸭五件也招人喜欢。吃鸭，只吃这五件。染了酱油却不咸，入口也是醇厚绵绵。吃鸭五件的人，冬日比吃湖鲜的人还要多。旁边还有几家，也脱不开这一系列。但九江城内还是有几条美食街的。柴油机厂附近一个，烟水亭附近一个，二中大附近一个，好在城小，转一圈腹内保证能被塞得满了。

作者手记

❶ 建议住在市区，除市中心两个水汪汪可人无比的湖泊外，顺市中心兜上一圈未必需要两个小时。

❷ 九江市区的早饭算丰盛，百分之三十的人员也算“市级移民”，故而北方的包子、南方的粥、湖南的米粉还有那不知何时盛行的蛋饼也都齐全得很。顺着最热闹的小街走一圈，不知不觉腹中已饱。

❸ 九江市区烟雨朦胧时景色最佳，烟水亭一带风光又胜，大太阳时也就了了。

❹ 九江至庐山只需一个多小时车程，旅行社业务相当发达；另往周边的溶洞系列景点也很方便，如狮子洞和龙宫洞，远些还有石钟山；至于佛寺道观书院等，这座小城也不缺，随意就是千百年的历史提上一提。

❺ 九江是座小城，却重教育，也安排有众多文人讲座，多放在一中对面最新的图书馆。

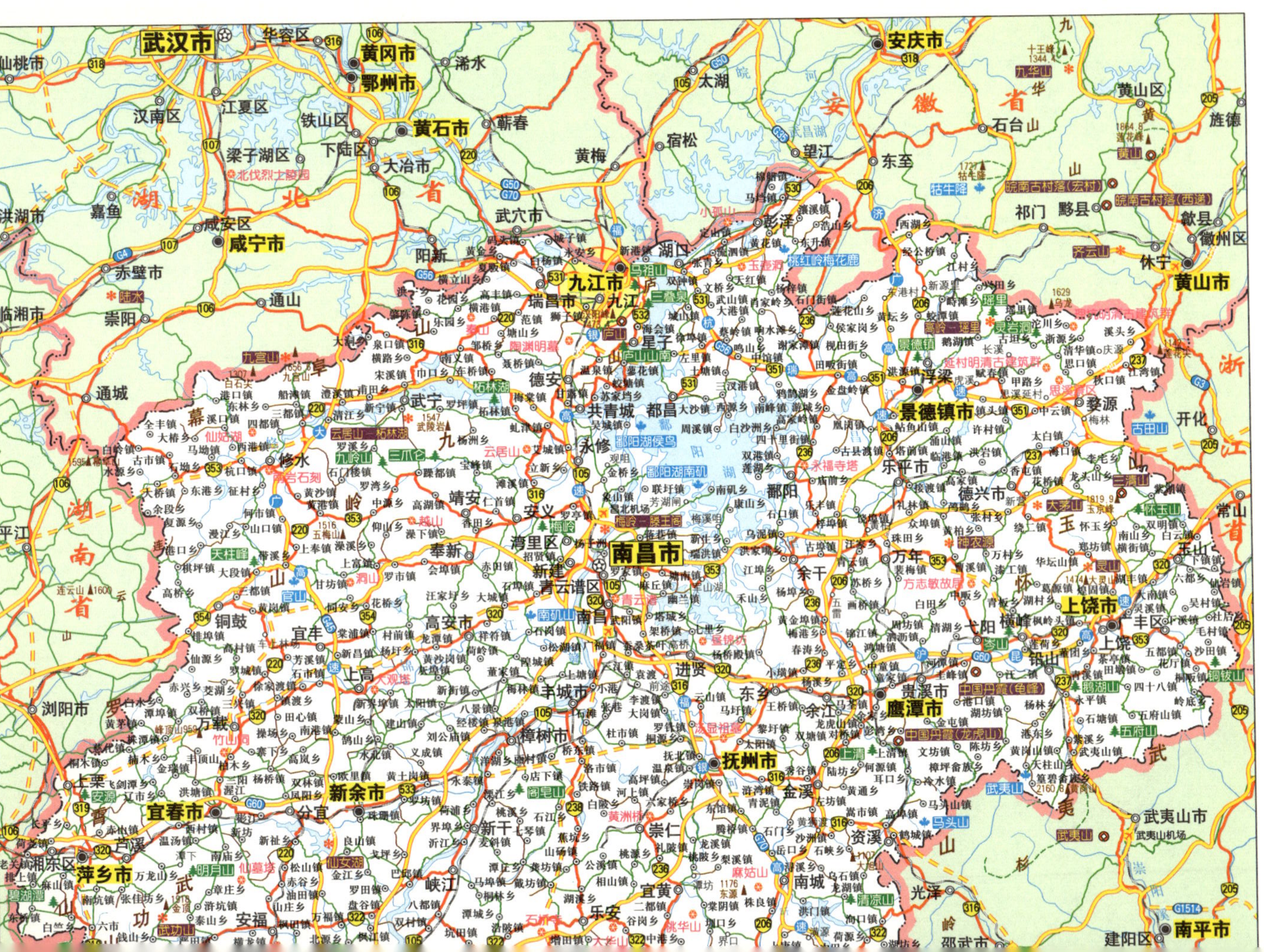

武汉市
黄冈市
鄂州市
黄石市
咸宁市
安庆市
黄山市
九江市
南昌市
景德镇市
上饶市
鹰潭市
抚州市
新余市
宜春市
萍乡市
武夷山市
南平市
湖北省
安徽省
湖南省

吉安市
吉水
青原区
吉安
永新
井冈山市
炎陵
桂东
泰和
万安
遂川
兴国
宁都
广昌
石城
于都
瑞金市
赣州市
赣县
上犹
崇义
南康区
大余
信丰
会昌
安远
寻乌
龙南
全南
定南
南雄市
仁化
始兴
汝城
翁源
连平
和平
新丰
龙川
兴宁市
梅州市
梅县区
平远
蕉岭
大埔
武平
上杭
长汀
连城
永定区
龙岩市
漳平市
华安
南靖
平和
漳州市
长泰
漳浦
龙海市
厦门市
海沧区
集美区
同安区
翔安区
金门
安溪
南安市
永春
德化
大田
永安市
三明市
三元区
沙县
尤溪
明溪
清流
宁化
建宁
泰宁
将乐
顺昌
延平区
建瓯市
福
建
省
广
东
省
湖
南
省

陕西汉中

——南北兼修的诗意栖居

解读 汉中

国家历史文化名城，位于陕西省西南部，为华夏古九州之一。地处汉江上游，北倚秦岭，南屏大巴山。属北暖温带和亚热带气候的过渡带，全年温和湿润。汉中历史悠久，风景秀丽，名胜众多，包括武侯祠、张良庙、石门及褒斜古栈道、古汉台、拜将台、定军山等，还有最美的油菜花海。汉中拥有丰富的动植物资源，其中朱鹮、大熊猫、金丝猴和羚牛被誉为汉中四宝。特产有天麻、红豆腐、黄酒、罐罐茶等。

隐居指数：★★★★★

交通指数：★★★

风景指数：★★★★	民风指数：★★★★★	气候指数：★★★★
环境指数：★★★★★	生活指数：★★★★★	美食指数：★★★★★

汉中平原春光如诗

地理位置： 陕西省汉中市

总体评价： 国家生态示范区建设试点地区，曾被专家誉为“地球上同纬度自然条件最好的地方”，同时也具有丰厚的文化底蕴。

优　　点： 气候温润，季节分明，兼有南北优点，冬无严寒，夏无酷暑。森林覆盖率高达52%，自然环境优美。拥有独特的三国文化，人杰地灵，文化和自然景点众多。民风淳朴，小吃丰富，生活安逸。文化、教育和医疗发展程度中等。

缺　　点： 因秦岭的阻隔，汉中在经济、文化、交通等方面自成体系，经济发展稍慢，当地居民也有较为封闭的盆地意识。

武侯祠

登临望江楼，遥想“汉水东流几千里”

汉中，很多人听到这个地名的第一反应——是我家住在黄土高坡、牵着骆驼走西口、嘴里唱着信天游的那个地方吗？这个回答往往让本土汉中人哭笑不得。是的，汉中隶属于陕西，但那并非等同于全省都是扎着羊肚肚手巾的骑驴老汉，亲，那只是陕北好不好？

汉中属陕南地区，北靠秦岭分界线，或许正因这样独特的地理位置，才造就了汉中的南北兼修。这是一个典型的行政区划（西北地区）与自然区划（西南地区）不一致的城市，它既有北国的豪放和豁达，也兼具南方的细腻和清秀。在外乡人眼里，汉中的某些习俗极为奇特，比如每年大年初一，上午如同南方人一般吃汤圆，下午则随北方人吃饺子。

汉中人的普通一天从极富当地特色的早餐开始。清早出门，随意走进一家小而简陋的早餐店，门口已经早早盘起大灶，灶上支大锅，锅中烧沸水，上面摞起一层层蒸笼。眼睛瞥见客人进来，在灶台上忙活的老板抬头简单问一句："吃啥？"客人回复也简单："面皮！"老板再问一句："喝啥？"回答往往是——"来碗花生稀饭/菜豆腐！"如此简单的一问一答便呈现出汉中的特色早餐内容。只见老板手脚麻利，把一摞摞蒸笼上的面皮一层层揭起，再一笼笼浇上米浆蒸上；这边厢，花生稀饭和面皮已经上桌，浇好调料的面皮用筷子一搅和，一碗喷香扑鼻的热面皮就出现在眼前，再喝下一碗热气腾腾的花生稀饭或菜豆腐，清爽暖心，口舌生津，全身通泰之极。美好的一天就此开始。

"稀饭面皮菜豆腐"讲的是汉中的经典正宗早餐，其实下面还有一句——"锅贴米糕核桃馍"，这短短两句话对汉中小吃文化的精髓进行了高度概括。核桃馍发源于宁强，是汉中历史最悠久、身份最特殊的小吃。色泽澄黄，一口咬下去满口生津，是无数汉中少年求学时期的难忘记忆，也是在外游子对汉中的无尽牵挂，离开之时往往一带就是几百个。锅贴呢，其实很多地

春到古汉台

方都有，但汉中锅贴其实是一种花卷，里面肉馅并不多，只是一些简单的盐、花椒和肉末，但味道却叫人着实难忘，吃完唇齿留香。米糕馍以大米为原料制作而成，香甜松软，酒香四溢，味道非常独特。来到汉中，倘若没尝试这些特色小吃，那无疑是白来一趟。

汉中有的当然不仅是美食。余秋雨曾经说，“我是汉族，我讲汉语，我写汉字，这是因为我们曾经有过一个伟大的王朝——汉朝，而汉朝有一个非常重要的重镇，那就是汉中。” 早在烽火不断的春秋战国时期，汉中就是秦、楚两国相争之地。遥想当年，汉高祖刘邦屯兵汉中，明修栈道，暗渡陈仓，最终取三秦而定天下。而在三国时期，诸多英雄人物在这里演出了一幕幕雄伟壮阔的历史剧，罗贯中整部《三国演义》约有一半内容 讲述与汉中相关的事件。直至今日，汉中的大部分名胜均和三国文化息息相关。

在一个晴朗的冬日午后，漫步到被包围在城市中心的古汉台，如今这已成为汉中博物馆的所在。据说曾是刘邦驻过的高台，虽说早已踪迹难寻，园内倒

绝壁上的褒斜栈道

也名木繁多，清雅幽静，和古色古香的汉代风格建筑相得益彰。清风徐来，腊梅暗香，登临望江楼，周遭已是闹市，唯有遥想“汉水东流几千里”。除了古汉台，城内还有一处叫做拜将坛的名胜，据说昔年汉高祖刘邦正是在这里设坛拜韩信为大将军。若是清早来到此处，早起的中老年人把广场挤了个满满当当，整齐的队伍在热烈音乐的伴奏下跳着属于他们的集体舞。沉重的历史在此刻被抛诸脑后，悠然自得的生活节奏走起。

说起三国历史，不得不提到位于汉中盆地西端的勉县。作为三国时魏、蜀相争的战略要地，《三国志》中那些诸如空城计、木牛流马的故事都发生在这里。据说当年诸葛亮病逝后，上至官员下至百姓都要求为他修建祠堂，却被后主刘禅拒绝，直到二十多年以后才在

小贴士

交通 从北京、上海、广州、成都、武汉、西安等城市可乘列车直达。从西安到汉中每周都有航班。

美食 汉中饮食兼具南北特色，以大米为主食，口味和四川接近，以麻辣为主。特色小吃丰富，包括面皮、粉皮、 浆水面、菜豆腐、梆梆面、酸辣子、王婆麻辣鸡、王家核桃馍、罐罐茶、西乡牛肉干等。

住宿 汉中市区租房价格较低，300～500元可租到一室一厅（全配简装）。汉中酒店业也相对完善，虽然没有青年旅舍，但大部分酒店和宾馆价格不贵，住宿单日在一百元左右，也有规模较小的旅店提供百元以下住宿。

定军山下的诸葛亮墓附近修建了祠堂。这也是全国最早的武侯祠，比成都武侯祠足足早了将近五十年。从汉中市区驱车出发，仿佛穿越历史，仅仅一个小时，就从繁华都市来到依然被青山绿水所包围的三国故地。冬日的武侯祠庄严肃穆，游人罕至，苍松翠柏，寂静森然，尽可以在此忧思怀古。

说起历史来有些沉重，还是来点轻松愉快的节奏。今日汉中，最为人津津乐道之处是号称中国最美的油菜花海。汉中盆地是油菜花的故乡，油菜花的天堂。每年花开时节，百万亩花田同时怒放，犹如一片黄色的汪洋大海，闪耀在天地之间。在明媚的春日登临汉山，极目远眺，远处峰峦叠嶂，梯田层层垒垒，竹树丛生，黄绿相间，景色壮观而不失秀美，正好恰似汉中南北兼修的内在特质。

一方水土养一方人，汉中的好气候好山水和好饮食培育出汉中人温和淳朴的山民性格。在这样一个深藏历史文化底蕴的小城，街上走着的乡亲仿佛都似曾相识，千百年来他们一直这样安居乐业，安于现状。有句俗话说，“汉中人追求的日子就是面皮稀饭”，他们热爱脚下的这片土地，并以这里的山山水水和生活习惯为荣，极为满足自己眼下安逸和与世无争的生活。在安逸的生活中诗意般栖居，谁说这不是一种值得称道的生活态度？

作者手记

❶ 汉中市区购物较为方便，有多座大型购物广场，主要以中心广场为中心，辐射周边的天汉大道、北大街商圈等。

❷ 汉中的文化教育较为发达，汉中市图书馆经常举办各类讲座。

❸ 汉中市中心医院（三甲医院）是汉中最好的医院，其他还有汉中市人民医院、汉中3201医院、卫校附属医院、汉中市中医医院 等。

❹ 汉中具有丰富的民俗文化，陕南民歌、锣鼓草、社火、焰火、汉调二簧、汉调桄桄、端公戏等极具地方特色。

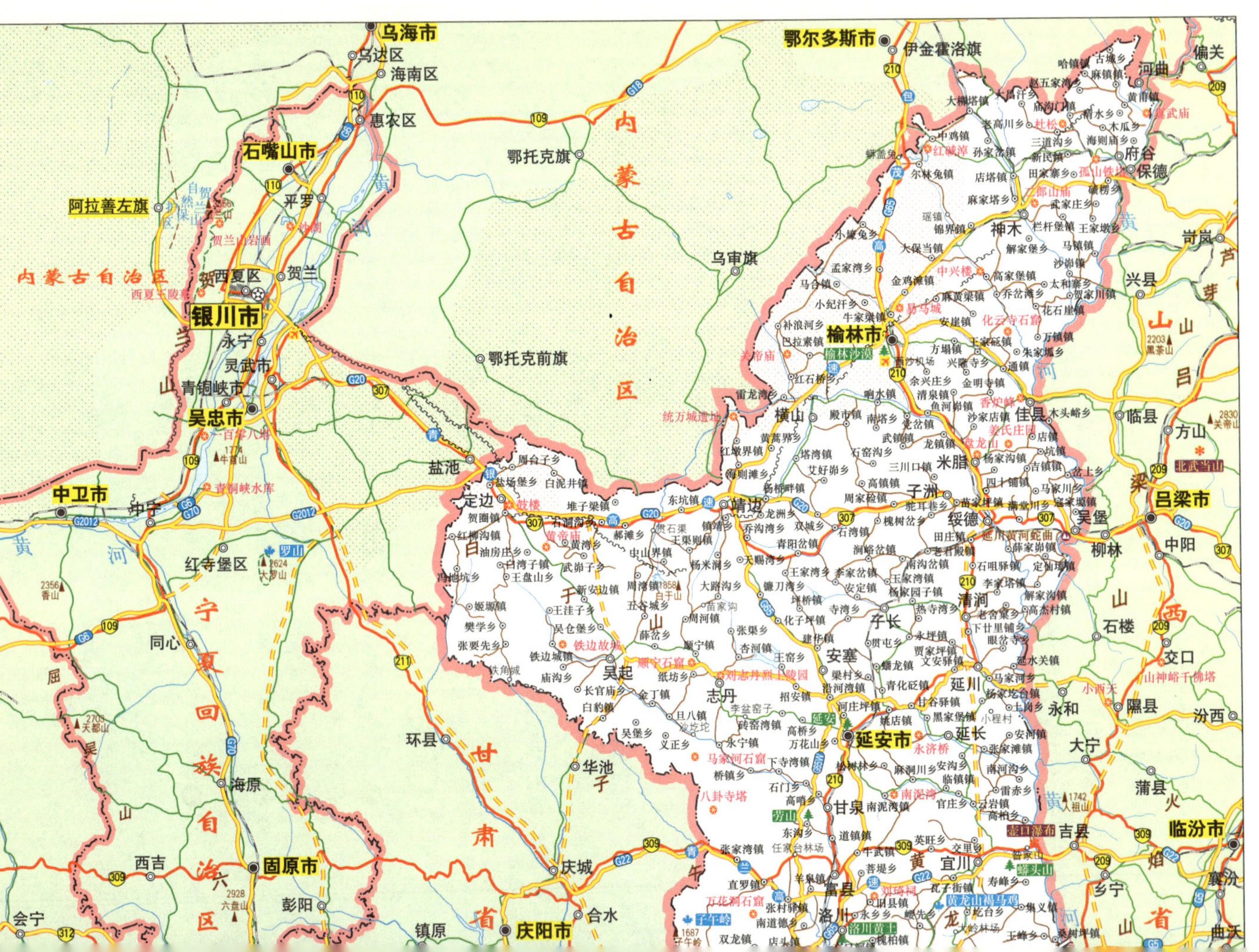

乌海市
鄂尔多斯市
伊金霍洛旗
石嘴山市
鄂托克旗
阿拉善左旗
乌审旗
内蒙古自治区
银川市
榆林市
鄂托克前旗
吴忠市
中卫市
神木
府谷
横山
靖边
定边
米脂
佳县
绥德
子洲
吴堡
清涧
子长
安塞
延川
吴起
志丹
延长
延安市
甘泉
宜川
富县
洛川
吕梁市
临汾市
固原市
庆阳市
环县
华池
庆城
合水
同心
海原
西吉
会宁
彭阳
镇原
盐池
红寺堡区

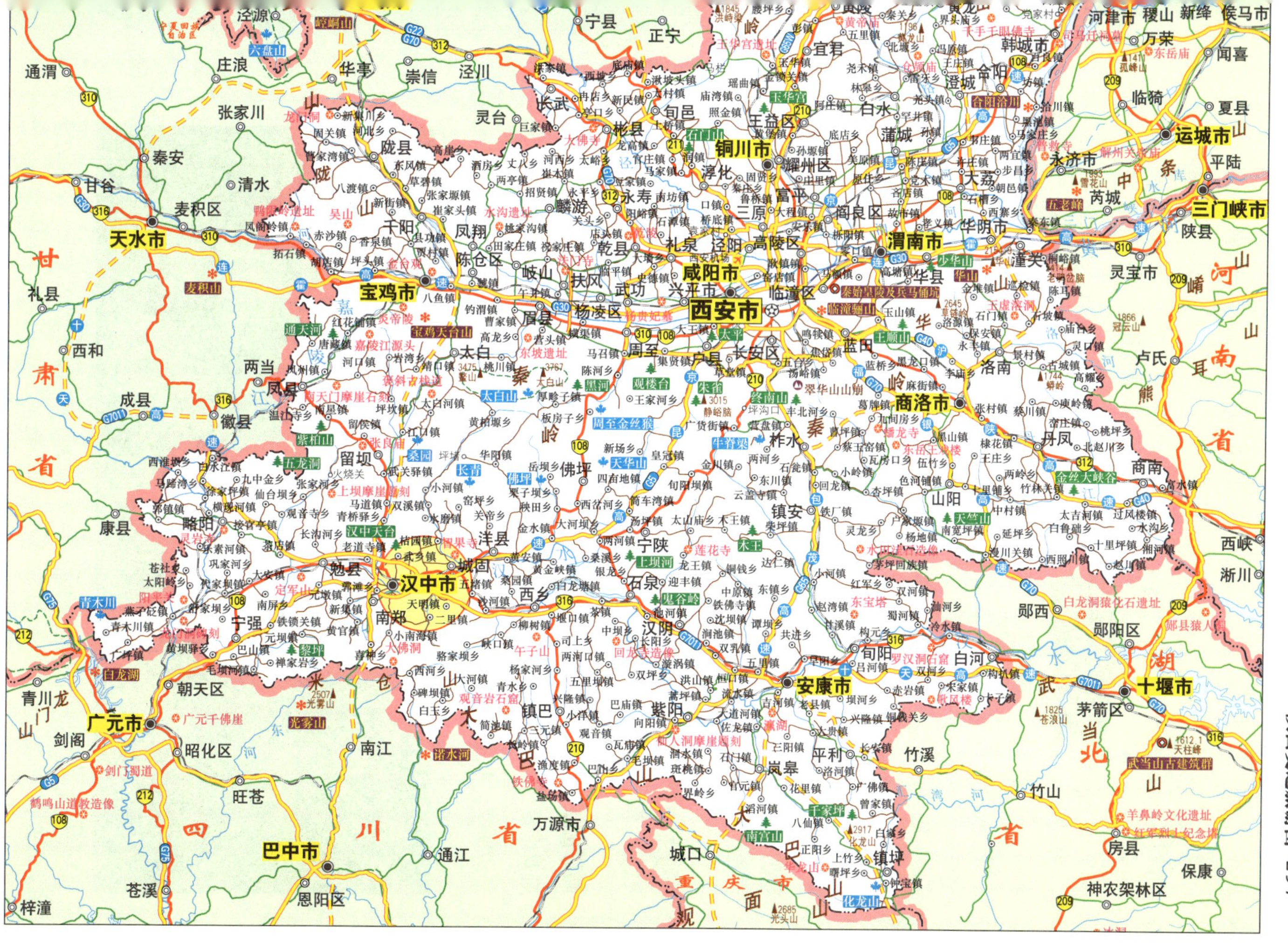
西安市
咸阳市
宝鸡市
汉中市
安康市
商洛市
渭南市
铜川市
天水市
广元市
巴中市
十堰市
运城市
三门峡市

湖南凤凰

——默默素年锦时

凤凰

位于湖南省湘西自治州西南边，曾被新西兰著名作家路易·艾黎称赞为中国最美丽的小城，因沈从文的小说《边城》闻名于世。地理位置可概括为“西托云贵，东控辰沅，北制川鄂，南扼桂边”，是怀化、吉首、贵州铜仁三地之间的必经之路。古城内苗族、土家族聚集。四季分明，气候温和，年平均气温15.9°C。景点有沈从文故居、熊希龄故居、杨家祠堂、万寿宫、沱江等。特产有苗族扎染、姜糖等。

隐居指数：★★★★

		交通指数：★★★
风景指数：★★★★	民风指数：★★★	气候指数：★★★★
环境指数：★★★★	生活指数：★★★	美食指数：★★★

沈从文墓志铭：照我思索，能理解“我”，照我思索，可认识“人”

地理位置： 湖南省湘西土家族苗族自治州凤凰县

总体评价： 沈从文笔下的古城，充斥着神秘与古朴的湘西风情。城内已被来来往往的行人占住，苗家人远远地站在自家的苗寨里看世间的变化。文艺青年很喜欢这里，将凤凰视为自家才华可纵横的地儿。

亮　　点： 有诸多美景和美食。生活节奏缓慢，物料充足。

缺　　憾： 商业风气很足，旅游开发有些过度。交通不算便捷。买卖的许多特产在别的旅游景点也能瞧见。常住居所价格近年来水涨船高，且有买票入城的说法。

在凤凰古城，住的是离沱江较远的小旅舍，由咖啡馆改建而成。它躲在巷子里，不好找，唯一的标志就是巷子口摆摊的老婆婆，银发，包着深蓝小布巾，脸上的褶子开了花，成日里守着那个小米粥的摊位。小米粥冰在小篓子里，每次有客人来，婆婆都细细地把篓子撩开，盛满一碗递出去，再把零钱收到衣前的小兜。因许多日子的早餐都拿这小粥打发，婆婆的形象已在脑海滚瓜烂熟，看身形动作远远地就能认出。

婆婆是苗家人，姓什么却不知。说这里的原住民有些已经换了个地方，至少不在旅行者众多的街面上出现。“我们老了就摆个小摊，坐上一天就有了明天的菜钱。”在她心中，老早活动的地盘已经被一个个开店的外乡人给挤了过去，渐渐地也就剩下夕阳落山后在沱江边走上一圈的范围。

住下的这个月，古城的旅游业是兴盛的。一家家旅行社的旗子高高地举起，沈从文、湘西、苗寨的各种典故自导游们的口中一一飘出，飘进街口每一个人的耳朵里。我常常坐在城门口，躲着日头最后一丝余温。城门口喜欢放上一些长条凳子让人歇脚，南来北往的游客也喜欢在城门口待着耗着。凉风一起，城门洞子里摆摊的吉他手就出声。他们是日日唱的，便是所谓的流浪歌手。年岁都不大，男多女少，张口唱的都是风靡大江南北的流行歌曲。我喜欢坐在他们对面，看着人多人少时他们的应对。真碰上好的，就把口袋零钱清到他们的吉他盒子里。那盒子大部分都是黑色，都半开着，露出点五十块一百块和点点散钱的意思来。

这些音乐声，会和对岸酒吧一条街的音乐混在一起的。当夜幕完全拉开时，毕竟那一排排的酒吧不是假的，那熙熙攘攘不至午夜不休的打击乐声也不是假的。未领略威力时曾动过换住所的想法，等转悠了一两日，就知道住在沱江边还真不如住在另一侧城内清静。

入了夜的凤凰古城被上了一层妆，便是素年锦时的时间段。城墙的弧度是绿色的，吊脚楼是绿色的，一家家酒吧屋檐下都挂着红彩彩的灯笼，那家最靠着江边的酒吧已经遗忘了身旁的水车，买了祝福纸灯的人得走下半层台阶才能让它们顺流而下。此时的古城，没有沈从文笔下的风流。吊脚楼里没有浅吟低唱的风流女子，那些朝着沱江的楼子里被割出了好多小间，每一间的阳台都有看得见的吊藤安置着，等着一个个情侣坐了上去，朝着对岸发着呆；或是那些原住民的吊脚楼，如今看到的都是些新货，只有那些改作了餐厅的楼子才继续往墙面上刷着油烟人味，其他的也的确是个摆设了。顺着酒吧街一路走去转个回头，见的是大大小小的啤酒罐子和威士忌酒瓶，听见的是情情爱爱一辈子的孤独。如此融了半城游客的喝酒寻欢，已不是我的心头好。当地人说等到淡季可能就人少一些，酒吧老板会走掉一些，转手一批，又等着旺季的时候再赚一票。

当地人是远离这些酒吧的，要喝酒的话他们就本着相熟的米酒铺子去，舀半斤，找相熟的菜馆做点菜，一人独斟可以，两人成行也可。湘西凤凰是出米酒的。所谓的山民仍有从事农业和种植业的，往城外走，走到高处还能见着梯田的妙色。到了冬天，山民们开始农休，各家都挑了挑自家稻田产的米，舀出了做米酒喝。旧时的做法，只放酒曲，各家的做法却又不同，酒度也是不同，但总脱不开入口香、甜、醇的味道。米稻之后，也有用高粱、玉米、猕猴桃酿的，卖给客人时用小葫芦装，装满差不多近两斤。虽是知道湘西米酒的度数不低，一日仍是邀了看得顺眼的一位朋友前行，沽了一葫芦酒，绕道又买了点鸭脖啃啃，谁知仍是倒下在这蜜水糖汁之下，呼呼大睡至中午方醒，才晓得这酒的利害。

我们去舀酒的那家酒铺子在听涛山下，平日里都有撑舟的渔家夫妇替他们招揽生意，我们也是如此才晓得这家的存在，也如此才误打误撞晓得沈从文的墓地——酒铺子旁，画着几个字描着沈从文墓地的走向。听涛山，虽有山从之，说山也勉强，山峦还差不多。只终年苍翠，也是一块宁静之地。朝上不过五分钟，便是极为简单的墓丛，一块大碑，配五彩石与野菊花，离山下的世界顿时隔了好远。第一次前来无甚知觉，等回去后捧了那本借自咖啡馆的《边城》一看，又觉得这人怎么会有这样的骨血！后来又静静地一个人去了几次，不见得能从心里把边城的桥段都回忆起来，但好歹也想象了一下沈先生眼中梦里的凤凰古城。

苗家人在沱江上一人行船是甩八字浆的，不比载我们的时候配合着慢悠悠地荡。正如我们找着酒铺靠他们，回去也自然是。沱江水清，却不见

小贴士

交通 可先到湘西自治州首府吉首或张家界、贵州铜仁，再转车到达。

美食 古城的美食集中在永丰桥步行街和江边的小餐馆，荤素皆宜。罐罐菌炒肉、血粑鸭都是当地的美食。

住宿 沱江古城内到处是住宿地，沱江沿岸的旅店多是吊脚竹楼，干净，非节假日标间多数为60~90元，节假日能飙升到一二百元，但房价可砍。虹桥中路一带有些一室一厅的房屋供出租，价钱约在1500元/月，价格可谈。

鱼。水下的水藻到了季节就开始一通狂风暴雨般地生长，翠绿的颜色也给了沱江几分。想忽悠船老大唱民歌给我们听，谁晓得他却不如招揽客人的媳妇儿出口好，只勉强地说嗓子不好就依依作罢。倒是旁边小舟上的撑篙人，亮开了嗓子：“船上的女娃儿哟，往这儿看哟，棒大的小伙儿哟，我们也有几个勒。两人坐船有意思？不如上船拼坐坐哟！”他倒唱得不是山歌，话里话外是调侃了我们两个人的。两船人都笑翻了，可那嗓音真的是好，词也是现编的，透着点得意。继而又打起了水仗，不管不顾自己的年纪是不是有些越格，舀水往对手抛的动作总没怎么停。我们的船老大厚道，几个撑点就带着我们远离了战场，朝上游回去。找船老大这件事情，也不是天天找的，租了四五回的样子，有时赶清晨有时赶夕阳，总避开大日头足量足份的时候。

制作姜糖

满大街的船老大都会问你要不要去苗寨，那里的妹子漂亮，妹子跳的舞漂亮，妹子唱的歌动听，妹子敬的酒热辣。他们总拿纯正的土家菜和原生态的湘西民歌做幌子，我总也不去。明知不是心头好，也应付几句便罢，还不如坐在沱江边看看古城墙。古城墙老了，早年被人用新式的墙砖给补了补，远看依然身躯壮硕，近看是能看得见补缝的。导游们经过城墙时，是会把苗汉相争的事情拿出来说的，什么生苗，什么熟苗，都是争地盘的事情。他们会把城墙上留的炮口找出来，把城墙挨过的子弹孔找出来，务必要叫人明白一番当年这里的热血奋战。他们的语言很快会被风吹散，或是被铺子里的各色货品给搅了局，又或者被沱江畔的杨柳依依转移话题。如今的凤凰古城，怕是少有土匪的血气了。

作者手记

❶ 凤凰的物价说高不高说低也不算低，但比起一线大城市的物价仍然是低，住久了也不觉得拮据。

❷ 这里店铺多，苗族刺绣、苗族银饰及当地的蜡染制品也多。姜糖贩售出名，大概20块钱可以买一两袋，牌子很多，刘氏姜糖、熊氏姜糖、张氏姜糖等比较正宗。

❸ 古城不大，不到三小时可以走遍。可以去古城附近的苗寨走走，挑一两个就可以了，差别基本不大。

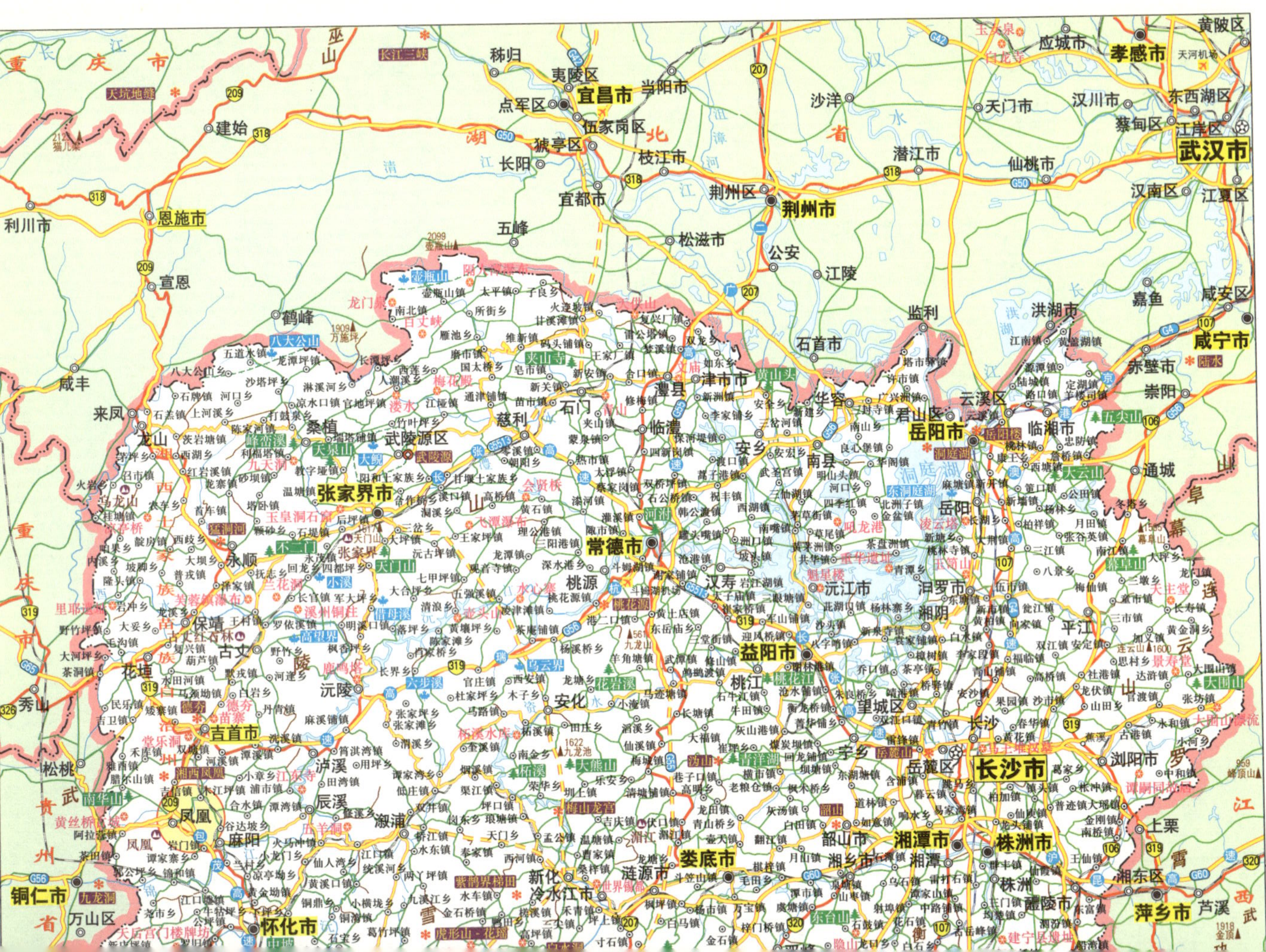
武汉市
孝感市
咸宁市
黄陂区
东西湖区
江岸区
汉南区
江夏区
咸安区
蔡甸区
汉川市
应城市
天门市
仙桃市
嘉鱼
赤壁市
崇阳
通城
洪湖市
临湘市
岳阳市
云溪区
君山区
监利
潜江市
沙洋
荆州市
江陵
石首市
公安
荆州区
松滋市
枝江市
当阳市
宜昌市
夷陵区
伍家岗区
点军区
猇亭区
宜都市
长阳
五峰
秭归
建始
恩施市
宣恩
鹤峰
来凤
咸丰
利川市
华容
南县
安乡
津市市
澧县
临澧
石门
慈利
常德市
汉寿
桃源
沅江市
益阳市
桃江
安化
湘阴
汨罗市
平江
望城区
长沙市
浏阳市
岳麓区
株洲市
湘潭市
醴陵市
萍乡市
上栗
芦溪
湘乡市
韶山市
宁乡
娄底市
涟源市
冷水江市
新化
溆浦
辰溪
沅陵
泸溪
吉首市
凤凰
怀化市
麻阳
张家界市
武陵源区
桑植
永顺
古丈
保靖
花垣
龙山
秀山
松桃
铜仁市
万山区
湖
北
省
重
庆
市
贵
州
省
江
西

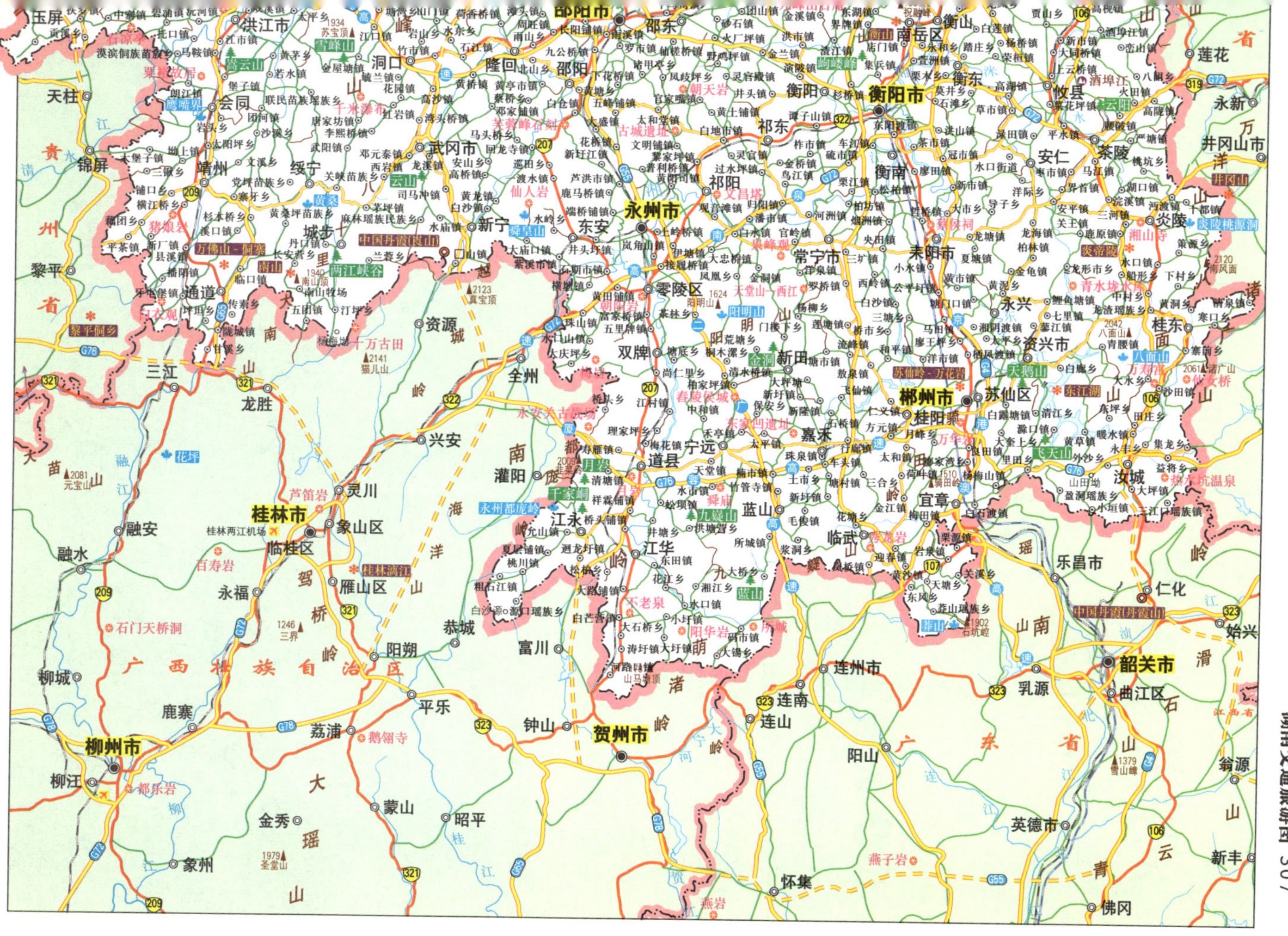
衡阳市
永州市
郴州市
邵阳市
桂林市
柳州市
贺州市
韶关市
连州市
英德市
乐昌市
苏仙区
零陵区
武冈市
洪江市
资兴市
耒阳市
常宁市
井冈山市
广西壮族自治区
广东省
贵州省

湖北武当山

——寻飘渺仙顶

解读 武当山

世界文化遗产，著名的道教圣地。南倚苍茫千里的神农架原始森林，北临碧波万顷的丹江口水库，被誉为“亘古无双胜境，天下第一仙山”。属亚热带季风气候，山区垂直气候明显，气温随海拔高度递减，朝天宫至金顶海拔1200～1600米，年平均气温8.5℃；紫霄宫至朝天宫海拔750～1200米，年平均气温12℃；在海拔750米以下的太子坡和武当山镇等地，年平均气温则在15.9℃左右。山内景点众多，以道教古建筑为盛，有五龙宫、金顶、南岩宫、紫霄宫、太子坡、玉虚宫、太极湖等。特产有香菇、黑木耳、武当道茶等。

隐居指数：★★★★

		交通指数：★★★
风景指数：★★★★★	民风指数：★★★★	气候指数：★★★★★
环境指数：★★★★★	生活指数：★★★	美食指数：★★★

天下第一仙山

地理位置： 湖北省十堰市丹江口市

总体评价： 武当山是中国道教发源地，也是一处极佳的修身养性之所。

亮　　点： 景色绮丽，是避暑纳凉的好去处。攀绝壁可以远志，观云海可抒怀。全真观附近有一些隐士们，可跟随修习吐纳功夫。武当道教斋饭可以尝尝，皆以素菜为原料做成荤菜造型并冠以荤菜之名。山上的野菜非常美味，不可错过。

缺　　憾： 交通不便。饮食有限制，素食多。门票和车费比较贵。云雾时节多。

浓雾裹着雨，用润物细无声的手法笼了金顶许久时日。这些时段来武当山的游客，只要上了半山腰，唯一的体会便是"深山云雾厚，伸手难见人"。哪怕是投宿山里住上一两日，也都是同等待遇，金顶的日出加云海不曾流露半分上场的意思。他们离山时，有些悻悻而归的意思流露在面上。我笼着长袖斜靠在观门口，看着清晨下山的游客，颇有些庆幸自己还能再待上两周。

上武当山，是阿贵的意思。阿贵爱喝茶，在福建也做点茶叶的生意。我们两人在石家庄某个相识的画家工作室碰见，酒几盏、肉几口下去，成了好友，时不时也互相吆喝一下自己的去向，看能否搭伴前行。吆喝了好几次，方有这一次的武当求茶之行。虽是夏天，上山却没有夏热炎炎的感觉。走时还可，到了一早一晚，山中不知何地涌来的阵阵风儿就提醒着我们二人该抛出压箱底的长袖衣衫来，光是薄薄一身T恤实在难以回报山风之簇拥的热烈。

从来都听说武当山不只是避暑纳凉的好处，其最正宗的道家法事音乐仍属武当为最。我的去处，是武当山金顶寺的早课。撇开记忆中对武当道家的印象，很不厚道地把张三丰老先生活跃在电影荧幕上的形象给甩出去，趁这天色微明时，任清风拂面，等的就是那一阵子依旧朦胧的宫观里传来的咏唱。不是道家中人，其意虽厚，却难以一一了然于心，只剩下静坐在路边，听那连绵不断的咏唱、念白性的念唱，自然还有以钟磬伴奏的诗腔吟唱。天边已泛鱼肚白，穿梭在浓雾间，偶尔亮个相。想了一想，明知等下有道士会在太阳出来前给金殿的真武大帝上头柱香，我却还是将前往观景台的念头牢牢抑住，非要在这金顶寺外茫茫雾海间听仙乐纵横，论述古今。

同我一样静神听乐的人有几位，都是听着听着闭目任逍遥的那类人。静坐十数分钟后，浓雾有渐消散的意向，朝着一方退去，却没想到引来那方浓雾的反弹，一时间战迹顿显，似大海波涛汹涌，欲吞天下。早先还能露出面的群峰瞬时成了海面上时隐时现的座座孤岛，又见云雾飒爽着飘来走去，荡着跳着，时快时慢，忽高忽低。耳边道音仍在，然而顺着弯弯曲曲的石阶朝下望，却好似一条登天之梯，令人脚下如着魔，步步移，只欲随那石阶而去，借着连绵的吟唱成道得仙。一念至此，方知敞开心怀对这十数分钟的道乐竟然有如此的功效。庄严典雅的气质不曾离开过武当道乐，毕竟曾属皇室家庙，身上的烙印千余年下来不可谓不深。

金殿，是武当山的精华所在，日出之后通常被游人们围住。金殿是奉旨而建的，帝皇说"冶铜为殿，重檐叠拱，羽飞瓦立，以黄金范，玄帝金像，左右灵

金 殿

紫霄宫三清阁

官、玉女、捧剑执旗天将”，于是工匠们便各献巧思。采用的方法，其实颇似后世的“拆解”建筑法，所有的构件均在北京城里铸造而成。据历史记载，它们在永乐十四年（1416年）九月初九登船，顺运河一路经南京溯长江、汉江，一直浩浩荡荡地行走于水上，直至被护送到武当山。工匠们随构件上山，插榫、焊接安装，方有它现在的模样。关于金殿的传说，千百年下来也积攒了许多，特别是供奉在内的那盏不灭神灯，总也有五百余年不曾灭过。

回头当段故事说给阿贵听，他也啧啧好奇。每日精舍还有晚课，他也不推辞，与我一道又去听了几次晚课，才说：“金殿也就那般。看来我与这得道的仙乐没什么缘分。耐住性子也只能听这么些日子，下次我是肯定不来了。”他嘟囔着还不如回去喝他的一口热茶，清心之下好不比下这不知所谓的道乐？

阿贵自是爱茶，山中十四日，他日日奔着八仙观道茶总场走。他自托了人，

小贴士

交通 可乘火车到达。武当山火车站位于六里坪镇，距离武当山景区有一段距离，下车后可以选择打车或拼车，也有小巴车可以直达。

美食 当地以鄂菜和川菜为主，武当山道家斋菜也颇具独到之处，注重本色，口味鲜醇，在紫霄宫和太和宫中都可品尝到。当地小吃多在玉虚宫一带的“永乐盛世”仿古街。山下道士食堂有早餐，每人五元，白粥、烤馒头和咸菜，十分清淡。

住宿 山下有许多客栈旅舍，从数十元到数百元的都有，普通宾馆七八十元即可入住标间。如果在丹江口市租房的话，一居室月租价格500元左右。山上也有经济型酒店和小旅馆可以投宿。

有师傅带着他往茶场里蹭着看热闹看门道，拖不动我去也肯自顾自地走。八仙观在半山腰，盛夏时节这里与其他盛产茶叶的名山不同。别处采茶都在春天，清明前后是茶农一阵好忙的时节。然于八仙观而言，我等上山的盛夏日子，确是采茶的好时光。俗话说：“春茶苦，夏茶涩，要好喝，秋白露。”阿贵最新的心头好，便是这些略带了涩味的夏季道茶。这一茶场，出五样茶，武当银剑茶、武当针井茶、武当太和茶、武当奇峰茶、武当功夫茶，阿贵多少都往行李里倒腾回了一些，每日晚间还要轮流来一些不同的茶款，找了师傅要清泉来，上壶煮水，说要喝完体会什么是清心明目，什么是心旷神怡，还有什么是心境平和。

南岩，隐藏在虚无缥缈的烟雾之中，仿佛仙宫一般他这番动作，却叫我想起《道德经》里的无为而治："我无为而民自化，我好静而民自正，我无事而民自富，我无欲而民自朴。"阿贵如此作为，哪里寻得到什么清心明目？更不要说那段"企者不立，跨者不行；自见者不明，自是者不彰，自伐者无功，自矜者不长，其在道也，曰馀食赘行，物或恶之，故有道者不处。"若是抛下来，阿贵又是否接得住？约莫大概是摸了摸鼻子，继续喝茶去的吧。若是我，估摸着也接不住，如此听听看看已经算是都市生活又跳脱了一次，却哪里还敢起别的什么念头？

作者手记

1 去金顶前需看天气预报，如果浓雾遮山，就会什么景色都看不见。武当山夜间很美，星河漫天。若有兴致，可以同朋友夜谈一番。

2 建议按照乌鸦岭停车场—榔梅祠—七星树—百步梯—金顶—太和宫的路线游览，第二日可登金顶看日出，再下朝天宫，回七星树附近吃午餐，再绕过飞升岩到达南岩，之后回乌鸦岭停车场。如此循环两日几乎可见大部分知名景色。

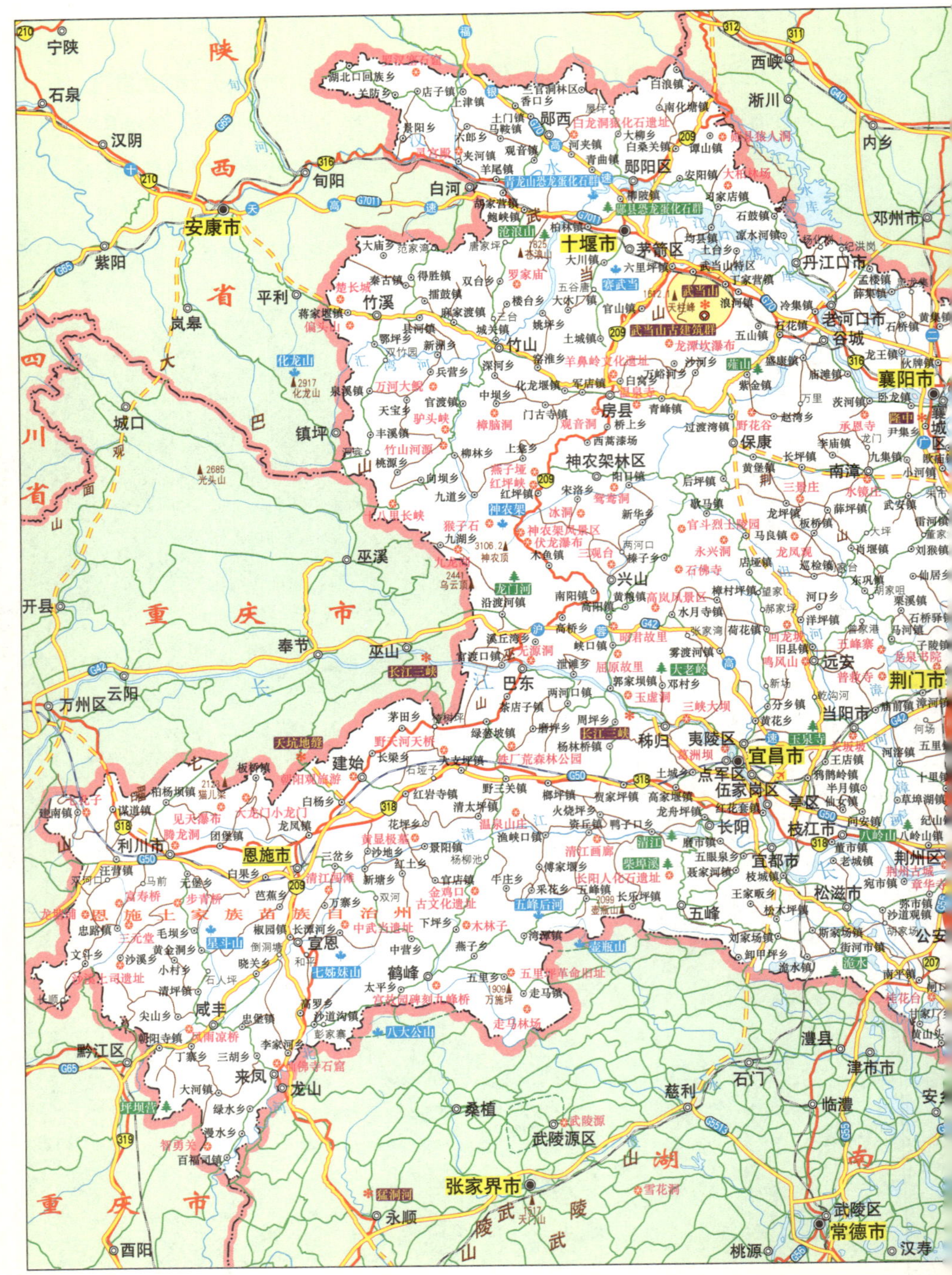

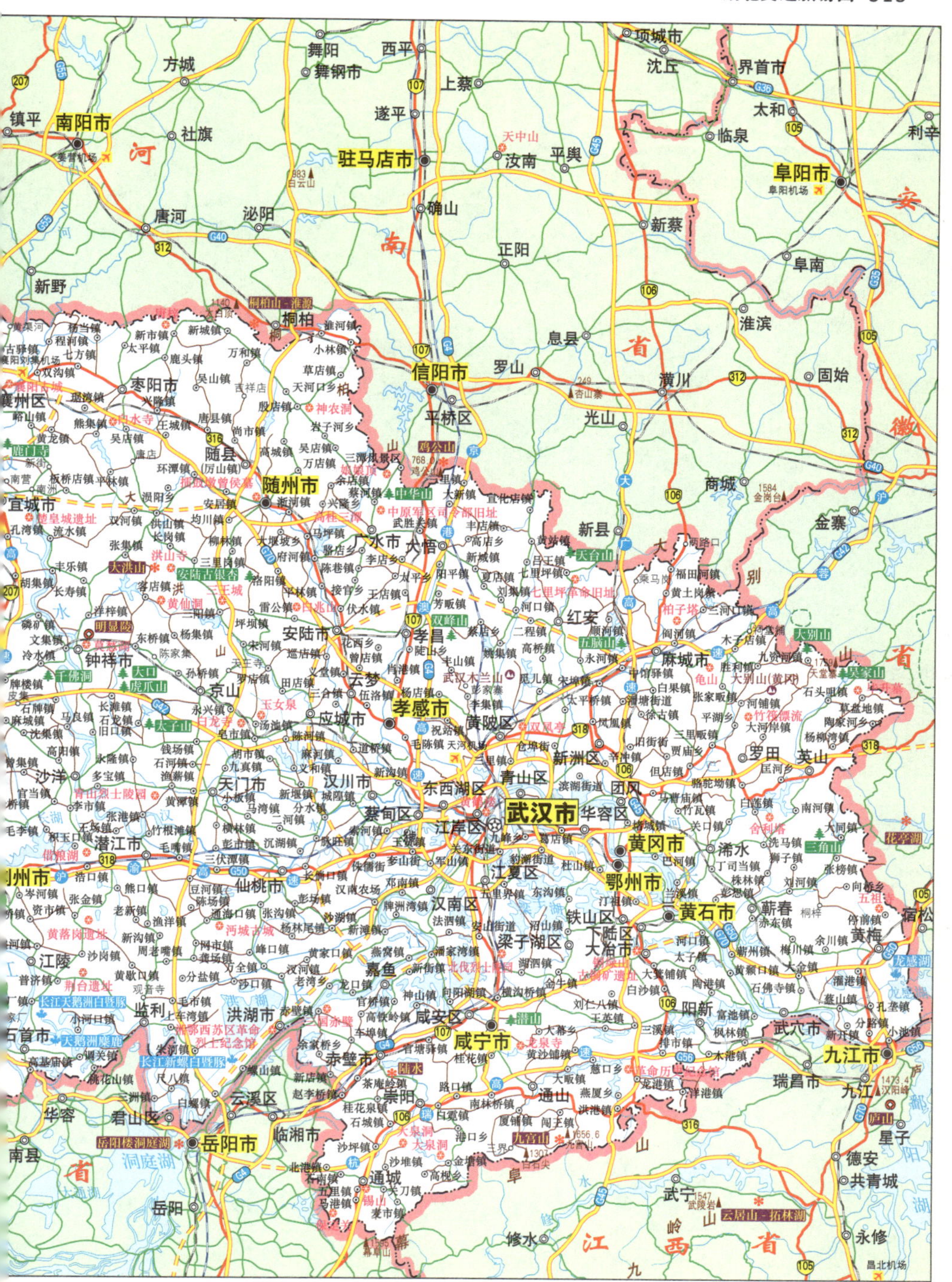

舞阳
舞钢市
西平
方城
上蔡
项城市
沈丘
界首市
太和
镇平
南阳市
社旗
遂平
临泉
利辛
天中山
驻马店市
汝南
平舆
阜阳市
唐河
泌阳
确山
新蔡
正阳
阜南
新野
桐柏
淮滨
息县
信阳市
罗山
潢川
固始
枣阳市
平桥区
光山
随县
随州市
商城
宜城市
金寨
新县
广水市
大悟
安陆市
红安
孝昌
麻城市
钟祥市
京山
孝感市
黄陂区
应城市
罗田
英山
沙洋
天门市
汉川市
新洲区
团风
蔡甸区
东西湖区
青山区
武汉市
华容区
潜江市
江岸区
黄冈市
浠水
仙桃市
江夏区
鄂州市
黄石市
蕲春
汉南区
铁山区
下陆区
黄梅
江陵
梁子湖区
大冶市
嘉鱼
阳新
监利
洪湖市
咸安区
武穴市
石首市
咸宁市
九江市
赤壁市
瑞昌市
崇阳
通山
华容
君山区
洞庭湖
岳阳市
临湘市
通城
武宁
德安
共青城
修水
永修
岳阳
云溪区

山西五台山

——品味禅意人生

解读 五台山

世界文化遗产地。位于山西省忻州市五台县境内，素有“华北屋脊”之称，最低海拔624米，最高海拔3061米。属暖温带季风型大陆性气候，四季分明，年平均气温4℃，夏季平均气温16.5℃，年降雨量960毫米，集中在6~8月。五台山以其悠久的历史和庞大的规模，当之无愧地成为中国四大佛教名山之首。五台山是传说中的文殊菩萨道场，无数佛教徒心目中的圣地，被誉为“中国佛教的缩影”。景点有显通寺、塔院寺、菩萨顶、南山寺、黛螺顶、广济寺等。特产有台蘑、金莲花、台碗、台参、台砚、核桃等。

隐居指数：★★★　　交通指数：★★★

风景指数：★★★★　　民风指数：★★★★　　气候指数：★★★

环境指数：★★★★　　生活指数：★★★　　美食指数：★★★

地理位置： 山西省忻州市五台县

总体评价： 五台山是一个融自然风光、古建艺术、历史文物、佛教文化、民俗风情、避暑休养为一体的养生之地，一个清凉的避暑胜地，位于五台中心的台怀镇是一个宜游宜居的小镇。

亮　　点： 山清水秀，景色优美，空气清新无污染，尤其适合夏季避暑。多元文化荟萃，宗教气息浓厚。

缺　　憾： 旅游欺诈现象较突出。冬季气温低，较为寒冷。购物娱乐等生活配套尚需完善。

呆坐在大雄宝殿背后的回廊台阶，金黄的庙宇屋顶被夕阳映照得熠熠闪亮，飞檐下的铜铃随风微微晃动，感觉静谧而悠远。这是七月底的五台山，我登上盘踞灵鹫峰的菩萨顶——相传文殊菩萨居住之处，也是五台山五大禅处之一。此时已近黄昏，游人稀减，慢慢游逛，阳光暖暖洒在身上，只觉浑身轻松浑然忘我，享受如此难得的意境和感觉——难道，刚才登临菩萨顶之前走过的那一百零八级石阶，真的可以把人世间一百零八种烦恼都踩在脚下？

五台山，位居中国四大佛教名山之首，其实它并非是一座山，而是指代坐落于华北屋脊之上的一系列山峰群，五座山峰（东台望海峰、南台锦绣峰、中台翠岩峰、西台挂月峰、北台叶斗峰）环抱整片区域，顶无林木而平坦宽阔，犹如垒土之台，五台山因此而得名。而台怀镇恰好地处五台形成的怀抱之中，这个山清水秀的小镇养育了汉、满、蒙、藏四个民族将近两千名人口。隐居五台山，其实就是在台怀镇品味清凉的禅意人生。

遥望山脚之下的台怀镇，佛寺鳞次栉比，宝塔众聚如林，正值炎夏，这里却是青山如黛，绿草如茵，正是一年当中最为秀美的时候。小镇海拔1700米，冬季飞雪，夏季清凉，就算是在炎夏季节，最高温也仅27度，无疑是真正的清凉宜居之地。据说，台怀镇是文殊菩萨现灵说法的主要场所，佛经中所说的文殊菩萨与其一万眷属也居住在台怀附近。与此传说相对应，五台山有一半以上的佛教寺院集中在这个位于五台山中心腹地的小镇，其中47座依然保存完好。在这些林林总总的寺庙当中，无论走在台怀镇的哪个方向，总是一眼就能看到气势恢宏的大白塔——五台山的象征。

相信对于绝大多数人而言，大朝台是在五台山最为难忘的经历。其实我也本非虔诚信徒，只是面对大山大野，总是习惯用自己的脚来亲自丈量——因为，山就等在那里。晨曦微露之时登临东台望海寺，看那旭日初升，霞光万道。一天之中经历浓雾弥漫和烈日炙烤，走过漫长的中台和西台之路，终于在傍晚精疲力竭的时候赶到狮子窝顺利挂单，简单的斋饭，红薯粥、白馒头和凉拌菜，吃的却是那样香甜；简陋的住地，一夜风雨，却是无梦沉睡到天明。第二天清早，迎着清冷的空气，前日的身心疲惫竟然神奇消散，只觉神清气爽，健步如飞，直抵南台，一路顺利走回台怀镇。两天的朝台之路虽然谈不上卓绝，却也漫长而考验耐力，更是终生难忘的经历。其实，并不十分明了大朝台对我的真正意义，只是深深记得，朝台路上的每一步艰辛，还有路遇的每一次善意。

或许大朝台之路过于艰辛，据说乾隆皇帝也曾屡次欲登台顶进香拜佛而均被风雨所阻，因此当时黛螺顶的青和尚为达成皇帝心愿，于是模仿了五个台顶的五方文殊，把它们合塑于黛螺顶的正殿，这样，体力不支的朝圣者登顶黛螺顶就相当于登临五个台顶，也就视为小朝台了——“以五顶山高路遥，有不能尽到者，至此犹至五顶也。”自此以后，台怀镇更加成为历代皇帝朝拜五台山的中心。黛螺顶的垂直海拔仅400米，但因其地势险要，天气晴好之时，登顶极目远望，不但台怀镇尽收眼底，甚至远处几大台顶也隐约可见，极其壮观。

除却艰苦的朝台，其实台怀镇具备更多的悠闲气质。清晨时分，小镇常常被一层薄薄的晨雾笼罩，远处青山如梦似幻。在游人到来之前，大多数寺院宁静而清幽，只有早起的僧人默默清扫庭院。阳光透过院内的古松，发散出一束束迷人的光线，轻轻吸一口气，仿佛能感受到空气的清甜。一个人在寺里闲逛，迎面而来的年轻僧人朝你微笑点头，心头泛起阵阵暖意。

犹记得那个黄昏，我从菩萨顶缓缓下行，再次走过代表着人间一百零八种烦恼的一百零八级石阶。这个时候，太阳即将下山，却有一个孤独的身影从台阶下面匍匐前行而来，他的步履缓慢而坚定，眼神充满虔诚和宁静，心无旁骛，继续着他的朝圣之旅。心无所恃，随遇而安，自由自在，大美无言，菩萨顶的这幅画面，一直深深留在我的脑海。

台顶风光

小信徒

作者手记

❶ 6～8月是五台山的最佳季节。不过冬季的五台山也具备别样风情，既有冰雪之美，更显得佛国清净。

❷ 五台山每年农历腊月十八至次年的正月十八举办佛俗民情年，农历五月初一至五月三十举办五爷启智庙会，8～9月举办佛教文化节暨国际旅游月。此外还有农历六月十五前后的跳布扎，农历六月举办的骡马大会。

❸ 当地存在很多旅游陷阱和骗局，不要轻易相信陌生人的主动指路当免费导游送东西，不要相信陌生人说你是有缘人帮你算命等，记住天下没有白吃的馅饼。在台怀镇的饭馆吃饭，要特别注意菜单价格和结账价格是否一致，最好让服务员点菜时记下价格，或者把看过的菜单放在身边,免得发生纠纷。在自己住处附设的餐厅吃饭最为保险。

❹ 山上寺庙有诸多规矩，尤其是吃斋饭，男女分坐，饭前诵经，喝汤不得出声，馒头不得嘴咬（必须用手掰下来吃），饭菜不能剩下，对自己饭量没把握的记得少要点，否则会很悲惨。寺庙内绝对禁止食用荤腥食品。

呼和浩特市
包头市
张家口市
大同市
朔州市
忻州市
太原市
阳泉市
石家庄市
鄂尔多斯市
榆林市
内蒙古自治区
五台山
恒山
云冈石窟

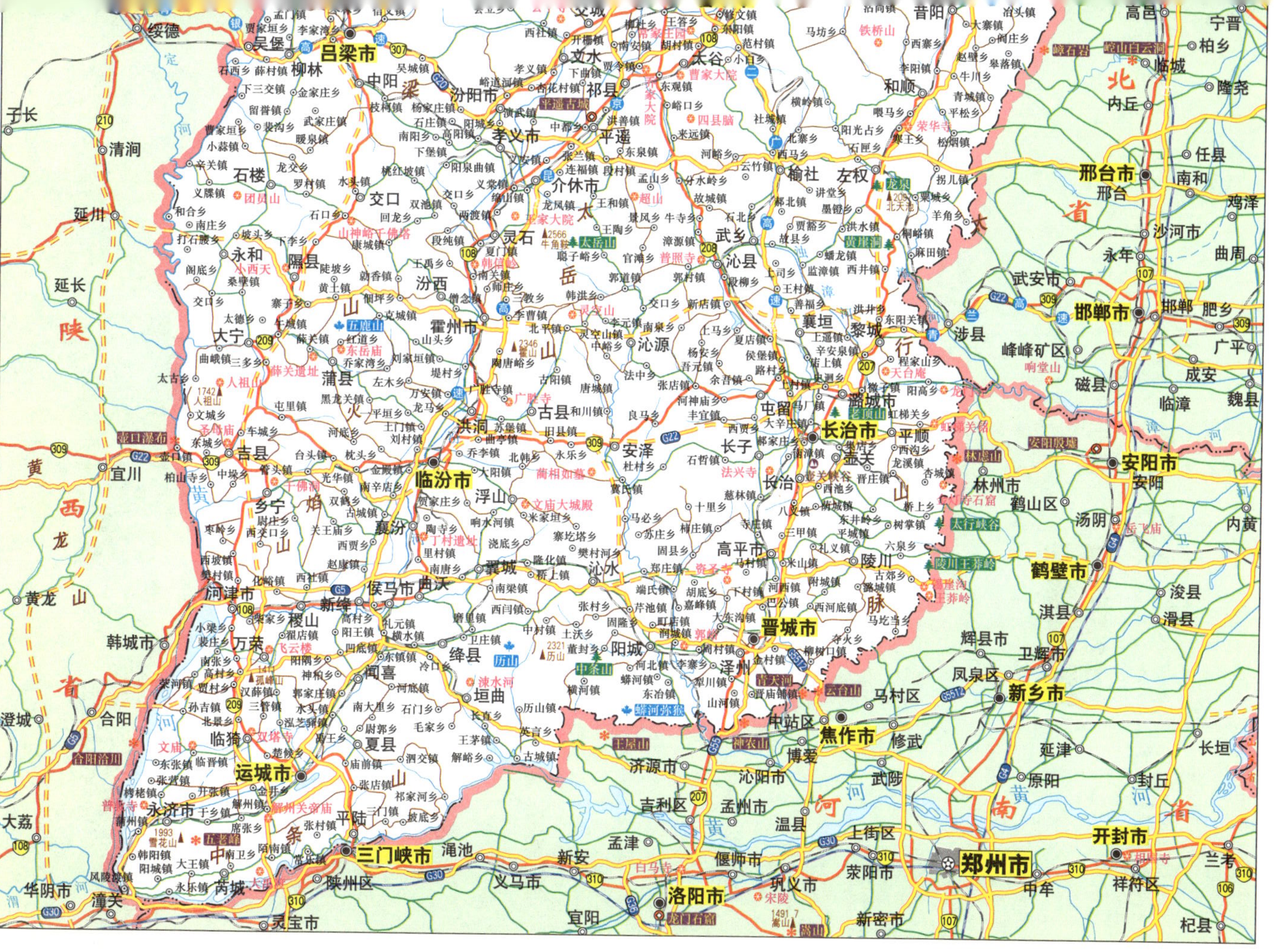

邢台市
邯郸市
安阳市
鹤壁市
新乡市
开封市
郑州市
焦作市
洛阳市
三门峡市
运城市
临汾市
长治市
晋城市
吕梁市
介休市
孝义市
汾阳市
霍州市
侯马市
河津市
永济市
韩城市
潞城市
高平市
沁阳市
孟州市
济源市
偃师市
巩义市
荥阳市
新密市
林州市
辉县市
卫辉市
武安市
沙河市
宜川
延长
延川
清涧
子长
绥德

海南三亚后海村

——静谧的海边日子

解读 后海村

安静的小渔村，海南人视为海南的处女地。村子很小，酒店客栈也不太多。村子与蜈支洲岛隔海相望，这里的海水可能是三亚最好的，并且无论何时都不会像大东海、亚龙湾那样人山人海。后海地处低纬度，属热带海洋性季风气候，年平均气温25.7° C，全年日照时间2534小时，年平均降水量1347.5毫米。后海有两个风格迥异的海湾，一是被称为国家海岸的海棠湾，一是看日出的首选之地藤海湾（也叫后海湾、皇后湾），是央视千禧年日出直播地现场。

隐居指数：★★★★ **交通指数**：★★★★

风景指数：★★★★★ **民风指数**：★★★★★ **气候指数**：★★★★

环境指数：★★★★★ **生活指数**：★★★ **美食指数**：★★★

地理位置：海南省三亚市

总体评价：不为外人所知的小渔村，远离三亚闹市，游客稀少，海水清冽，沙滩洁净。

亮　　点：与三亚市区有城乡公交连接，路况良好，采购方便。村里有不少水上运动俱乐部，和外地人为求长居而开的客栈。村内有鱼市码头，半年渔期的时候，码头的各类海鲜物美价廉，若有兴致也可自己海钓。全年四季皆可拖鞋短袖当道，没有冬天！

缺　　憾：夏季炎热，十月前后有台风季。冬季风大浪大，空气腥咸，要适应一段时间。

冬季的后海湾日出是无与伦比的，据说2000年元旦，各大国际媒体拍摄“世纪日出”，选址之一就在后海湾。这个海湾圆得非常周正，马蹄形，只留一牙出口，敞向南海。

从十一月到一月的后海湾清晨，几艘渔船泊在宁静的海湾里，整个村庄还未醒来，只有潮蟹在忙忙碌碌一顿瞎忙活。冬天的拂晓时分，后海湾的日出都正正好从海岬的缺口处浮上来，光亮仅照在一小方沙滩上，天幕低垂，黑夜未褪，为等日出跳出海面那一刻屏住了呼吸，温柔的潮水窸窸窣窣漫上脚背，又难为情般退下去，我站在那一小方光亮中，为这天地间的大美无言而感动。

后海村已经列入国家黄金海岸的开发项目，再过几年，这种渔村生活估计再也看不到了。渔民生活是忙半年闲半年，后海村很小，从蜈支洲码头到鱼排再到海湾沿线，半个小时不到就能把村子绕一圈。走在路上，跟他们打招呼时，他们也操着一口海南普通话问：“大陆妹，吃饭了没有？”还笑眯眯地露出一口红牙——当地人都喜欢嚼鲜槟榔，槟榔汁是鲜红色的，每次嚼完后张开嘴巴如血盆大口。闲时的渔民过得再懒散不过了，每日除了三顿饭，然后就是喝茶打牌嚼槟榔了。村里阿姨喜闻乐见的八卦多是：“某某把征地的钱全拿去赌博，一毛钱没剩不敢回家，躲去大陆了。”因为气候炎热，家家户户都很注意卫生清洁，进门都要脱鞋，于是常见有牌桌的那几家门前，摆着一溜儿颜色大小不一的拖鞋，七八米长，蔚为壮观。

我好不容易花了半年时间，去适应海滩生活那无处不在的“哗哗哗”浪涛声，但就在快走的那一个月，每个夜晚海湾里都有捕鱼船在整晚作业，马达声震天响，严重影响睡眠，每天大清早被吵醒。无他法，只有跑去码头看大船捕鱼归来。

大船从南海回来，天没亮就归港了，停靠在码头边，搭上木板桥，给陆地上的渔业批发商卸货。八点多差不多就清仓了，我带着艳羡的目光看着大渔船上的每一个人，船上的男人们整理渔网，冲洗甲板，女人做早饭，摆出还剩下的一些小鱼小虾，零售给附近的居民们。直到码头的喧闹歇下来，我才带着画饼充饥的心情往回走，回去路上顺便在码头菜市场买一碗甜腻腻的糖水，边走边

小贴士

交通 可先到三亚，从火车站乘坐29路公交车到蜈支洲岛码头，或打车到后海。后海村在蜈支洲岛码头附近。

美食 这里的每家客栈都有餐饮，价格稍高。村内没有正规饭店，只有几家烧烤摊。

住宿 后海有一些酒店，标间从一二百元至五六百元不等；也有海棠湾云上时光家庭旅馆、三亚阅海沙滩青年旅舍等青旅类客栈，床位每晚五六十元。

吃，我已经等不到李姐的小渔船四五月出海了，真是小半年三亚之行的一大遗憾，海南人怎么会爱吃这么甜的东西？！

穿村而过的水泥路边，有好几家烧烤摊。来这里的大批观光客也就白天去蜈支洲岛遛个弯，然后直接回三亚市里了，在渔村住下来的客人很少。所以村里烧烤摊的主要客户群也就是我们这些后海湾周边客栈俱乐部的员工和义工了。午夜时的烧烤摊坐满了，都是一口标准普通话的异乡客。烧烤摊都是家庭式经营，门口搭个棚子，马路牙子边摆个烧烤长炉，再齐全点的还有煤气灶，用来炒河粉。和你聊天时会毫不顾忌问你之前在城市时的职业薪水，然后就是固定一句——“这个小渔村有什么好的嘛，哪里比得上大城市。”

我们从没觉得吃亏了，住在小渔村里不但有阳光沙滩海浪仙人掌，还有五块钱一条的烤秋刀鱼，对比一下在苏州日式餐厅里吃一条烤秋刀鱼的价格，仅凭这个差价，我们就吃回了一大笔。三指宽那么大的秋刀鱼，刷上调料酱烤的皮焦肉嫩，和摊主关系混熟了，他还会从自家屋里抓出一把小青柠来，不知道那是什么，像小个儿的柠檬或者绿色的金桔，摊主给我示意怎么吃：二指捏住小青柠，用力开一个小口，然后把捏出来的汁淋到秋刀鱼上，趁热还会滋滋作响。烤秋刀鱼的酥香皮脂，混和着酸爽的柠檬汁，啧啧啧。陪着吃烧烤的朋友换了一拨又一拨，和不同的人聊不同的天，但是这道烤秋刀鱼永远是不变的主角。

除了秋刀鱼，能聊以慰藉湖南胃的还有烤茄子和豆腐串，配上海南黄灯笼椒。我和KD一致认同除了烤秋刀鱼和烤鱿鱼干之外，村里的烧烤远不如湖南的。有一次小张来了一车朋友，我们去林旺镇菜市场买了一堆海鲜，回

练习冲浪的少年

来交给烧烤摊，给点炭火调料钱就行，那一顿的烤海虾，还有蒜茸烤扇贝，是真正的海鲜之鲜啊。

村里除了烧烤摊之外，就没有其他的娱乐活动了。我们最常干的就是提着啤酒去码头吹夜风。蜈支洲码头长驱直入南海，全长大概有一公里，码头深夜没有路灯，除了远眺隐隐约约能看到海棠湾那一片五星级酒店的闪烁的霓虹灯光，整个海滩黑黢黢一片。借着手机灯光摸索走到码头大堤的尽头，船舶都系着缆绳停在堤旁，随着波浪摇摇晃晃。海浪拍打着堤坝，溅起水花打在脸上。每个人似乎都有心事，每个人都装着忧愁。何以解忧，唯有杜康，大海不说话，一浪接一浪。

作者手记

❶ 后海湾这一片沙滩对冲浪者来说，条件得天独厚，沙滩平缓，从海滩这头直径延缓几十米都淹不到人，冬天浪头挺大，而且没有暗涌大礁石。这里甚至有以冲浪、潜水为主题的客栈。

❷ 休渔期的村里生活节奏散漫，而且这个村子属于疍家人，通行粤语，若能和周围土著打成一片的话，打渔期可以跟着他们出海打渔。

北部湾
临高角
毗北假日中心
临高
龙门激浪
后水湾
光村银滩
红树林
东坡书院
伏波庙
神头
儋州市
鸳鸯天堂
美万生态农业
观音洞
蓝洋温泉
松涛水库
石花水洞
植物园
邦溪
昌江
棋子湾
昌化岭
昌化古城
东方市
鱼鳞洲
大田坡鹿
天下第一泉
雅龙小桂林
七星燕窝岭
霸王岭
俄贤洞
王下地下宫
皇帝洞
猕猴洞
白沙
鹿母湾瀑布
黎母山
向民蝙蝠洞
红坎电站
红坎瀑布
琼崖纵队司令部旧址
白沙起义纪念碑
琼中
百花岭瀑布
五指山
五指山漂流
番茅黎寨
民族博物馆
五指山市
乐东
大广坝水库
尖峰岭
七仙岭温泉
保亭
仙安石林
千龙洞
毛公山特殊形象自然景观
吊罗山
白水岭
南平温泉
槟榔谷
甘什林
南田温泉热带风情
海棠区
亚龙湾
三亚市
吉阳区
天涯区
崖州区
崖州古城
莺歌海
莺歌海盐场
东锣湾
崖州湾
南山寺
热带海洋动物园
水南村
大小洞天
南山文化
爱心大世界
天涯海角
三亚热带海滨
鹿回头山顶公园
西岛海上游乐世界
大东海
小东海
三亚珊瑚礁
榆林湾
蜈支洲岛
陵水湾
赤岭
南湾猴岛
后海村
石龟中村
凤凰机场
澄迈
太阳湾
白蝶贝保护区
古银瀑布
多文岭
红湖欢乐园
木色
五指山
黎母岭
海南环线高速
G98
225
224
223

海口市
琼山区
定安
屯昌
琼海市
文昌市
万宁市
陵水
琼州海峡
南海
七洲列岛
海南岛
海南角
木兰湾
斗柄塔
铺前湾
桂林洋
东寨港
三江湾椰林
冯白驹将军故居
宋庆龄故居
月亮湾
铜鼓岭
八门湾红树林
东郊椰林
高龙湾
陈策将军祖居
冯家湾
麒麟菜
龙湾
潭门港
博鳌港
博鳌(亚洲论坛会址)
山钦湾
聚奎塔
红色娘子军风情园
官塘温泉
白石岭
龙滚民族风情大村庄
六连岭
大花角
春园湾
青云塔
大洲岛
燕窝岛保护区
神州半岛
石梅湾
日月湾
牛岭
香水湾
椰子岛
兴隆温泉
兴隆热带植物园
兴隆热带花园
南林森林
尖岭森林
牛路岭水库
万泉河漂流
南吕岭探险
中瑞革命纪念馆
卧龙山
见龙塔
八仙泉
冼夫人纪念馆
海南热带野生动植物园
美榔双塔
美亭钓鱼中心
海口火山
灵山游乐园
琼台书院
海瑞墓
五公祠
钟楼
西海岸带状公园
南秦鳄鱼湖
盈滨半岛
南丽湖
海南省全图
1:3326万
南宁市
广州市
澳门
香港
湛江市
海口市
三亚市
三沙市
西沙群岛
中沙群岛
南沙群岛
东沙群岛
黄岩岛
南海

河南开封

——北方水城岁月

解读 开封

七朝古都，曾经是全世界最繁华、面积最大、人口最多的大都市，有“东京梦华”之美誉。属暖温带大陆性季风气候，冬季寒冷干燥，春季干旱多风沙，夏季高温多雨，秋季天高气爽，四季分明，年均气温为14.52℃，年均降水量为627.5毫米。城内湖泊纵横，分布广阔，素有“北方水城”之称。开封历史悠久，文化积淀深厚。景点有龙亭、大相国寺、清明上河园、开封府、宋都御街等。特产有汴绣、官瓷、汴梁西瓜、五香豆腐干、桶子鸡、花生糕、绿豆糕等。

铁塔湖影

隐居指数：★★★★　　**交通指数**：★★★★

风景指数：★★★★　　**民风指数**：★★★★★　　**气候指数**：★★★★

环境指数：★★★★　　**生活指数**：★★★★　　**美食指数**：★★★★★

地理位置：河南省开封市

总体评价：一座拥有厚重历史渊源的古都，曾经活在最优雅高洁的北宋时代，没落的贵族血统演绎为今日随性淡然的悠闲之城。

亮　　点：城市小，景点密集，大部分景点都离得不远。文化厚重，有着深厚的文化积淀。物价便宜，美食诱人。水系较多，城内有着多处北方少见的湖泊。

缺　　憾：这里的生活比较平实，缺少丽江、大理、阳朔那样的小资味道。夏天炎热，冬季较冷。

当时光倒退一千年，开封，这座黄河边上的古城，是世界上"人口最多、最繁华、最富庶和最美丽"的城市。七朝古都，在千年前的北宋时期达到鼎盛，历9帝168年，风光旖旎，物华天宝，"八荒争凑，万国咸通"，这是曾经举世瞩目的中国，这是曾经站在文化顶峰的开封城。

一千年风云变幻，历史的浮云过隙之中，随着水灾、战乱、地震、火灾，那始建于唐代的州桥湮没于开封市中山路地下，宋大内皇宫、明周王府长眠于龙亭两湖的碧波之下，开封城内数不清有多少著名的建筑默默消失了踪影，余下的，也无非是孤单的铁塔、繁塔凭着一份执著，兀自守望着开封城。

可是，即便是残破了落魄了，没有了昔日的富丽和辉煌，他也依然还是一座古朴端庄迷人的城市。龙亭、清明上河园、天波杨府、中国翰园、大相国寺、山陕甘会馆、延庆观、包公祠、开封府，这座古城的历史掌故太过丰富，历史人物太过传奇，随便拈出一个来就能营造一方天地。而所有辉煌的焦点也不约而同地指向同一个时代——宋朝，这是中国历史上一个文化兴盛的时代，"华夏民族之文化，历数千载之演进，造极于赵宋之世。"这是一个优雅高洁的时代，有花间词之婉约明媚，有山水画之凝重恬静，文风浓厚，名家辈出，在史书上留下不可超越的灿烂篇章。这也是一个悲情多难的时代，写瘦金体画花鸟画的皇帝终于无法保住江山的延续，"暖风熏得游人醉，直把杭州作汴州"，苟且偷安的小朝廷在纸醉金迷中走向了灭亡。可惜了大好河山践踏于异族的铁蹄之下，可惜了浅斟低吟破碎于蛮夷的胡音之中。可惜了，一座曾被营造得繁荣鼎盛美轮美奂的汴梁城，倾倒在政治权力争锋的历史洪流中，随着奢靡腐败的统治者们一起，灰飞烟灭。

历史的篇章翻过去了，古韵幽幽的老城却依旧延续着慢节拍的优雅步调，不慌不忙地迈入新旧交接的时代。还是那样一城宋韵半城水，半园烟柳半清波，走过龙亭，杨家湖波光潋滟，湖岸垂柳依依，倚栏相望，你刚刚还在惊叹这湾湖水的弥足珍贵，却不料这湖泊竟连绵不断而去，杨湖和潘湖两大片烟波浩淼的水泊成为一长串仿古建筑景点的最佳依托。明月夜，烟柳画桥，半壕春水一城花，柳永晏殊们曾在这里流连，舞榭歌台上留下闲情婉丽的篇章。料峭春风今又是，任谁

小贴士

交通 乘坐飞机或火车可达。

美食 吃正宗的豫菜可以去鼓楼广场东侧的又一新饭店，这是一家真正的百年老店，上世纪三四十年代凡到过开封的名人，像蒋介石、张治中、梅兰芳等名流，都一定要来又一新饭店吃饭。如果想尝到最地道的小笼包，外地游客会去鼓楼广场附近的开封第一楼，但是很多本地人更中意宋城路的黄家老店或鼓楼街的新生饭庄。最丰富全面的小吃夜市在鼓楼，但价格可能偏高一些。包公湖畔的西司夜市，宋门外夜市等是本地人更喜欢的地方。你必须是个热爱美食热爱生活的人，才能感受到开封古城的悠闲散漫之美。

住宿 开封近些年新建了很多经济型连锁酒店，房间设施新，价格也比较合理；相比之下，开封很多老牌酒店虽然占据很好的地理位置，但是设施略显陈旧，服务态度也不够热情。最佳住宿地点在鼓楼附近。开封有一家辉煌国际青年旅舍（0371-22917779），多人间每晚35～50元/床。如果租房的话，市区一居室月租价格500元左右。

再面对这半城清波荡漾，找一处临水的酒楼茶肆，凭栏处，也愿把浮名换了浅斟低唱。

汴绣、宋瓷、菊花、清明上河图，无疑是这座古城蜚声四海的文化标签。清明上河图更是一幅国宝级文物画作，长达5米多的画卷展现了东京汴梁的繁华市井。那是一场整个北宋王朝最真实而绚烂的浮世绘，是人们回顾历史的插图，是开封人始终引以为豪的一个梦。如今为了圆这个梦，人们以《清明上河图》为蓝本建造起了一座大型民俗风情游乐园，在那些仿造的酒肆、客栈，画舫之中流连，你是否能感受到这是一幅活着的名画，抑或是活着的东京汴梁。

倘若历史的寻访太过沉重，倘若艺术的赏析太过斯文，开封还有另外一副更加亲切更加市井的面貌，这也是一座美食之都。不是山珍海味的珍馐大餐，而是平民百姓的小吃夜市，领衔者乃是灌汤小笼包。开封的包子四方闻名，“提起一绺丝，放下一薄团，皮像菊花心，馅似玫瑰瓣。”名声最响的是第一楼，本地人青睐的是黄家老店，还有林林总总众多包子品牌，究竟哪个才算开封第一还要你亲自品尝了再说。吃包子时不妨喝上一杯1958年创建的“汴京”纯生啤酒，味道醇香爽口，堪称享受。

更饕餮的美食世界来自喧闹热烈的夜市，华灯初上，鼓楼夜市拉开了序幕。一碗热气腾腾的黄焖鱼，一个羊肉炕馍，一盘炒凉粉配牛肉盒，一份淋着玫瑰汁的八宝切糕，这便是今夜晚餐的第一波。桶子鸡、五香牛肉、麻辣羊蹄、羊霜肠汤、胡辣汤、红薯泥、糖梨、八宝饭……开封小吃的种类繁多，虽然就餐的环境简陋，虽然卫生状态也有些堪忧，可是这座城池的美食精髓从来不在平静的大饭店餐桌上的细嚼慢咽，也只有在这样的夜色里，在长条桌小矮凳的座位上，在简易碗筷大块朵颐呼噜噜喝汤的快感中，我们才算彻底走入了开封城的氛围，我就是在这样的夜晚爱上了这座城市粗犷随意无拘无束的淡然气质。

夜市小吃满足了口腹之欲，精神食粮也不可欠缺。一家戏曲茶座的大喇叭正也在不遗余力地对外播放着豫剧唱段。被称作“靠山吼”的豫剧曲调不像京剧西皮流水之悠扬欢畅，也远不是昆曲黄梅戏之婉转柔媚。来源于民间，表演于民间，口语化的唱词风格，演绎着生活的喜怒哀乐，生活的鄙俚粗俗，生活的起起落落。所以，这样豫剧的表演场所也多是简陋随意的。就如现在，没有剧院音响的气场混音，没有舒适的环境依托，观众们只是坐在大排档的条凳上，一边啃着糊辣羊蹄嚼着炕肉馍，一边是穿梭的人流和不断的叫卖吆喝声，就是这样一个平平常常的夜晚，有美食和豫剧的夜晚，生活的节奏逍遥而快意。

千年光阴荏苒，曾经站在文化顶峰的开封城，如今依旧找得到历史遗留的点点滴滴，然而城市的气质已在厚重的人文内涵中透露轻松愉悦的节拍，它已不仅仅是一座缅怀历史沧桑的古都，它也是一座重新焕发青春悠闲自得的新城。

作者手记

❶ 建议去潘湖、杨湖边走一走，即使不去那些仿古建筑景点，就在湖边漫步，也能感受到这座古城历尽沧桑后坦然自若的雍容气质。

❷ 开封每年秋天都会举办菊花节，主会场一般在龙亭公园。那时漫步在开封城内，大街小巷、楼台庭院，到处盛开着菊花，花团锦簇、灿若云霞。

❸ 开封的驴友们有自己的一套玩法，按他们的说法是：菜鸟玩清园、碑林、开封府、天波杨府，尝鼓楼、第一楼；老驴去龙亭、铁塔、会馆、相国寺，吃西司、黄家包子；骨灰级赏繁塔、河大、教堂、延庆观，品又一新老店。这个说法不错，但也不必完全照搬。

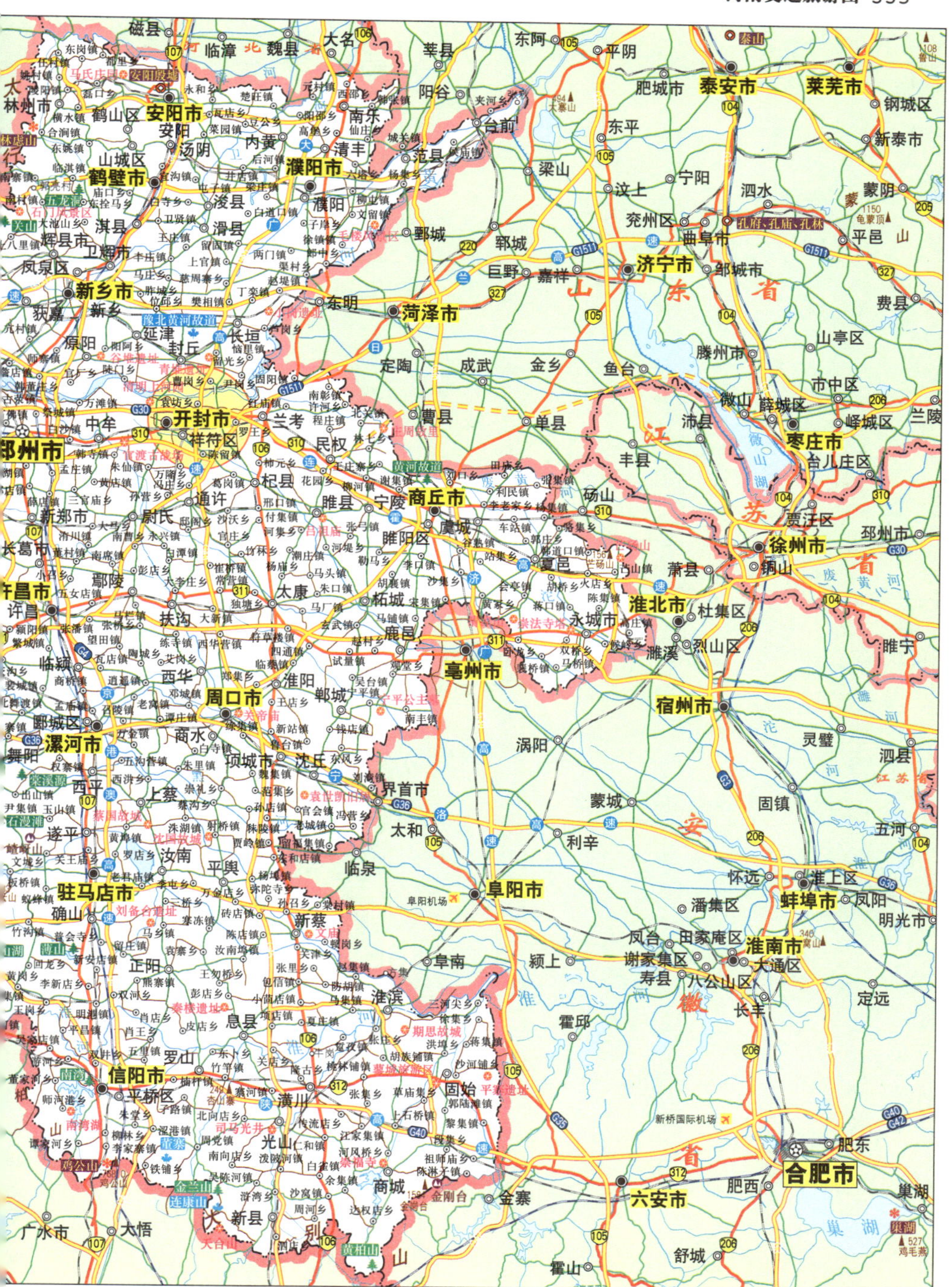

磁县
临漳
魏县
大名
莘县
东阿
平阴
泰山
泰安市
莱芜市
钢城区
新泰市
安阳市
安阳
林州市
汤阴
内黄
南乐
清丰
阳谷
台前
肥城市
东平
范县
濮阳市
濮阳
鹤壁市
淇县
浚县
滑县
梁山
汶上
宁阳
泗水
蒙阴
兖州区
曲阜市
平邑
鄄城
郓城
巨野
嘉祥
济宁市
邹城市
辉县市
卫辉市
新乡市
新乡
长垣
东明
菏泽市
费县
山东省
获嘉
原阳
延津
封丘
定陶
成武
金乡
鱼台
滕州市
山亭区
市中区
薛城区
微山
峄城区
兰陵
枣庄市
台儿庄区
开封市
中牟
兰考
曹县
单县
丰县
沛县
郑州市
祥符区
杞县
民权
商丘市
砀山
新郑市
尉氏
通许
睢县
宁陵
虞城
贾汪区
邳州市
徐州市
铜山
长葛市
鄢陵
睢阳区
夏邑
萧县
江苏省
许昌市
许昌
扶沟
太康
柘城
永城市
淮北市
杜集区
鹿邑
亳州市
濉溪
烈山区
睢宁
临颍
西华
周口市
淮阳
郸城
宿州市
郾城区
漯河市
商水
项城市
沈丘
涡阳
灵璧
泗县
舞阳
西平
上蔡
界首市
蒙城
固镇
遂平
汝南
平舆
太和
利辛
五河
驻马店市
确山
新蔡
临泉
阜阳市
怀远
淮上区
蚌埠市
凤阳
明光市
正阳
潘集区
凤台
田家庵区
淮南市
大通区
阜南
颍上
谢家集区
寿县
八公山区
定远
息县
淮滨
长丰
霍邱
信阳市
罗山
平桥区
潢川
固始
光山
肥东
合肥市
肥西
六安市
新县
商城
金寨
巢湖
广水市
大悟
舒城
霍山
安徽省